监狱安防系统

都伊林 主编

华中科技大学出版社
http://www.hustp.com
中国·武汉

内容简介

本书在简述监狱网络基础知识的基础上,遵循"通俗性、实用性、先进性"三项原则,介绍了监狱安防各类子系统的组成、功能、架构和特点,分析了技术上成熟的现有子系统的性能,提出了技术上先进的未来子系统应用技术的发展趋势,如中间件技术、流媒体技术、无线自组织网络和大屏幕拼接技术等。重点表述了监狱视频监控系统、监狱无线定位系统、监狱电子监听系统、监狱安防集成平台和监狱应急指挥系统的内容。监狱安防集成平台实现各子系统的互通互联、信息共享和协同联动的功能,监狱应急指挥系统实现监狱警力的统一指挥、统一协调和快速处突的功能,既体现了多种技术手段在监狱管理中的应用,又体现了信息技术与监管实务的有机结合,彰现"科技强警、智能监狱"的信息化应用创新理念。

本书不仅适用于监狱、戒毒所、看守所、社区矫正机构等行业的从业人员系统学习的业务用书,也适用于政法类、安防类、警察类院校信息技术、刑事执行、社区矫正等专业的教学用书或参考用书,还适用于监狱系统在职民警各类培训班的参考用书。

图书在版编目(CIP)数据

监狱安防系统/都伊林主编. —武汉:华中科技大学出版社,2013.5(2025.1重印)
ISBN 978-7-5609-8789-7

Ⅰ.①监⋯ Ⅱ.①都⋯ Ⅲ.①监狱-安全设备-研究-中国 Ⅳ.①D926.7

中国版本图书馆 CIP 数据核字(2013)第 070090 号

监狱安防系统   都伊林 主编

策划编辑:	王京图
责任编辑:	王京图
封面设计:	傅瑞学
责任校对:	九万里文字工作室
责任监印:	周治超
出版发行:	华中科技大学出版社(中国·武汉) 电话:(027)81321913
	武汉市东湖新技术开发区华工科技园 邮编:430223
录 排:	北京星河博文文化有限责任公司
印 刷:	广东虎彩云印刷有限公司
开 本:	710mm×1000mm 1/16
印 张:	21.5
字 数:	372 千字
版 次:	2025 年 1 月第 1 版第 7 次印刷
定 价:	45.00 元

本书若有印装质量问题,请向出版社营销中心调换
全国免费服务热线:400-6679-118,竭诚为您服务
版权所有 侵权必究

前　言

随着当今信息技术的飞速发展，新技术与新产品的不断涌现，根据监狱监管安全、罪犯改造和应对突发事件的需求，以及适应当前监狱面临的新动态、新情况和新问题，需要充分发挥监狱安防设施的作用，完善监狱安防系统的功能。探索将先进的技术手段与监管的实际业务相融合，将监狱安防设施与信息网络设施相融合，将管理创新与技术创新相融合，实现监狱安全工作的"防范、预警、处置"的目标，构建"四防一体化"的监狱综合安防体系，进一步推进以"智能化、网络化、数字化、平台化"为基本特征的监狱安防系统建设。

监狱作为高等级防范的特殊行业，民警工作任务艰巨，防范安全要求严格，罪犯管教难度较大。从工作方式上，监狱需要综合应用多种信息采集的监管改造手段，对罪犯进行教育、矫正、管理和管控；从系统建设上，监狱需要配置视频监控系统、周界与紧急报警系统、出入口管理系统、安检系统、电子巡查系统和电子监听系统等；从信息应用上，监狱需要融合信息监管、查询、交互和发布等多种手段。本书立足于成熟的、先进的安防技术，收集大量监狱应用案例，以及安防系统建设方案，通过课题组成员调研分析与提炼，形成内容较全面，实用性较强的知识体系。同时提出基于物联网技术的若干子系统，特别是移动智能终端在监狱中的应用，将代表监狱信息化"智能安防、智慧监狱"的未来发展方向，将翻开监狱安防工作领域的新篇章。

本书关注监狱安防工作的热点与难点问题，如人员定位、人数清点、系统联动、视频分析和高清监控等；结合监管日常管理与应急管理，如人员与车辆检查、巡查与考勤监督、值班与活动管理、报警与处置管理、人数与工具管理等。尝试将先进技术手段融入监狱监管实务中，将理论研究与技术创新融入解决监狱一线实际问题中，将学校、监狱和企业三方科技力量融入研发、培训和服务中，实现"科技强警"的目标。

全书共分为9章，参与本书编著的主要有都伊林、许小思、张华、张益明等同志。各章节主要撰写人如下：第1章由都伊林编写，第2、3章由邱亮南、张益明编写，第4、5章由张华、都伊林编写，第6、7章由都伊林、许小思编写，第8、9章由都伊林、揭根文编写。

全书技术框架与内容由都伊林制定、审核和修改。

全书由都伊林统稿。

中国安防技术有限公司、天津天地伟业数码科技有限公司、中兴通讯股份有限公司、深圳华安泰智能科技有限公司、广州天网安防科技有限公司、苏州工业园区优频科技有限公司、杭州智群科技有限公司、杭州华亭科技有限公司、浙江省女子监狱、浙江省第三监狱、浙江省第五监狱等单位为本书提供了有关技术资料和技术咨询，在此特向他们表示诚挚的谢意。

本书作为浙江警官职业学院实施"校、监、企"三方深度合作，走产学研用的办学道路，取得阶段性成果之一。它集聚了学校、监狱、企业三方技术优势，凝聚了安防技术、物联网技术、通信技术、计算机网络技术、软件技术等各项技术的综合应用方案，汇聚了监狱信息化建设的阶段性成果。

此外，本书第五章内容监狱无线定位系统属于阶段性研发成果，我们做了大量的实际现场测量与理论探索工作，发现许多实际的应用性问题有待进一步解决，因此，采用了都伊林老师的两项实用新型专利（国家知识产权局已授权）相关内容，一是室内人员区域动态管理系统，专利号：ZL201220018447.8；二是监狱劳动车间人员与工具清点识别系统，专利号：ZL201220348771.6；旨在对监狱无线定位领域起到一个抛砖引玉的作用，相信未来必定会推出更先进的技术应用方案。同时，感谢浙江警官职业学院服务行业能力提升项目（编号：2011008）的资助。

编者
2013 年 1 月

目 录

第1章 监狱安防系统基础知识 1
1.1 综合布线系统 1
1.2 监狱网络系统 9

第2章 监狱周界防范与应急报警系统 24
2.1 概述 24
2.2 主动红外探测器 24
2.3 微波与其它探测器 28
2.4 监狱内周界探测器 40
2.5 监狱高压电网报警系统 42
2.6 监狱应急报警系统 48

第3章 监狱出入口控制系统 55
3.1 需求分析 55
3.2 设计依据 55
3.3 AB门门禁系统 57
3.4 监舍门禁系统 64
3.5 一卡通管理系统 73
3.6 监狱车辆检查系统 75
3.7 监狱安检系统 82

第4章 监狱视频监控系统 87
4.1 概述 87
4.2 系统设计 88
4.3 系统方案 89
4.4 视频分析技术 98
4.5 报警联动技术 102
4.6 监狱应用实例 103
4.7 监狱视频监控系统方案 105
4.8 监狱高清视频监控系统 116

第 5 章 监狱无线定位系统 ... 142
5.1 概述 ... 142
5.2 电子巡查系统 ... 142
5.3 在线式巡查系统 ... 147
5.4 室内无线定位技术 ... 155
5.5 监狱人员无线定位系统 ... 159
5.6 监狱车间人员工具清点系统 ... 167
5.7 监狱应用实例 ... 173
5.8 监狱移动终端系统 ... 180

第 6 章 监狱电子监听系统 ... 189
6.1 电子监听技术介绍 ... 189
6.2 监狱会见监听系统 ... 191
6.3 监舍对讲监听系统 ... 205
6.4 监狱亲情电话系统 ... 211
6.5 数字化审讯系统 ... 221
6.6 远程视频探视系统 ... 227

第 7 章 监狱安防集成平台 ... 230
7.1 概述 ... 230
7.2 中间件技术 ... 235
7.3 大屏幕拼接技术 ... 239
7.4 监狱机房工程 ... 252
7.5 监狱安防集成平台 ... 255

第 8 章 监狱应急指挥系统 ... 276
8.1 概述 ... 276
8.2 监狱无线通信系统 ... 281
8.3 监狱无线视频系统 ... 292
8.4 监狱应急指挥系统 ... 298

第 9 章 国外矫正机构安全监管 ... 321
9.1 安全监管制度 ... 321
9.2 分级安全警戒管理制度 ... 325
9.3 国外监狱信息化概况 ... 331

参考文献 ... 336

第1章 监狱安防系统基础知识

1.1 综合布线系统

1.1.1 标准介绍

最初综合布线系统产生于20世纪80年代初期的美国,是随着通信技术和计算机连网技术的发展而发展起来的,20世纪80年代末期综合布线技术在设计、产品、标准和测试等方面取得了突飞猛进的发展。欧美许多发达国家先后制定标准对其进行规范,其中被许多国家广泛采用的有美国电子工业协会/电信工业协会制定的TIA/EIA 568B标准和国际标准化组织制定的ISO/IEC11801标准。这两个标准的制定对促进综合布线技术的普及和计算机网络技术的发展奠定了基础。我国对综合布线技术的推广应用也非常重视,并于1995年由中国工程建设标准化协会制定了国内第一部结合国情的综合布线标准——《建筑与建筑群综合布线系统工程设计规范》(CECS72:95),这对规范我国综合布线产业无疑将产生积极的影响。

随着网络技术的突飞猛进,尤其是千兆位以太网应用的不断发展,2002年3月TIA/EIA568B标准发布,该标准包括三部分:TIA/EIA568B.1标准为主文件,主要包括商业建筑物布线的安装和测试要求;TIA/EIA568B.2标准定义了100欧平衡双绞线连接器件标准,工作区跳线的长度从3m改为5m,配线间跳线的长度从6m改为不能超过5m,用永久链路测试模型取代基本链路测试模型,超5类是布线最低要求;TIA/EIA568B.3标准阐述了光纤连接器件标准,该部分在集中式光纤布线标准TSB-72的基础上重新定义了光纤标准,认可小型光纤连接器(SFF),认可高带宽的$50/125\mu m$多模光纤做为水平或垂直主干传输介质,标准为了满足主干是万兆的园区以太网的需求,将主配线间(MC)到二级配线间(IC)的最长距离配合万兆以太网的需要,从500m改为300m,二级配线间(IC)到楼层配线间的最长距离从1500m改为1700m。

传统布线系统是将强电、弱电、数据和语音等线路分开为相互独立的布线系统，而综合布线系统可把所有的线路综合起来，统一进行结构化布线。综合布线系统是一个模块化的、灵活性很高的建筑物布线网络，它能连接语音、数据、图像以及各种用于合理投资的楼宇控制与管理的低压设备与装置，因此，综合布线系统是一个工程化的、专门设计的完整性布线系统。

1.2.2 系统组成

根据国际电子工业协会（EIA）和国际电信工业协会（TIA）2002年制定的结构化布线系统标准（EIA/TIA568B），以及中国工程建设标准化协会制定的标准《建筑与建筑群综合布线系统工程设计规范》，结构化布线系统由工作区子系统、配线（水平）子系统、干线（垂直）子系统、设备间子系统、管理子系统和建筑群子系统6个子系统组成，具体布局如图1-1所示。6个子系统构成一个统一的模块化的结构和标准的元器件，每一楼层以及楼层之间均采用星型结构，统一的配线架，以实现总线网、终端设备和电话设备的统一布线，水平布线空间小和易于安装，且在技术上已经解决了传送高速信号问题。

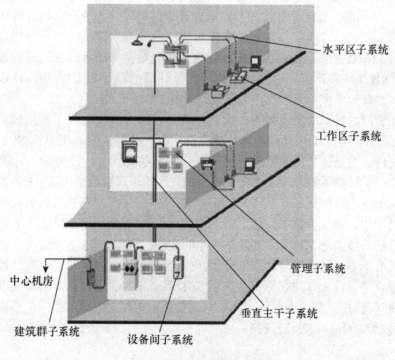

图1-1 6个子系统布局图

1. 6个子系统功能

（1）工作区子系统由配线（水平）布线系统的信息插座延伸到工作站终端设备处的连接电缆及适配器组成，每个工作区根据用户要求，设置一个电话机接口和1～2个计算机终端接口。

（2）配线（水平）子系统由工作区用的信息插座，每层配线设备至信息插座的配线电缆、楼层配线设备和跳线等组成。它是用来将主干子系统扩充到用户工作位置，其与干线子系统的区别是总位于同一层地面上，且在信息出口或墙上插座处终止。

（3）干线（垂直）子系统由设备间的配线设备和跳线，以及设备间至各楼层配线间的连接电缆组成，方便以后跨层信息的跳接和办公室调整的电话重跳线。

（4）设备间子系统由综合布线系统的建筑物进线设备，电话、数据和计算机等各种主机设备及其保安配线设备等组成。设备间子系统是整个配线系统的中心单元，它的布放、选型及环境条件的考虑是否适当都直接影响到将来信息系统的工作运行及维护和使用的灵活性。应尽量保持室内无尘土，通风良好，室内照明不低于150Lux。应符合有关消防规范，配置有关消防系统。室内应提供UPS电源配电盘，以保证网络设备运行及维护的供电。每个电源插座的容量不小于300W。

（5）管理子系统设置在每层配线设备的房间内，是由交接间的配线设备，输入输出设备等组成。其功能在于以上区域的连接，包括一套完整的标签系统，使客户对整个布线系统的操作和运用更趋于简单容易。

（6）建筑群子系统由两个及两个以上建筑物的电话、数据、视频系统组成一个建筑群子系统，它是室外设备与室内网络设备的接口，它终结进入建筑物的铜缆和/或光缆，提供避雷及电源超荷保护等。

2. 结构化布线系统设计

近十年来，城市建设及工业企业的通信事业发展很快，建设现代化的智能型大楼已引起人们的重视。在过去设计大楼的语音和数据线路时，会使用各种不同的传输线、配线插座及接头等，例如用户电话交换机通常使用双绞电话线，而计算机系统和网络则会使用其他不同规格的双绞线、多股电缆和同轴电缆等，这些不同的设备使用不同的传输线来构成各自的网络。同时，连接这些不同布线的插头、插座及配线架均相互之间不能共享，从而造成极大的不便和浪费。

可以将所有语音、数据、电视（会议电视、监视电视）设备的布线组合在一套标准的布线系统上，也可以将各种设备终端插头插入标准的插座。实现上述功能就是结构化综合布线系统。当终端设备的位置需要改变时，只需将插头拔起，然后将其插入新地点的插座上再作一次简单的跳线，这工作就完成了，不需重新布线和安装新的插座，更不用改动装修结构。

当使用综合布线系统时，计算机系统、用户交换机系统以及局域网络系统的配线是由使用一套公共配线所组成的配线系统结合在一起同时工作。各个不同厂家的语音、数据、电视设备和综合布线系统均可兼容，其开放的结构可以作为各种不同工业标准的基准，不再需要为不同的设备准备不同的配线零件以及复杂的线路标志与管理线路图。最重要的是配线系统将具有更大的适用性、灵活性，而且可以利用最低的成本在最小的干扰下进行工作地点上终端设备的重新安排与规划。

总之，综合布线系统能以一套单一配线系统综合几个通信网络，可以协调解决所面临的语音、数据、电视设备配线上的不便，并为未来的宽带综合业务数字网（B-ISDN）打下基础。综合布线模块化结构灵活，除了能连接语音、数据和图像设备外，还能用于智能大厦（IB）的楼宇控制及管理低压设备与装置，如监控（包括采暖、通风与空调的控制）、消防、保安、通道控制和流程控制系统等的信息传递任务。现代工业企业及城市建设的计算机网络及通信网络迫切需要综合布线系统为之服务，综合布线系统有着极其广泛的应用前景。

1.1.3 项目实例

某未成年犯管教所新址——地处某市沙塘川朱家庄，总占地面积8.22公顷，南北长约573米，东西最宽处约213米，建筑面积3.6万平方米。该所共有信息点位442个，为了满足对数据的要求，水平布线使用六类系统，垂直主干使用千兆光纤连接。

综合布线是监狱智能化监管控制系统的支撑骨架、运行平台，它的性能直接影响系统整体工作。局域网采用"高速以太网"的星型拓扑；在监狱监管指挥中心设立计算机网络管理室；网络主干采用千兆位的光纤传输，通过光缆把各楼分配线间与网络管理室相连。监管指挥中心内各信息端口可通过六类线直接与网络管理室连接。

项目总体目标为：建立一整套先进的、完善的通信与网络布线系统，包括为数据、语音、图像和控制等应用系统提供接入方式、配线和各楼层间、各大楼间网络互通互连方案。既要满足当前的使用需要，又要考虑将来网络发展的需要，使系统达到配置灵活、易于管理、易于维护和易于扩充的目的。

1.1.4 设计原则

综合布线系统的设计必须有一个正确的设计思想,通过合理的技术分析和用户的投资分析,科学选择所需产品设备、系统,设计出合理的结构,才能构成一个完善的网络布线系统。根据应用需求,系统设计将按照下述原则进行:

- 实用性

充分满足对信息系统现在及未来的各种需求,真正为网络的应用系统提供强有力的支持。

- 符合标准

本系统的所有设计均遵循国际上流行的标准进行,以符合系统的开放性要求。

- 高可靠性

一个实用的系统同时必须是可靠的。本设计通过合理而先进的设计及优化选型,以保证系统的可靠性和容错性,避免灾难性事故发生。

- 先进性

本系统将充分应用现有成熟的先进技术,可满足宽带网络、语音、数据、多媒体信息传输、VOD视频点播、计算机管理、办公自动化等需求。

- 可维护性

在布线系统开通后,维护工作将是一个长期的工作,本设计将充分考虑维护工作的需求,通过相应的技术降低工作量及难度,从而达到保证运行可靠及节省费用的目的。

- 可扩展性

计算机通信技术是不断地发展的,用户的应用需求也是发展和变化的。在设计中,需充分考虑系统扩展升级的要求,以及对各种不同结构、不同协议的网络及设备的支持,保证系统能适应网络扩展和升级。

- 经济性

在满足功能要求的前提下,使客户以尽可能小的投资获得尽可能优越性能的应用。

1.1.5 结构设计

在综合布线系统方案设计中,根据该所园区的具体情况,全面考虑实际应用需求和未来的发展,系统结构上应能根据业务发展变化的需要灵活调整和扩展,易于维护管理;系统技术上以最新的国际标准为依据,充分考虑技术的先进性以支持未来高速网络应用的发展;遵循"投资合理、规划统一、立足现在、适度超前"的指导思想，提供智能监狱内部通信系统发展应用的坚实基础。

该所园区总机房设在监管中心5层，整个综合布线系统采用星形的分布式管理结构，通过光纤与各楼各处的设备间连接，从结构上分析，整个布线系统由工作区子系统、水平子系统、管理间子系统、垂直主干子系统、设备间子系统和建筑群子系统6个子系统构成。

具体信息点布局如下：监管中心5层总设备间96个（管理监管中心的4~6层及全园区的接入点）；监管中心二级设备间127个（管理监管中心1~3层的接入点），监管中心二级设备间、综合用房二级设备间和监舍A二级设备间，均通过光纤直接接入监管指挥中心总设备间。

综合用房二级设备间61个（管理综合用房1、2层的接入点），放置于大门值班室分控中心内。车间A三级配线间32个（管理车间A内接入点），车间B三级配线间32个（管理车间B内接入点），其中车间A、车间B两个三级配线间，均接入综合用房二级设备间。

监舍A二级设备间22个（管理监舍1~4层的接入点），放置于监舍楼分控中心内；监舍B三级配线间22个（管理监舍1~4层的接入点）。

厨房三级分配线间6个（管理厨房内接入点）；未成年监舍三级配线间28个（管理未成年监舍内接入点）；医疗禁闭三级配线间14个（管理医疗、禁闭区的接入点），其中监舍B、厨房、未成年人监舍、医疗禁闭楼等三级配线间，通过光纤接入监舍A二级设备间。

1. 工作区子系统

工作区子系统信息点为六类非屏蔽铜缆到桌面，采用安普六类非屏蔽标准模块和传输线缆进行设计。工作区子系统由终端设备连接到信息插座的连线和信息模块所组成，安普六类非屏蔽信息模块采用模块化设计，配置灵活，更改方便，具有故障隔离功能，某个插座的损坏及修复不影响整个系统的性能。

工作区表面安装面板选择采用AMP英式双孔插座面板。AMP的双孔插座，86型左右双螺孔面板，与RJ45模块配套，可提供单口/双口/四口，内带防尘盖，端口类型标识，螺丝封口扣等附件。面板采用UV耐腐蚀塑料、阻燃材质并符合UL94-V0，符合EN55022/Bl类对EMC要求，可以45°安装信息模块，并兼容光纤模块，有明显的语音和数据标示，带弹板插口，45°内置式斜角设计，可最大程度上保护插入的RJ45接头。

2. 水平配线子系统

水平配线子系统实现信息插座和管理子系统的连接，将主干子系统的线路延伸到用户工作区子系统。水平子系统语音部分和数据部分采用符合TIA/

EIA568-B 标准等国际标准的 AMP 六类四对非屏蔽双绞线，数据传输性能参数可分别测试到 300MHz 带宽。安普六类非屏蔽网线线径为 23AWG，100Ω，高防火级别，黄色纸箱包装，获 UL 及 cUL 认证，系统性能测试至 300MHz，NEXT 好于 TIA/EIA 六类标准 6dB，符合国际各种标准。

AMP 六类非屏蔽双绞线是目前性能价格较好的高品质传输介质，其性能指标达到并超过 ANSI/EIA/TIA-568 标准和 ISO/IEC 11801（2002）Class E 标准，能确保在 100m 范围内传输介质频宽达到 250MHz。

3. 管理子系统

管理子系统定义了水平分布子系统与垂直干线子系统（主干）之间的交接。根据监狱园区综合布线系统涉及范围的设计及建筑结构的特点，每栋建筑物都设立一个配线间 MDF，用来集中管理该栋建筑物内信息点。数据连接水平部分的跳线架采用六类非屏蔽配线架，管理跳接光纤采用国产光纤设备。跳接采用六类非屏蔽 RJ45 跳线及光纤跳线。

AMP 跳线提供了超强的性能，带护套，性能超过六类标准。采用非屏蔽多股阻燃型电缆，高性能连接头有导轨分开各线对，水晶头符合 IEC603.7/Class A 标准规定。通过 UL、ETL 认证，并通过了所有室外测试，有最长达到 50 英尺的 18 种不同长度可供选择。

4. 垂直主干子系统

垂直干线子系统是提供建筑物中主配线架（MDF）与各管理子系统中分配线架（IDF）连接的路由，根据综合布线系统的物理星型的设计原则，并考虑到系统中数据、图形图像、语音和视频信号的电子信息交换的需求，监管中心 5 层主配线间（MDF）与监管中心二层分配线间（IDF）通过大对数电缆和室内多模光纤连接。监管中心二级设备间通过光纤直接接入监管指挥中心总设备间。

数据垂直主干是采用光纤作为传输介质具有支持距离长、频带宽、通信容量大、不受电磁干扰和静电干扰的影响，在同一根光缆中，邻近各根光纤之间几乎没有串扰，具有保密性好、线径细、体积小、重量轻、衰耗小和误码率低等优点，大大提高了网络可靠性。同时使系统具备极高的升级能力，可支持目前及将来最先进的网络技术，如 FDDI、ATM，以及 100BaseFX、1000Base-SX 和 1000Base-LX 等。

虽然，目前一些具有光口的网络设备价格略高，但最新的高品质网络设备无一例外地都具备光纤端口，而不论用户选用哪种介质，并且光纤这种介质的主要原料是地球上储量极为便宜的石英，它又具有其他介质无法比拟的优点，因此必将发展成为今后最主要的传输介质，而与其相应的各种设备必将在近几年内得到高速发展，价格也将随之大幅降低。光纤连接器采用 AMP 特有的免压接式 MT-RJ 插座，这种插座采用双工设计，体积只有传统连接器的一半，可以使 1U 配线架的端口密度提高一倍，MT-RJ 插座也可安装到普通的 86 型信息面板，光纤直接到桌面。

5. 设备间子系统

设备间子系统由主配线架（MDF）以及跳线组成，它将中心计算机和网络设备或弱电主控制设备的输出线与干线子系统相连接，构成系统计算机网络的重要环节；同时通过配线架的跳线控制所有主配线架的路由。

在设备间安装机柜，配置国产 12 口机架式光纤盒以及嵌入式 6 个接口为 1 组的耦合器。监舍 B、厨房、未成年人监舍、医疗禁闭楼等三级配线间，通过单模光纤接入监舍 A 二级设备间；其中车间 A 和 B 两个三级配线间，均通过单模光纤接入综合用房二级设备间。

6. 建筑群子系统

建筑群子系统是连接各建筑设备间，形成网络可以互相通信，是园区网络的重要组成部分。建筑群子系统使用 6 芯室外多模光纤，将各楼分设备间连接到总设备间，形成整体园区网络。综合用房二级设备间和监舍 A 二级设备间，均通过单模光纤直接接入监管指挥中心总设备间。

1.1.6 产品简介

1. 6 类双绞线

AMP NETCONNECT 6 类布线系统是一整套端到端的系统解决方案，6 类系统的各个组件外形和性能有了显著的改进。

（1）线径

6 类双绞线采用独特的生产工艺技术，提高了 6 类电缆的同芯度，铜导体的直径公差在 0.000 2mm 以内，绝缘外径偏差在 0.01mm 以内，同芯度达到 96% 以上，提高了电缆的回波损耗性能。6 类双绞线增加了电缆直径，从 24AWG（美国线规，值越小直径越粗）改为 23AWG（0.554mm），降低了信号衰减。

（2）结构

6 类双绞线采用了经过一定比例预先扭绞的十字型塑料骨架，保持电缆结构稳定性的同时降低了线对之间的串扰。此外，6 类双绞线单位长度的扭绞密度比超 5 类更为紧密，使近端串扰和抗干扰性能得到改善。

（3）带宽

6 类双绞线远超过 6 类标准 TIA/EIA568-B.2-1 的要求，可达到 600MHz

的应用带宽。

2. 6 类信息插座

6 类信息插座金属针采用 AMP 独自专利技术的纳米镀金技术，插拔次数可以多达 700 余次；信息插座金属针相互交叉，提高了信息插座在安装时由于线对纽绞破坏而降低的近端串绕性能。

3. 6 类配线架

传统的超 5 类配线架采用相同的 PCB（印刷电路板），当其中某个端口出现问题不能单独更换。6 类配线架采用模块化设计，便于安装和维护，每个模块都可以独立更换。

综上所述，6 类布线系统是一整套端到端完整的系统解决方案，系统组件能够达到最佳的性能匹配；6 类系统可以提供更高的信道裕量，能够支持未来更高的网络应用；可以支持更经济的千兆以太网解决方案——1000Base-TX，降低了千兆以太网的综合建设成本；6 类系统最先通过了 ETL 电子测试实验室四连接 100m 通道千兆以太网零误码率测试。

1.2 监狱网络系统

监狱安防工作的主要任务：一是防范对象为罪犯和物品，以保护民警人身安全，主要防范罪犯自杀、凶杀、脱逃和袭警等恶性事件的发生，防范违禁品和危险品流入监狱，以及罪犯随身携带伺机作案。二是防范重点区域，针对监狱围墙、大门、车间和卫生间等易发案场所，配备相关预防设施，加强巡逻。三是防范时间段，针对双休日、节假日和夜间易发案时段，提高警惕，加强"人防、物防、技防"的合作与协调。四是防范突发事件，针对监狱突发事件的特点，制定应急预案，以便事发后能快速处突。所谓监狱安防系统就是针对监狱安防工作需要，所采取的多种技术手段的集合，也是监狱信息化过程的成果之一，更是监狱现代化、精细化管理的需要。

监狱需要搭建一个高效化、智能化的网络平台，提供内部数据的交换和传输，从而为监狱带来信息化无纸办公的场所和信息环境。计算机局域网是监狱智能化监管控制系统的支撑骨架、运行平台，它的性能直接影响系统整体工作。局域网采用高速以太网的星型拓扑架构，在监狱监管指挥中心设立计算机网络管理室；网络主干采用千兆位的光纤传输，通过光端机把各个信息点与网络管理室相连；监管指挥中心的信息端口可通过六类线直接与网络管理室连接，预留端口与省监狱管理局远传信息。在网络建设方面，需要考虑网络的建壮性和扩展性，所采用的设备要在近几年内不会被淘汰，以避免出现重复投资的现象。

1.2.1 建设目标

1. 总体任务

要考虑监狱信息化工作的新需要、新应用，按照相关国家标准设计出符合本工程实际需求的建设方案。

根据"先进、实用、经济"的设计原则，实现"管用简便、安全可靠，易于扩展"的目标，方案采用先进成熟的主流技术，充分考虑新建系统的可扩充性和与原有系统的兼容性，并体现科学规划，合理布局，预留充分，应用方便的特点，达到现代化、高效、舒适、安全和节能的人文办公环境的要求。

2. 监狱网络建设原则

（1）高带宽

监狱网络是一个规模较大，同时相对复杂的网络体系，为了保障全网络的高速转发，全网的组网设计的无瓶颈性，要求方案设计的阶段就要充分考虑到各种因素，同时要求核心交换机具有高性能、高带宽的特点，全网络的核心交换要求能够提供无瓶颈的数据交换。

（2）可增值性

监狱网络的建设、使用和维护需要投入大量的人力和物力，因此网络的增值性是网络可持续发展的基础；所以，在建设时要充分考虑业务的扩展能力，能针对不同的用户需求提供丰富的增值业务。

（3）可扩充性

考虑到监狱用户数量和业务种类发展的不确定性，要求对于核心交换机与接入交换机具有强大的扩展功能；监狱网络要建设成完整统一、组网灵活、易扩充的弹性网络平台，能够随着需求变化，充分留有扩充余地。

（4）开放性

技术选择必须符合相关国际标准及国内标准，避免个别厂家的私有标准或内部协议，确保网络的开放性和互连互通，满足信息准确、安全、可靠、优良交换传送的需要；开放的接口，支持良好的维护、测量和管理手段，提供网络统一实时监控的遥测和遥控的信息处理功能，实现网络设备的统一管理。

（5）安全可靠性

设计应充分考虑整个网络的稳定性，支持网络节点的备份和线路保护，提供网络安全防范措施。

1.2.2 网络技术简介

在过去，计算机工业发生了令人振奋的革命，计算机技术取得了令人瞩目的进步；计算机本身的处理能力不断提高，而日益扩展的应用范围要求这种计算能力通过网络来最大地发挥其效能。因此，在大企业内部，繁忙的信息流通使网络变得比计算能力还要重要。换句话说，网络即计算机。

通常传统网络技术采用共享访问链路的方式进行操作，即网络上所有站点共享一条公共的通道；在多个站点同时请求发送数据而导致冲突时，遵循CSMA/CD（多路载波侦听/冲突检测）协议。传统网络技术存在着一定的局限性，极大地限制了计算机处理能力的发挥。由此产生了多种先进的网络技术，基本上是按两种方向发展，即以"改良"方式，在现有技术基础上进行改进，提高网络性能。以交换式以太网、快速以太网、FDDI和千兆以太网方式为代表；或以"改革"方式彻底改变网络方式，如ATM技术。

以下主要介绍交换式以太网、快速以太网技术、千兆以太网和ATM技术。

1. 交换以太网技术

交换以太网是新近发展起来的先进网络技术。在保证与以太网协议兼容的前提下，能提高网络利用率，减少网络资源争夺造成的冲突，使网络性能大幅度提高，以满足各类数据信息传输的要求。

交换以太网从产生发展到今天，在技术上分为静态交换和动态交换两种。

（1）静态交换

将网络划分为多个网段，网络管理员可以通过网管平台分配各个网段的负载，即网络管理员可以只利用鼠标就可将工作站从资源争夺紧张的网段移到其他冲突较少的网段上。

静态交换使得网络管理员不必到现场接插线路，而是在网管平台面前轻松地改变网络配置，以调整各网段间的负载。静态交换需要网络管理员的监测才能进行被动地调整，而且每个网段上、网段之间的介质访问机制没有改变，网络性能没有根本地提高。

（2）动态交换

动态交换是在高速总线上支持多对传输的同时进行。它不需人工干预，实时地将独占带宽分配给一对节点；而其他节点间也可同时进行数据传输。动态交换在总线内部改变了以太网的介质访问机制，使得网上的数据传输以独占的10Mbps进行，就好像在两个有数据传输的节点之间有独立的传输电缆一样，使网络效率大大提高。

动态交换分为端口交换和网段交换两种。端口交换适用于高速节点如服务器、多媒体工作站的连接，它连接节点个数不多，每个节点都有很高的传输速率；网段交换适用于没有特别速率要求的工作站网段，交换的高性能体现在网段之间、网段与服务器之间的数据传输上。同时，随着网络技术的不断进步，动态交换被不断加进新的性能，如对虚网的支持和对数据优先级的支持等。

2. 快速以太网技术

快速以太网实际上是 10Mbps 以太网的 100Mbps 版本，所以它的运行速度要比 10Mbps 以太网快 10 倍。在用户已经很熟悉传统以太网的情况下，快速以太网相对其他高速网络技术更容易被掌握和接受，它可以应用在共享式和主干环境下，提供高带宽的共享式网络或主干连接，同时也可以应用在交换式环境下，提供优异的服务质量（QOS）。快速以太网与传统以太网技术相似，毋庸赘言。此外，它还具备以下优点：

（1）快速以太网和普通以太网同样遵循 CSMA/CD 协议，现有的 10BaseT 网络设备可以相当简便地升级到快速以太网，保护用户原有的投资，与其他新型网络技术相比，更方便地使现有的 10MbpsLAN 无缝连接到 100MbpsLAN 上。

（2）100BaseT 集线器和网络接口卡，只需要比 10BaseT 同样的设备多花少量费用，就可提供比普通以太网高 10 倍的性能，因此，100BaseT 具备较高的性能价格比。

（3）快速以太网（100BaseT）已得到 IEEE 任命标准为 802.3u，并得到了所有主流网络厂商的支持。

3. 千兆以太网技术

千兆以太网方案主要利用 5 个技术来保证服务质量：

（1）高速度和高带宽。第一方案采用 1 000Mbps 以太网作为骨干，桌面直接采用交换的 10/100Mbps 连接，且骨干采用多链路冗余，网络的带宽远超过一般多媒体应用所需的带宽。

（2）低延时。千兆以太网交换机的延时是极低的，一般不超过 $15\mu s$。本方案采用二级园区网结构，即桌面交换机直接连至骨干交换机，使累积的延时保持在足够低的水平。

（3）流量优先化处理。IEEE802.1p 为以太网帧定义了 8 个优先级别，不同类别的应用被赋予不同的优先级别，支持 802.1p 的交换机在每个端口都设置多个输入输出队列，这些队列的优先级别是不同的，网络管理员根据各种网络应用对服务质量的要求，为这些应用制定基于 802.1p 的优先级别。

交换式路由器与第 2 层交换机相比，除了能辨认数据包中的 802.1p 位外，还能够辨认出各种应用的信息流，并根据网管人员制定的有关服务质量的策略，将这些信息流送入不同级别的队列中。交换式路由器通过复杂的队列管理机制来保证对时间敏感的应用（其数据流一般也是高优先级别的）优先被转发出目的端口，好的队列管理机制也可进行流量控制和流量整形（TrafficShaping），以保证数据流不会拥塞交换机，以及获得平稳的数据流输出，这对话音和视频会议这样的多媒体应用是非常重要的。

（4）带宽预留。透过 RSVP（资源保留协议），交换式路由器可以动态地为特定的应用保留所需的带宽。另外，交换式路由器具有对应用层信息流进行控制的能力，可以分辨出不同的信息流，并为它们提供服务质量保证。

（5）利用 IPMulticast 技术可以使视频会议、视频点播等应用的信息流只流向需接收这些数据流的站点，而不会漫延到整个网络，并且每个 Multicast 组之间可以互不干扰，从而保证多媒体应用的运行更加畅通无阻。

以上技术配合使用，虽还不能实现严格意义上的服务质量保证，但实际效果却足以满足绝大多数多媒体应用的质量要求。

千兆以太网是相当成功的 10Mbps 以太网和 100Mbps 快速以太网连接标准的扩展。千兆位以太网和管理员以前使用和了解的以太网相同，所不同的仅仅是它比快速以太网快 10 倍与当前的高带宽需求应用程序相协调的额外特性，而且同日益增强的服务器和台式计算机的功能相匹配。

4．ATM 技术

在飞跃发展的数据通信工业领域，新技术的引进往往十分迅速，最新技术的代表就是 ATM（异步传输模式）。ATM 是在 20 世纪 70 年代末、80 年代初的宽带 ISDN 基础上发展起来的，它是一种与在今天市场上流行的所有其他 LAN 技术大相径庭的新技术。以太网、FDDI 都使用可变长的包从源点到终点传送数据，而 ATM 使用定长的信元交换，按不同的速率传输数据、图像、语音，无论在局域网领域还是在广域网领域，ATM 都具有极强的优越性。

通过对用户需求的详细分析和目前成熟网络技术的发展应用，以及对目前网络技术发展的认识、应用集成经验，在系统方案中，考虑选用千兆以太网技术作为主干网技术，各节点则采用快速以太网技术和交换式快速以太网技术。

1.2.3 建设原则

利用先进成熟的计算机和通信技术，建设一个高质量、高效率、智能化的计算机网络系统，目的是为监狱领导决策和办公流程提供信息服务，提高办公效率，减轻办公人员负担，节约办公经费，从而实现行政机关的办公自动化、资源信息化、决策科学化。监狱信息系统工程的计算机网络系统分为4个独立的子系统，4个网络物理隔离，分别是外网（Internet）、内网（政务网）、专网（应急指挥网）和一套预留的网络（暂不配设备，只进行综合布线）。

根据监狱工作的实际应用和发展要求，在进行网络系统设计时主要应遵循以下原则：

（1）实用性原则。以现行需求为基础，充分考虑以发展的需要为依据来确定系统规模。本方案充分满足了系统应用功能和性能的需求，在保证系统安全可靠的情况下，选用性能高、价格优的产品。

（2）安全性和可靠性原则。计算机网络系统服务于办公和流程的需要，对安全级别要求很高，特别是专网（应急指挥网）。系统应能提供网络层的安全手段防止系统外部成员的非法侵入。网络设计能有效的避免单点失败，在设备的选择和关键设备的互联时，提供充分的冗余备份，一方面最大限度地减少故障的可能性，另一方面要保证网络能在最短时间内修复。

（3）先进性原则。网络结构设计、网络配置和网络管理方式等方面采用国际上先进技术，同时又是成熟、实用的技术。设备厂商和投标商应有相关领域的丰富经验，在设计中应顺应主流技术发展。本方案的设计宗旨是"立足今日，着眼未来"，在保证技术成熟的前提下，充分利用先进技术，满足现有需求，考虑潜在扩充。

（4）规范性原则。网络设计采用的组网技术和设备应符合国际标准、国家标准和行业标准，为网络的扩展升级、与其他网络的互联提供良好的基础。所选网络设备品牌应为行业主流品牌，并且交换机、路由器、无线设备、安全设备、网络管理设备为统一厂家品牌设备，便于系统实施、维护和网络管理。

（5）开放性原则。建立一个可靠、高效和灵活的计算机网络系统平台，不仅考虑数据信息能够迅速、准确、安全和可靠地交换，还要考虑同层次网络互连、远程分部的互联，以及与相关信息系统网际互联，以充分共享资源。这些需求体现在设计时，要求提供开放性好和标准化程度高的技术方案，设备的各种接口满足开放和标准化原则。

(6) 可扩展原则。所有网络设备不但满足当前需要，并且在扩充模块后满足可预见将来需求，网络的拓扑可以灵活改变，实现如带宽和设备的扩展，应用的扩展和办公地点的扩展等；并保证建设完成后的网络在向新的技术升级时能保护现有的投资。

(7) 可管理性原则。随着网络规模的不断扩大，网络的管理越来越重要，管理的事务也越来越复杂。整个网络系统的设备应易于管理，易于维护，操作简单，易学与易用，便于进行网络配置，网络在设备、安全性、数据流量和性能等方面得到很好的监视和控制，并可以进行远程管理和故障诊断。例如，可以通过友好的图形化界面对网络进行虚网划分，设置各子网的访问权限，实施网络的动态监测、配置，数据流量的分析等，简化网络的管理。

1.2.4 内网设计方案

根据用户需求分析可知，监狱内网核心层采用一台ZXR10 5252全千兆智能路由核心交换机，用两台ZXR10 5124-SI全千兆汇聚层交换机通过光纤与核心交换机相连，同时将接入层交换机通过千兆光纤分别连接到全千兆汇聚层交换机，能够充分保障网络的可靠性。各楼层交换机则根据实际的信息点数以及标书要求，配置了ZXR10 2800S-LE系列的接入交换机，其中指挥中心的各个接入层交换机通过千兆铜缆直接接入核心层交换机，总控中心的所有服务器均通过千兆铜缆直接接入核心层交换机。

监狱内网的具体信息点位分布如表1-1所示。

表1-1 某监狱信息点位分布表

图纸 \ 信息点	24口交换机	48口交换机	16口交换机	网络信息点
总体平面图				2
指挥中心1层		1台		41
指挥中心2层		1台		46
指挥中心3层		1台		40
指挥中心4层		1台		36
指挥中心5层		1台		40
指挥中心6层	1台			20
综合用房1层		1台		7
综合用房2层				54

续表

图纸\信息点	24口交换机	48口交换机	16口交换机	网络信息点
监舍A1层	1台			4
监舍A2~4层				18
监舍B1层	1台			4
监舍B2~4层				18
厨房1层			1台	2
厨房2层				4
未成年监舍1层		1台		1
未成年监舍2~4层				27
车间A1层				8
车间A1层夹层		1台		8
车间A2、3层				16
车间B1层				8
车间B1层夹层		1台		8
车间B2、3层				16
医疗、禁闭1层			1台	7
医疗、禁闭2层				7
合计	3台	9台	2台	442

设计网络结构需要充分考虑网络的用途,由于本网络平台主要用于承载智能化监狱监管系统,因此必须根据监狱监管系统的流量模式进行设计。由于各个监舍的流量必须经过分控中心和总控中心,因此,如果选择两层网络结构,势必导致大量的视频数据(因为分控中心和总控中心都必须实时监控多路视频)从接入层交换机到核心层交换机,再到其他的接入层交换机,这样的流量模式是不合理的。

本方案建议采用三层网络结构,从接入层—汇聚层—核心层分别对应整个监管系统的管理架构,即监舍值班室—分控中心—总控中心,大部分的流量均控制在本地,仅仅只有需要上传的流量才经过上层交换,极大地减少了冗余的网络流量,保证了网络流量的合理性,减小了核心交换机的负载。这样的网络结构减少了系统整体的风险,即使核心交换机出现故障,两个分控中心还可以起到监管控制的作用,不至于整体上失去控制。采用单星型组网架构,千兆骨干,百兆到桌面;核心交换机和接入交换机均通过1 000M光纤互联。具体内网系统布局如图1-2所示。

第 1 章 监狱安防系统基础知识

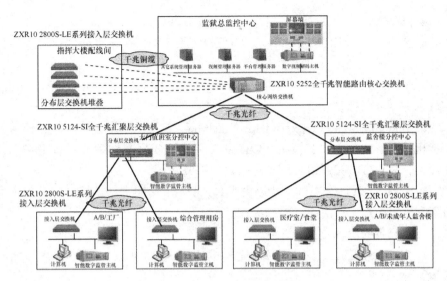

图 1-2 监狱内网系统结构图

所谓端口隔离也是内网访问控制的一个有效手段，端口隔离是指交换机可以由硬件实现相同 VLAN 中的两个端口互相隔离。隔离后这两个端口在本设备内不能实现二、三层互通。当相同 VLAN 中的主机之间没有互访要求时，可以设置各自连接的端口为隔离端口，这样可以更好地保证相同安全区域内主机之间的安全。即使非法用户利用后门控制了其中一台主机，也无法利用该主机作为跳板攻击该安全区域内的其他主机；并且可以有效地隔离蠕虫病毒的传播，减小受感染主机可能造成的危害。

1.2.5 产品介绍

主要产品有：一是核心交换机：ZXR10 5252 全千兆智能路由核心交换机 1 台；二是汇聚层交换机：ZXR10 5124-FI 全千兆汇聚层交换机 2 台；三是接入层交换机：ZXR10 2852S-LE 48 端口交换机 9 台，ZXR10 2826S-LE 24 端口交换机 3 台，ZXR10 2818S-LE 16 端口交换机 2 台。

1. ZXR10 5252 全千兆智能路由核心交换机

ZXR10 5200 系列全千兆智能路由交换机采用高速 ASIC 交换芯片实现 L2～L3 数据线速转发，提供完备的以太网协议族支撑和高效的 QOS 优先级机制，具备灵活多样的管理手段。ZXR10 5200 提供高密度的 GE 端口，为 IP 城域网或者园区网提供 GE 接口的汇聚和收敛功能，是组建园区网中心和 IP 城域网汇聚层的理想产品。

（1）电信级的可靠性
- 具备物理层的冗余，支持外置电源冗余、单板热插拔特性。

- 具备协议层的冗余，支持 LACP、路由负荷分担等协议。
- 全面支持 VRRP/ZESR/STP/RSTP/MSTP/LACP 多种网络可靠性保护技术。
- 采用通信专利技术智能以太环网 ZESR（ZTE Ethernet Smart Ring）实现以太网环路保护。
- 支持 SES（Super Extendable Stacking，超级扩展堆叠）技术，使多台交换机设备形成分布式交换机（Chassis）系统，扩展整体的交换容量和端口密度，分散投资，按需组合，具有超强的扩展性。
- 采用 ZXROS 分布式大型路由平台。具有良好的升级能力，保护用户的投资和满足用户未来对新功能的潜在需求。

（2）完善的协议支持和路由支持

- 支持完善的二层协议以及完整的 IPv4 路由协议，胜任复杂的网络环境。
- 支持 802.1x 用户认证计费，支持 RADIUS 和 802.1x 透传。
- 支持 4k 个基于 802.1q 的标准 VLAN，支持 PVLAN、QinQ、Selective QinQ、SuperVlan。
- 支持 RIP1/2、OSPFv2、BGP-4、IS-IS 等路由协议。
- 支持 PIM-SM/DM、IGMP 等组播路由协议。
- 支持完备的可控组播协议，支持 IGMP Snooping/Filter/Fast Leave/Proxy。支持 IGMP v1/2/3。支持 CAC 频道访问控制、PRV 频道预览、CDR 呼叫统计、组播 VLAN 登记、组播业务管理。

（3）强大的安全和 QOS 性能

- 采用业界领先的 ASIC 硬件转发技术，保证端口的线速转发和过滤能力。
- 提供完善的 QOS 策略和多种队列调度算法，支持 WRED 拥塞避免和端口流量整形。设备提供 8 级优先级队列，支持报文着色。
- 支持 CAR（Committed Access Rate），流量限速的粒度为 64kbit/s。
- 支持强大的硬件 ACL 功能，提供基于 VLAN、二层、三层、四层以及混合的 ACL，支持 ACL 时间段划分。
- 支持 MAC 地址绑定、MAC 地址过滤和广播风暴抑制。
- 支持 CPU 防攻击（病毒）保护，支持 CPU 过载/节奏保护。支持识别多种病毒特征报文并加以过滤 LAND/BLAT/NULLScan/XmaScan/Smurf、SYN Flooding、Ping Flood，防 DDos 攻击。支持生成树根保护（Rood Guard）、BPDU 攻击保护、ARP 攻击保护。

- 支持 uRPF 单播逆向路由检查,防假冒源地址攻击。
- 支持 OSPF/RIPv2/BGPv4 MD5 密文检查。
- 支持 IP source Guard 等。

(4) 简单统一的网管功能
- 支持 RFC1213 SNMP（简单网络管理）协议。
- 支持 ZGMP 集群管理协议。
- 带内网管的形式可采用基于 Telnet 的配置管理（CLI 命令行的形式）或基于 SNMP 的配置管理（图形界面的形式），实现基于 NetNumen N31 网管平台的统一网管。

2. ZXR10 5124-FI 全千兆汇聚层交换机

ZXR10 5100 系列全千兆智能以太网交换机为充分满足安全 IP 交换、全千兆网络和高 QOS 保证的需求，而推出的全千兆智能型以太网交换机。该系列交换机提供全千兆流量交换、VLAN 控制、QOS 保证的机制，流量限制、802.1x、抗病毒攻击以及完备的业务控制和用户管理能力。这些智能化的特点非常适合作为关注业务管理控制和网络安全保障能力的全千兆办公网、全千兆业务网和驻地网的全千兆汇聚/接入交换机。

3. ZXR10 2800S-LE 系列

ZXR10 2800S-LE 系列是 ZXR10 2800 系列中精简型产品，其中包括 2852S-LE、2826S-LE 和 2818S-LE 三款产品，提供 48、24、16 个固定的 10M/100M 以太网口。2852S-LE 还提供两个固定的 1 000M 光口和两个固定的 10/100/1 000M 自适应电口；2826S-LE /2818S-LE 还提供一个扩展插槽，可扩展 1 端口百兆光口或者 2 端口千兆光口。

(1) 高性价比，结构紧凑
- 采用固定接口和模块化接口结合的架构，1U 高度，结构小巧，既可入 19 英寸标准机架，也可以靠近客户端桌面放置，安装方便，应用灵活，性价比高。
- 支持交流和直流供电。

(2) 丰富的接口类型，满足不同组网方式要求
- ZXR10 2800S-LE 系列支持 48/24/16 个固定 10M/100M 以太网端口，2852S-LE 还提供两个固定的 1 000M 光口和两个固定的 10/100/1 000M 自适应电口；2826S-LE /2818S-LE 还提供一个扩展插槽，可扩展 1 端口百兆光口或者 2 端口千兆光口。
- 支持端口的捆绑，接入和组网方式非常灵活。

(3) 完善的安全特性

● 支持 MAC-Limit 功能，可以限制端口上连接的主机数量，有效防止用户私接。

● 支持 MAC 地址与端口的绑定，支持对恶意源或目的 MAC 的数据报文进行丢弃。

● 支持 MAC 地址过滤，封锁非法用户。

● 可以限定广播报文占端口带宽的百分比，实现对广播风暴的有效抑制。

● 高强度的防雷能力。内置和外置的防雷单元使设备具有 15kV/0.75kA 的防雷能力。比业界传统的尖端放电防雷技术具有更稳定的防雷效果和更一致的产品特性。

● 极强的抗震能力，可抗 7 级地震烈度。

● 支持通过配置禁止或允许 Telnet、Web、SNMP、ICMP 的源 IP 地址，增强设备的安全性，避免黑客恶意控制设备。

(4) 统一的网管功能

● 支持图形化网管、SNMP、CLI、RMON、Telnet 和 Web 网络管理方式。

● 独有的 ZGMP 集群管理，实现集群拓扑管理，成员配置自动修改、保存、下载，简化管理操作，提高管理效率。

● 支持单端口环回检测。

● 创新的 VCT 技术，可以远程对线路进行维护，能测量出线路上短路、断路等故障，故障点误差在 1m 之内。

● 支持 BOOT、TFTP 软件升级方式，提供了完备、快捷的软件升级功能。

1.2.6 外网设计方案

在监狱中，只有领导和阅览室内可以上外网，查阅资料和收发一些重要的邮件，所以在部署外网的结构时没有内网复杂。鉴于外网系统的可靠性、安全性和交换性能相对于专网级别较低，所以采用单星型组网架构，千兆骨干，百兆到桌面。核心交换机和接入交换机均通过 1 000M 光纤互联，核心交换设备配置单引擎、冗余电源。

在核心交换机中部署防火墙模块，以实现对整个外网的安全域划分，通过配置虚拟防护墙，同时对互联网出口以及内部的各部门实现独立防护。监狱外网的网络结构也比较简单，如图 1-3 所示。

第1章 监狱安防系统基础知识

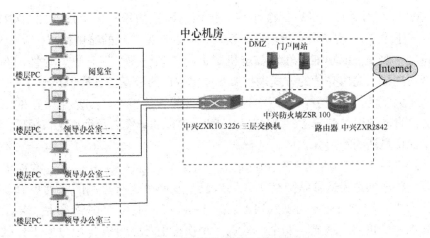

图1-3 监狱外网系统结构图

配置产品主要有：

- 核心交换机：ZXR10 3226　　　　　　　　　　　1台
- 出口路由器：ZSR2842　　　　　　　　　　　　　1台
- 硬件防火墙：ZSR 100　　　　　　　　　　　　　1台

在路由器上，采用多业务开放式路由器，它既能支持路由器所有的功能，又能支持 VPN、语音等一些特殊的功能。多业务开放路由器（MSR）采用了一个技术深度应用识别（DAR），此功能是 MSR 路由器的一大技术亮点，是一项符合企业网发展的实用技术。目前 MSR 能够识别网络上流行的 80 多种常见业务，而且还在不断的增强，这些业务包括 BT、HTTP（Web 应用）、FTP（文件传输）、Napster（歌曲下载软件）、Notes（办公系统）、Printer（打印机）、SMTP（邮件系统）、eDonkey（电驴）、eMule（电骡）……。

1. 深度应用识别

（1）深度应用识别通过对报文进行深度的识别和分类，加强了用户对数据流的控制力度。对于识别出的业务流，实施 QoS 策略，可以更有效的为关键的业务数据实施高优先级和高带宽保证，保障关键业务的性能，对非关键业务进行限制和丢弃，避免对正常业务的影响。

（2）深度应用识别具有统计功能，通过该功能可以了解网络应用分类及流量百分比，使用户可以更清楚和细致的了解网络的使用状况。

（3）深度应用识别帮助客户更加有效地利用了带宽，既为各种业务提供不同的带宽控制，保证其业务效率，同时降低了用户的带宽费用。

在核心交换机上采用的是 ZXR10-3226 系列交换机，提供高密度的 24 个

10/100 以太网端口，可以做个小核心提供给监狱的用户来上网。而 ZXR10-3226 交换机是一款可网管的三层交换机，可以支持三层的路由协议，防 ARP 病毒等一些安全的功能。端口安全机制提高了系统安全性和可管理性，端口聚合功能提供简单廉价的方式来扩展交换机端口的带宽，支持 JUMBO Frame 加速了大文件传输服务，为网络提供了丰富的智能特性，如基于端口的二层优先级自动映射，基于 VLAN/MAC 地址/端口的镜像以及远程端口镜像；集成了简单灵活的管理方式。

ZXR10 ZSR1800（ZTE Intelligent Integrated Service Router）智能集成多业务路由器是为运营商网络接入层以及企业网络度身定制的系列集成多业务路由器，包括 1809、1822、1822E、1842 和 1842R 等多款产品。ZXR10 ZSR 在一个机架中集成了安全、数据、交换多业务，可以将用户原来分散的防火墙设备、交换机、路由器集成到一个多业务路由器中，降低了建设成本和维护费用。

2. 模块化设计

采用固定接口与模块化接口卡相结合的方式，高性能 RISC 转发和高效的软件设计，V-BUS 智能多总线和多种处理引擎，满足不同客户对性能和端口的要求。集成两个 GE-Combo 接口，支持 4 个扩展槽位，并提供两个内部 AIM 扩展功能插槽，可以扩充语音、数据加密等功能。支持超大容量的高速 USB 存储卡，可以方便地实现配置文件和系统文件的备份。

在同一个平台上可以支持从 300bps 到 1 000Mbps 的不同接口速率，槽位通用，各种类型接口板可以任意混插。集成 PCI 总线、CPU、BUS 总线、USB 总线、以太网交换总线、TDM 语音交换总线等多套系统总线，可以为用户提供 Data、Voice、Video 并发的 Triple-Play 服务。

3. 智能集成

支持 TDMoIP，实现 TDM-E1 在 IP 网络中的透明传输，实现 IP 网络和 TDM 网络的无缝连接。支持传统的 GRE、L2TP、IPsec VPN，同时支持多协议标签交换 MPLS 及 MPLS ¬L2/L3 VPN，满足不同用户的 VPN 组网需求。支持丰富的队列技术（PQ、CQ、WFQ、CBWFQ/LLQ）、拥塞避免技术（RED、WRED）、调度技术（WRR），支持 CAR，带宽控制粒度精确至 8kbit/s，可以为用户提供完善的 QOS 保障措施。

4. 智能防护

基于内置硬件加密加速引擎的 IPSec 数据加密功能，可以为用户提供更高效的 IPSec 加密功能，包括对语音的加密/解密等。支持基于五元组的 ACL 过滤、SSH 和 uRPF。支持 netflow 流量统计和 TCP 拦截，支持 DDOS、IP¬

Spoofing、SYN Flood、ICMP Flood 和 UDP Flood 等防护。

5. 全面支持 IPv4/IPv6 双栈

支持 IPv4/IPv6 双栈。支持 OSPFv2/v3、IS-ISv4/v6、BGP4/BGP4＋。支持丰富的 V4/V6 过渡技术，包括手工配置隧道、自动配置隧道、6to4 隧道和 6PE 等。支持 NAT-PT，可以实现向下一代网络的平滑过渡。

思考题

1. 根据国家有关标准，结构化布线系统分为哪几个子系统？其特点是什么？
2. 监狱网络建设的基本的原则是什么？
3. 监狱内网系统的结构特点是什么？
4. 说出监狱内网三层网络结构的具体内容。
5. 画出监狱外网系统整体结构图。

第 2 章　监狱周界防范与应急报警系统

2.1　概　述

　　现代监狱应该为罪犯的生活与劳动提供良好的改造教育环境，同时还要在防范罪犯外逃、罪犯狱内又犯罪和外部非法入侵等方面能体现、信息化和智能化等监管要素。周界防范系统主要对防范场所非出入通道的周边区域进行监视和管理，目的在于防止非法入侵和脱逃。监狱周界的范围一般比较大，不同的防范场所其周界条件和环境也有所不同，单靠人防力量很难实行全面而有效的管理，必须要结合技防措施。周界防范系统可对防范场所周界区域实施 24 小时全天候实时监控，并进行网络化管理，使管理人员能及时准确地了解禁戒区周边环境的实际情况，遇有非法入侵者能自动报警，自动记录警情及自动转发报警信息；配合视频监控能实时而直观地观察和记录布控现场的实际情况，为警情核实及警后处理提供切实可靠的资料。

　　监狱周界防范系统分为两种类型，一是强制性防范，如高压电网系统；实施对违规者进行有效的打击，致死和致伤；二是预警性防范，如周界探测预警系统，实施对违规者的行为进行报警或警告，通知值班人员采用相应措施，不会对违规者进行打击或伤害。

　　当前，监狱内周界预警系统常用的入侵探测装置有遮挡式微波入侵探测器，泄漏电缆入侵探测器，传统型红外对射，光纤和视频智能分析入侵探测装置，智能型远距离红外线幕墙等，这些探测装置的探测介质特性不同，工作原理各异，如何科学应用预警手段是监狱需要研究的重要课题之一。

2.2　主动红外探测器

2.2.1　主动红外探测器

1. 探测原理

　　采用红外脉冲射束形成线状探测区域，在红外脉冲射束被阻断（≥40ms）时输出报警信号即射束阻断报警原理。利用不可见红外光对射原理，在投光

第 2 章　监狱周界防范与应急报警系统

器和受光器之间形成一个肉眼看不见的多束红外光栅组成的防范护栏，只要相邻两束红外光线被遮挡，立即产生报警信号并自动向外发送警报，实现防范警戒的目的。适用于重要建筑周界、室外墙体、室内入侵检测、小区住宅户外、户内集群安装、停车场红外控制专用等多种应用场合。室外探测距离有 10、30、60、100 米多种规格的产品。

为了防止小体积的昆虫、落叶等阻断红外脉冲射束或者各类衰减红外脉冲射束等原因引发误报警，形成了双光束、三光束、四光束等规格产品，当入侵物体足够大，且能同时阻断两光束、三光束、四光束时输出报警信号。

2. 探测性能分析

1) 漏报警

按照国家标准的相关规定，当入侵者通过探测区域的速度大于 5m/s 甚至更低速度通过时，产品将不会触发报警。

2) 技术局限性

该类产品采用单一脉冲调制频率（或者有限的几个固定频率）的红外射束，在执行国家标准"最大探测距离是使用距离 6 倍"规定的条件下，大面积密集安装应用时，接收端会产生接收到大量的、非对应发射端发出的、相同特征的红外脉冲信号，则会引起产品漏报警或误报警。

3) 应用问题

（1）由于红外脉冲射束传输过程中的发散特性，红外脉冲射束在遇到大面积光滑墙壁、石块、玻璃等物体的折射时形成多条红外通道，会引起漏报警。

（2）在正常安装条件下，由于肉眼可以观察到此类产品的探测区域位置，入侵目标即使按照标准规定的指标（如运动速度），入侵者能采用避让等行为轻易越过/绕过产品探测区域，会不触发报警而通过装置的探测区域。

如：传统型主动红外入侵探测器采用层叠方式安装于地面时，其有效探测区域如图 2-1 所示。

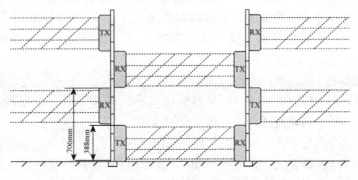

图 2-1　主动红外入侵探测器安装示意图

图 2-1 所示配置的触发报警条件：物体必须把加斜杠虚线部分完全阻断才能够触发报警。根据标注的尺寸可以看出，入侵目标通过防区而不触发报警的空间较大，紧贴地面爬行就可以顺利通过图 2-1 中间防区，四光束的有效阻断高度约为 40cm，而人体厚度平均约为 30cm，有相当比例人员的身体厚度远不足 30cm，紧贴地面爬行不会触发报警；位于图 2-1 两侧的防区，触发报警的高度达到约 80cm，即使不采用贴地爬行方式，采用低姿或跪姿爬行也可以顺利通过；还有安装在支柱两侧的产品顶部构成阶梯状，可以方便地以脚踏方式攀爬。

由上可见，即使产品符合国家标准，按照产品规定要求安装，由于入侵目标可以轻易避让其探测区域而无触发通过，也会形成产品在应用上的漏报警。

2.2.2 远距离红外线幕墙

1. 工作原理

采用通信技术的数字编码调制技术，对传统型红外脉冲射束进行数字化改造，每根红外射束采用不同的编码，相当于码分复用，以避免光束间的相互干扰，确保单体产品可以用多束（不同信号特征的）红外线脉冲编码射束构成探测界面达到 1～2m 的严密防范，一旦任意相邻两光束（相邻距离为 15cm）被阻断规定的时间，就会发出报警信号。

当系统通电后，发射端会发出多束不可见红外线束构成网状防线；由接收端发出自检提示音表明自检完成，蜂鸣器发出对准提示音表明对准调试完成，系统进入正常工作状态。

2. 主动红外入侵探测器

主要技术指标如下：

（1）响应时间。在制造探测器厂规定的探测距离工作时，辐射信号被完全或按给定的百分比部分遮蔽的持续时间大于 $(40\pm10\%)$ ms，探测器应产生报警信号；辐射信号被完全或按给定的百分比部分遮蔽的持续时间小于 $(20\pm10\%)$ ms，探测器不应产生报警信号。

远距离红外线幕墙产品响应时间可达到 $(20+10\%)$ ms，超过现行国家标准，即探测响应速度更快。即使目标以 10m/s 的速度通过探测界面时也会触发报警，可以满足监狱内周界预警应用需求。

（2）抗外界光干扰。探测器对位于与射束轴线成 15°或更大角度某处的任何外界光源（包括市电、直流电驱动的光源或自然光源）的辐射干扰，不应产生误报警与漏报警。

远距离红外线幕墙产品抗御干扰光源为与产品自身同波长的无调制干扰源、相同调制频率/不同调制频率的干扰源，其抗御干扰的能力高于国家标准规定，较大程度上满足监狱内周界预警应用需求。

3. 主要性能

（1）防范性能

前端外形为黑色的柱体，使监狱管理方可以告知罪犯：不得越过黑色的柱体形成警戒线；红外射线为不可见，防范部位隐蔽，防范严密（针对跑、跳、爬、钻等任何方式均无法通过）等特点，对于企图外逃的罪犯产生明显的心理压力，有一定威慑力。

（2）报警功能

只有任意相邻的两束红外线射束被同时阻断时才会产生报警，不会由于飞鸟、昆虫等飞过引发误报警；在红外线射束附近从事正常活动的人员/物体的活动，均不会触发报警。适用于老监狱、看守所等院落面积狭小的特定环境应用。当前端设施被人为移动，电源线、信号线被剪断时，系统还会自动报警。

（3）材料特点

前端坚韧的 PC 外壳一方面具有抗暴力击打功能（有受汽车撞击而不破损的记录）；另一方面具有防止在押罪犯撞击自残的功能。坚实而质轻的铝型材支架，可以抗御人力推拉、撞击，防止产品被拆卸作为与管教人员对抗的武器。

（4）抗干扰性

考核产品的要求是最大射束距离，应该为制造厂规定使用距离的 6 倍以上，可以抵御雨、雾、霾、强烈气流（风、水蒸气）、强烈阳光、沙尘等恶劣环境。元器件选型/产品半成品板的设计定型，都经受国家标准规定的考核条件，恒温湿热：温度（85±2）℃、湿度 RH（98±2）%，高压静电：8kV 接触放电。

（5）红外线特点

红外线射束为无形防范手段，不像线、网等实体障碍型入侵探测器既产生被围困的观感，又阻挡人的正常活动；如进入禁区内清洁环境或草坪养护等，符合人性化的应用要求，对管理工作的影响较小。

（6）误报率

主动红外入侵探测器类产品的弱点是安装环境中不能有植物生长，一旦植物阻断红外线射束就会引发误报警。监狱内由于必须保证视野良好，经常需要罪犯清理、修剪植物，可以确保产品使用良好的环境。此外，要求部分监狱对此类产品的防范区域地面，采用水泥封闭硬化处理，杜绝杂草生长，可以减少由此引发的误报警。

2.3 微波与其它探测器

2.3.1 探测原理

遮挡式微波入侵探测器是利用多普勒效应（当波源与观察者之间存在相对运动时，观察者接收到的频率与波源发射频率不相同的现象）实现入侵探测。如果波源与观测者之间相对接近运动时，观察者接收到的频率比波源频率高；相对分离运动时，观察者接收到的频率比波源频率低，其频差的值与两者间相对移动的速度成正比——相对移动越快，频差越大；反之则减小。微波探测原理如图 2-2 所示。

国家标准 GB15407—2009 遮挡式微波入侵探测器的主要技术指标如下：

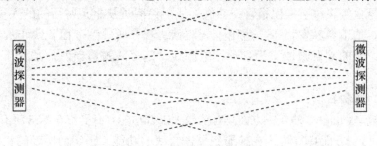

图 2-2 微波探测原理图

（1）探测宽度试验

探测器的发射机、接收机之间的安装距离按产品技术说明书规定的探测距离，安装高度按产品使用说明书推荐的高度，参考目标从两倍探测宽度外，以 0.75m/s 的速度垂直接近收、发天线形成的轴线，测出报警时的位置，然后以同样方法测出轴线另一边报警时的位置，两个报警点位置之间距离应小于产品技术指标规定的探测宽度的 1.5 倍。如图 2-3 所示，在均匀分布的 A、B、C 等不少于 5 个位置上分别进行上述测试。将探测器天线极化方向沿辐射轴线转 90°，再以上述相同方法及要求测试，探测宽度应小于产品技术指标规定的探测宽度的 1.5 倍。

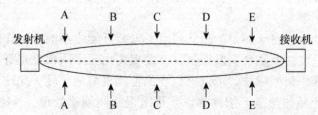

图 2-3 微波入侵探测器有效覆盖范围图

（2）探测速度范围

室外型：0.1~10m/s。

（3）试验场地

探测器的试验场地要求室外开阔平坦，长度应大于产品基数指标规定的探测距离的1.5倍，宽度大于最大探测宽度的4倍；探测区域不应有金属物体、树木等阻挡或高出地面0.1m的成片草丛。

2.3.2 探测性能

1. 性能分析

遮挡式微波入侵探测器就是利用微波波束的多普勒效应检测探测区域内的物体运动。下面分析技术原理与误报警问题。

1）波束范围

微波的波束形状如图2-3所示，以两端的天线分别为起始和终止点，通常形成对称的、横向截面为圆形的"橄榄球体"分布；通过改变天线形状，可以使波束范围成为横向截面为椭圆形的"扁橄榄球体"。

（1）由于微波的电磁场特性，其强度随着所处区域中具有相关性的环境因子"温度、湿度、外界电磁场分布、外界铁磁性材料（钢铁物体、近地表层铁矿等）分布、雨/雪/雾/风/水蒸气"等多种因素影响不断发生变化，其波束范围是不确定的，并且两个交错的波束范围之间可能存在波束间隙，即"探测盲区"。

（2）外界铁磁物体改变微波波束范围，铁磁物体会吸收电磁波，特别是微波波段的电磁波。在微波波束防区内有铁磁物体存在的部位，波束会向铁磁物体汇聚，形成波束范围的畸变，造成防范空缺。

2）误报警因素

当入侵目标移动速度较低时（小于0.1m/s）不会触发报警，即漏报警。引发误触发报警的主要因素：

（1）外界电磁场的干扰。由于人工条件（变电站、大功率电气设备运行、近距离内的便携式无线通信装置等）或自然条件（雷电或者静电放电等）形成的外界变化的电磁场，其强度和频率迭加到遮挡式微波入侵探测器发出的微波信号中，引起其频率偏移，可能引发误报警。

（2）外界热能场的干扰。突然变化的、足够强度的热能场也可以触发遮挡式微波入侵探测器误报警。比如水泥建筑物在白天的烈日照射下存储了大量热能，到夜晚则向其上方的空间扩散，当遇到阵风吹过的情况，形成一会被吹散、一会又"成型"的变化状态，这种热能场的变化会被雷达探测到而引发误报警。

(3) 大面积生长的草、灌木在风吹时形成大面积的起伏，引发误报警。

(4) 遮挡式微波入侵探测器的探测范围往往超出警戒区范围，警戒区外围人员或车辆等物体的正常活动也会触发误报警；接近防区范围的便携式无线通信装置也会引发误报警。

2. 多普勒效应

1) 多普勒频移

电磁波或声波频率因馈元本身或/和目标物相对运动所引起的频率改变称为多普勒频移，或称多普勒效应，由多普勒效应得知，固定安装的雷达发出的固定频率微波，遇到静止物体产生的反射波其频率并不改变，遇到运动物体产生的反射波将会发生多普勒频移，频率的改变类似相对速度的计算。计算方法如图 2-4 所示。

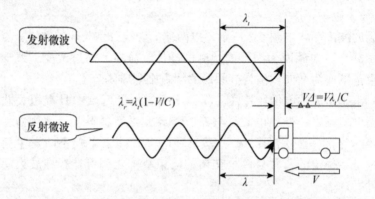

图 2-4 多普勒频移的计算

图 2-4 中：V 为汽车行驶速度，C 为微波行进速度，300 000km/s，λ_t 为发射波微波波长，λ_r 为反射波微波波长。

2) 多普勒信号和多普勒频率

多普勒雷达在发射微波信号的同时接收反射波信号，并将两者相混差频产生一个新的低频信号，称为多普勒信号，其频率称为多普勒频率，是发射频率和反射频率之差。

多普勒频率 = |发射频率 − 反射频率| = $|1/\lambda_t - 1/\lambda_r|$ = $|f_t - f_r|$

报警器多普勒雷达如果检测到多普勒信号，则判定有移动目标存在。

针对不同的使用场合，可以选用不同频段的多普勒雷达，常用报警器产品的多普勒雷达工作频率选择在 X-频段（10.525GHz）。随着技术的进步，最新的产品其多普勒雷达开始使用更高频段的 K-波段频率（24.125GHz）。对于这两个频段，如果目标移动速度不超过百公里，多普勒频率的变化范围是 0～5 000Hz。在此范围内，多普勒频率和目标移动速度大体呈线性关系。

3）连续波（CW）多普勒雷达

多普勒雷达有多种类型，其中脉冲多普勒雷达、调频连续波多普勒雷达不但可以测出目标的速度、距离、方位，甚至能够同时跟踪、区分出多个目标的移动情况，这些雷达需要配合精密的伺服系统和后处理技术，系统复杂、造价高，多用于军事、航空和工业检测等领域。

报警器采用的连续波多普勒雷达只能测到目标的移动速度，不能测到目标距离和方位。这种雷达构成简单，造价低廉，适合大规模推广使用。从技术构成来看，多数产品使用的是经济型平面微带多普勒雷达。

4）平面微带多普勒雷达

报警器使用的平面微带雷达生产成本低廉，无需昂贵的检测加工手段，适合装配经济型报警探头。微带雷达由传感器模块、多普勒信号调理电路和决策控制部分组成，如图 2-5 所示。

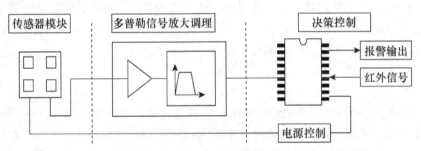

图 2-5　平面微带雷达原理构成

3. 监狱应用

目前，监狱中罪犯会利用先进技术手段智能化狱内又犯罪活动，若管理者仅仅依靠人力防范或传统防范手段往往受时间、地域、天气、人员精力等因素的影响，难免会出现监管的漏洞和失误。为了加强监狱安全工作，防止罪犯越狱、非法入侵或各种破坏活动，应用微波探测技术在狱墙内周界处构筑一道隐性电子围墙，形成一道防范封锁线，俗称：雷达电子墙。

室外智能微波（雷达）电子围墙能够对 200m 以内的探测范围进行数字信号分析。该技术基于军工的微处理器逻辑技术，信号分析处理提供了一个高性能以及低误报特性，降低了如在恶劣天气，干扰因素，以及环境改变等引发误报的可能性。雷达电子墙包含独立的发射器单元和接收器单元，面对面安装在支架上，防护范围最远不超过允许长度，形成一个实体的微波栅栏，防止非法入侵。应用示意图如图 2-6 所示。

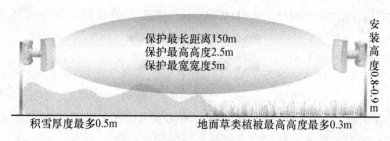

图 2-6 微波探测器原理示意图

2.3.3 振动光缆探测器

1. 振动光缆探测技术

1）工作原理

该系统前端主要由信号处理器（光信号分析单元）、传导光纤和传感光纤构成。当光缆外部的压力或变形时，会转变成光信号的功率、波长相位或色散指标的颤动，探测器主机（分析单元）捕捉到这些微弱变化后对信号进行放大并处理，当符合报警条件时则输出报警信号。其原理主要以光学干涉理论为基础，不间断地实时采集传感距离内的各类振动信号，通过分析、识别、处理和比对过程，最终发出报警信号。

2）特点

探测方法采用无源传感光缆技术，不受地形、墙形或周界形状的限制，适合于防爆要求高、不规则周界的应用场合。振动光缆的防控距离可达100km，可定位报警位置，定位精度为100m。其网挂式安装方式适宜于在监狱内外金属隔离网上直接安装使用。实物图如图2-7所示。

图 2-7 振动光缆探测器实物图

将光纤敷设到力学一致性较好的物体上（如铁网栅栏），若光纤受到外部条件（张力、位移、破坏、振动、冲击、声波、温度）等变化，引起分析因子"干涉纹"发生时,把变化与数学模型比较,判断是否符合模型,并确定是否报警。其中干涉型产品在两条平行的光纤中,分别输入正交的激光信号,这两路信号在接收器投影面汇聚时形成标准的"干涉纹",当外部条件变化引起分析因子,分析"干涉纹"变化规律,建立对应模型,实施分析、判断。该类产品中的光栅型产品是以波长变化作为分析因子;散射型产品则以"拉曼散射"或"布里渊散射"等作为分析因子。

2. 振动光缆探测器

根据激光在光纤中的传输状态会随着外界环境的扰动而发生有规律的变化的原理,采用光纤作为分布式传感器,安装在围墙、屋顶、空调管道或埋在岩层中或草地下,即采用地埋或壁挂方式;同时利用先进的高速信号处理技术,实时分析激光传输状态的变化,判断是否有入侵或破坏发生。不会受到任何辐射、电磁干扰的影响,使其非常适用于安装在易燃、易爆等高危险性的应用场合。系统的安装、维修以及更换被破坏的部分非常简便,使用简单但专业高效的熔接工具,即使在野外进行安装、调试、维护保养工作也同样快捷。该系统适用于政府机构、核电站、监狱、机场和小区等设施的周界入侵安全防卫。

2.3.4 电子围栏探测器

电子围栏周界防范系统由脉冲电子围栏主机(也叫围栏控制器或脉冲发生器)、前端(带脉冲高压的围栏)与报警信号的传输三部分组成。主机产生脉冲高压供给电子围栏以探测入侵者,并能发出报警信号。电子围栏前端包括终端杆、承力杆、合金线、紧线器、线线连接器、绝缘子、警示牌和固定件等。其特点:高压、低能量、起到预警和阻挡的作用。

1. 技术性能

1) 产品功能特点
- 大于1s周期性脉冲形式高压输出以保证安全。
- BL-polar双极性技术:每条线上有电压,相临两线之间有压差。
- 高/低压输出脉冲手动切换、远程设备控制切换功能。
- RS485总线控制、键盘、计算机、网络等多种远程集中管理方案。
- 具有可输出DC12V警号及常开/常闭的短路、断线、防拆报警功能。
- 1~5级可用户设定的报警灵敏度,且1级灵敏度时误报警率小于1%。
- 可选4AH续航电池保证市电停电后持续工作8小时。

2) 工作环境指标
- 工作电源:50Hz,AC180V~240V;
- 工作温度:$-40°C \sim +50°C$;

- 存储温度：-50℃~+120℃；
- 工作湿度：≤95%。

3) 输出脉冲指标
- 输出高压脉冲峰值：5~10kV；
- 输出低压脉冲峰值：700~1 000V；
- 脉冲电流峰值：≤10A；
- 脉冲持续时间：≤0.1s；
- 脉冲间隔时间：>1s；
- 单个脉冲输出最大电量：2.5mC；
- 单个脉冲输出最大能量：≤5.0J；
- 系统功耗：<15W。

2. 主机结构说明

高压电子脉冲主机接线图如图 2-8 所示。

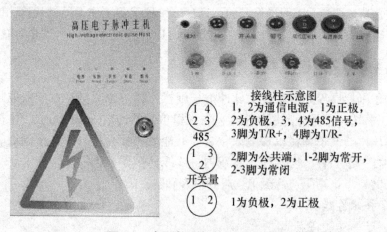

图 2-8　高压电子脉冲主机接线图

（1）高压脉冲输出分为正负两路脉冲，正脉冲从"一路高压输出端"接到围栏上，然后接"一路高压输入端"；负脉冲从"二路高压输出端"接到围栏上，然后接"二路高压输入端"，从而在前端围栏上形成正、负两个脉冲回路。

（2）高压接地输出：可与避雷器接地共用接地输出，与保护接地分开接地。

（3）电压切、换开关：用来切换主机工作在高低模式或者是自动工作模式。

（4）键盘输出：接入键盘或经 RS485 转 RS232 转换后接入计算机进行远程控制。每台主机间 RS485 连接需采用总线式连接方式，不允许星型连接方式。

（5）开关量输出：输出常开/常闭两组信号，按需要接入其他需联动设备。

（6）警号输出：报警时输出 DC12V 电压，可接入功率不大于 10W/

DC12V 的报警设备。

（7）电源开关：控制主机市电的接入与断开。

（8）电源输入：接入 AC220V 电源。

（9）LED 指示灯状态说明：

①AC220V 或 DC12V 电源正常时绿色"电源"指示灯常亮；

②布防时绿色"布防"指示灯亮，撤防时为熄灭状态；

③打开机盖时，红色"防拆"指示灯亮；

④断线报警时，红色"断线"指示灯亮；

⑤短路报警时，红色"短路"指示灯亮。

3. 安装方法

要求电子围栏与地下、空中等方位的电线、管道无冲突；围栏附近的范围内无杂物；围栏装置装设地点附近是否存在强干扰源（如发射台等高频设备），若有，则在施工图中标明信号线必须采用屏蔽双绞线。

1）周界围栏安装角度（与墙顶面的夹角）

（1）根据现场的情况及甲方要求确定周界围栏角度（0°、22.5°、45°、67.5°、90°、112.5°、135°、157.5°、180°）和倾斜方向（内倾式、外倾式、垂直式或水平式安装）。

（2）根据周界环境：居民区、学校附近建议为内倾或垂直安装，空旷地带建议为外倾，围墙高于 2.5m 时可以采用水平安装。

（3）根据保护对象：防止外界入侵时建议为外倾式安装，防止内部翻越时建议为内倾式。具体安装方法如图 2-9 所示。

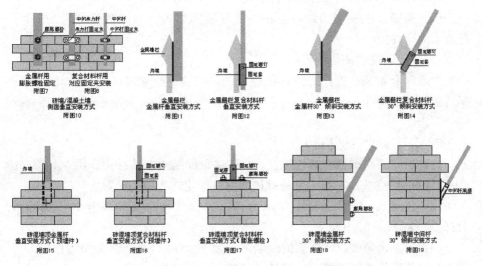

图 2-9 电子围栏安装示意图

2) 中间杆和绝缘子

(1) 中间柱支撑电子线保持标准间距，避免相邻两线接触。

(2) 如图 2-10 所示，用中间杆固定件、M5×12 螺栓将其固定在万向底座上。

图 2-10　中间杆与中间杆绝缘子示意图

3) 终端杆和杆绝缘子

(1) 将终端杆绝缘子用终端绝缘子固定夹固定在终端杆上。注意方向一致。如图 2-11 所示。

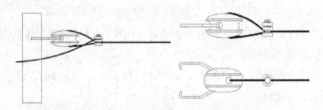

图 2-11　终端杆及终端杆绝缘子示意图

(2) 用 M5×55 螺栓将终端杆固定在两个万向底座之间。

(3) 有围栏控制器的地方应在终端杆顶部加入一条或两条（相互垂直）避雷器固定件。

4) 中间收紧器的使用说明

中间收紧器是一直挂在前端围栏上的，安装合金丝时，把合金丝从中间紧线器侧面的圆孔穿入，再对准并穿过其中间的中缝，最后通过另一侧面的圆孔穿出。

5) 围栏终端杆的安装

(1) 确定围栏撑杆的具体位置：在围墙顶部用冲击钻打孔，用 M10×100（中间杆可用 M8×80）强力膨胀螺栓将撑杆固定在合适的位置。

(2) 每隔 5m 放置一根中间承力杆，或其他有必要的位置加装中间承力杆。

(3) 每个拐角处以及防区的两端，不大于 100m 时或者其他拉力比较大而有必要的位置装置终端杆，分区处应从两个方向安装绝缘子。

6) 避雷器的安装

避雷器应先通过自身的螺母固定在避雷器安装支架上面,避雷器通常安装在脉冲主机的上方,一个防区安装一对避雷器。具体安装如图2-12所示。

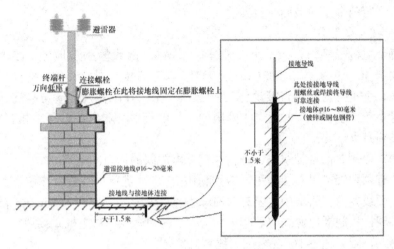

图2-12 避雷器安装示意图

7) 围栏线安装方法

(1) 一个防区为一个串联回路,自主机到电子围栏必须串联,不得并联。

(2) 导线跨接处必须使用耐高压导线连接,以免造成间隙不够大或短路等现象。在以下4种情况下:一是主机高压输出端到电子围栏始端的连接线;二是电子围栏的上层导线转接到下层导线的跨接线;三是电子围栏的末端回到主机的连接线;四是相邻两段电子围栏之间的连接线均必须使用额定耐压不低于20kV的耐高压绝缘导线。

(3) 接地的原则:接地点一般选择在电子围栏的末端,但是当防区加入避雷器时,避雷器的接地点应在电子围栏的始端。

(4) 强电及避雷器必须有良好接地,接地电阻小于10Ω。

(5) 强电与弱电接地必须分开,并且大于等于4m。

8) 安装要点

(1) 围栏线应采用分段安装的方式固定,同一条直线或同一防区建议分为一段。不在同一条直线上的网线分几次安装。

(2) 展放合金线:采用放线架或适当方式放线,切莫任意放,以免出现打结和不平整现象。可以4根同时展放,但注意不要交叉。

(3) 紧线：将合金线的一端用线线连接器（或自我缠绕）固定在一端终端杆绝缘子上，然后将 4 根合金线对应放入中间杆绝缘子或承力杆绝缘子的线槽内，最后穿入紧线器，用力将合金线拉紧并用线线连接器（或自我缠绕）固定在另一端的终端杆绝缘子上。然后调整紧线器使 4 条线同时绷紧并相互平行。平行的多条线应同时拉紧。

9) 接地体制作

每个主机下必须打入一个接地体，每隔 100m 设置一接地体，接地体标准：大于 $40\times40\times4\times1\,500$mm（有 M10 以上的接地螺栓或孔）标准镀锌接地角铁，垂直打入地下，接地体与避雷器支架、升压器接地端可靠连接，接地电阻小于 10Ω，不够时可加入降阻剂。强电接地与弱电接地必须相互隔离，并且必须有大于 4m 的距离。

10) RS485 信号控制线、围栏控制器电源线的铺设

若有预埋管道可直接利用，否则利用 PVC 管进行穿管敷设，敷设要求符合管道配线要求，管道中主要有 RS485 信号控制线 $RVSP2\times0.75mm^2$ 圆形双绞线、围栏控制器电源线 $RVV2\times1.5\,mm^2$ 的护套线（从主机并接到每个围栏控制器上，距离超过 600m 需加大线径）。

11) 警示牌的安装

安装"电子围栏 禁止攀登"警告标识牌一块，可以用合金线固定在围栏线上。

12) 围栏控制器（主机）的安装

(1) 将围栏控制器安装于围栏下方、围栏分区处（图纸中标定的位置），使围栏控制器与围栏间隔为 40cm 左右，用膨胀螺栓固定于墙上。

(2) 将围栏控制器与接地扁铁作良好的连接。围栏控制器接地（弱电接地，与通信线屏蔽层相连），与高压围栏接地（强电接地）相互隔离，避免干扰。

(3) 将围栏控制器的高压引线通过 PVC 配线管与围栏相接，接头处应采用线线连接器（或自我缠绕）可靠连接。

(4) RS485 总线、报警输出线及电源线与高压线分开，使用单独的配线管。

(5) 将高压避雷器可靠连接于周界围栏起始端与地线之间（注意防水方向）。

13) 主机与键盘间为 RS485 通信。主机与键盘间用 $RVSP2\times1.0$ 线缆连接即可。

14) 完成所有设备的连接工作，电子围栏系统如图 2-13 所示。

第 2 章 监狱周界防范与应急报警系统

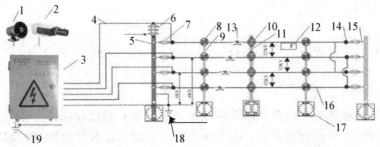

1.警号 2.摄像头 3.电子围栏主机 4.高压线 5.终端杆 6.避雷器 7.终端绝缘子 8.中间绝缘子 9.中间杆 10.承力杆绝缘子 11.中间承力杆 12.警示牌 13.中间收紧器 14.线—线连接器 15.终端绝缘子固定夹 16.合金线 17.方向底座 18.强电和避雷接地 19.弱电接地

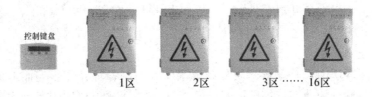

ZY-275系统电子围栏键盘控制系统方案

图 2-13 电子围栏系统安装示意图

2.3.5 泄漏电缆探测

1. 探测原理

将泄漏同轴电缆作为传感器，由两根平行埋在周界地下的泄漏电缆和发射机、接收机组成；利用两条（通常间隔约 1.5m）线缆之间高频电磁场分布的变化探测入侵者目标。泄漏电缆是一种在普通同轴电缆外导体上沿长度方向周期性地开有一定形状的槽孔，并具有特殊结构的同轴电缆，在两根泄漏电缆之间的空间形成一个椭圆形的电磁场的探测区；当有人进入此探测区时，会干扰探测区的电磁耦合，使接收电缆收到的电磁波能量发生变化，从而产生报警信号。泄漏电缆探测系统因前端埋在地下，最大的特点是隐蔽性好，应用不受周界形状的限制，灵敏度高，漏报率低。

泄漏电缆入侵探测装置主要技术指标如下：

（1）入侵探测

移动目标分别以 0.3m/s、0.75m/s、3m/s 的速度穿越探测区域时，实验结果应符合行业标准的要求。

（2）不报警最小距离

泄漏电缆外侧 3m 以外，移动目标以 0.75m/s 的速度移动时装置不应产生报警。

(3) 报警恢复时间

装置产生报警后，应在10s内恢复到警戒布防状态。

2. 探测特性

(1) 探测范围

在理想条件下，泄漏电缆探测范围理想分布是指数曲面体。该分布形状表明：接近主机部分的线缆，探测范围很大；随着离开主机距离的增加，线缆周围的探测范围迅速减小，到了线缆最远端，探测范围就仅限于两根线缆之间。

(2) 标准局限

根据引用标准条款规定可知，当入侵者移动速度小于等于0.3m/s和运动速度大于等于3m/s时不触发报警。

(3) 技术局限

在实际环境中，其探测介质分布范围受到周围各种介质影响而形成不规则、且不可预计的状态，甚至可能形成"空缺"；下雨等原因引起地面潮湿甚至浸水，会在两条平行分布的电缆之间形成"电磁场短路效应区域"，使其探测灵敏度产生较大的衰减，以上情况均会产生漏报警。

(4) 影响探测因素

当大功率电气装置运行，雷电或者静电放电，探测范围附近的大功率手持式无线通信装置，特别是监区中麻雀分批降落或集中起飞时会触发误报警。应用要求距离线缆3m范围内不得有电线、上下水管，5m范围内不得有河流。

3. 监狱应用

在泄漏电缆入侵探测器防区内及附近，均不能有人员或车辆等移动；根据现场实际情况，可以在不规则周界的监狱进行设置与应用。

2.4 监狱内周界探测器

1. 认证条件

选用规格型号获得强制性认证的产品，产品型号与证书型号相符，实际检验任何环节的产品，效果均与认证样品一致。对于目前没有国家标准的产品，应提供行业或企业标准，以及法定的第三方检测机构根据标准做出的检验报告；认证机构颁发的产品自愿认证证书；厂商还应该提供产品使用案例；相关应用效果的用户证明等资料。且此类产品适宜于小批量试用，根据实际

2. 抗漏报警

不允许存在标准层面、应用层面和技术层面的漏报警,表明此产品部分关键性技术指标达到或超过国家以及行业相关标准,能符合监狱应用的实际需求。

3. 外观造型

从探测器外部造型观察,不应看出其探测介质的覆盖范围,或人力行为无法避让、攀越、快速和慢速通过该探测介质覆盖区域,而不触发报警。前端探测器整体结构应该能承受人力的冲击而不发生断裂,不应借助常用工具轻易拆卸,其外壳在受人员肢体击打或人员手持木质物体击打时不应破损,即具有防暴性和防拆性。

4. 探测面积

从节约土地资源角度出发,以及配合严格管理制度,为构造具有威慑能力的监狱内周界预警系统来考虑,应将探测器探测区域占用面积作为选型比较的条件之一。

5. 抗电磁性

由于监狱周界附近可能存在的电磁变量,在强度、频率和分布方式等方面均为随机的,因此,选择探测器必须能承受探测区域会出现的任何种类的电磁变量(包含雷击),确保不发生损坏并不影响其正常的工作状态,具有高可靠性。

6. 气候条件

监狱分布地域广,地形复杂,室外探测器需适应不同区域的环境与气候条件。建议:高于国家标准机关规定——以 $85℃/RH(98±2)\%$ 为产品高温潮湿实验考核条件;高于以 $75℃$ 为通用区域应用产品的高温干热试验考核条件;以 $-25℃$ 为通用区域,或 $-40℃$ 为北方区域应用产品的低温试验考核条件。还要求探测器在大雨、浓雾、强烈阳光、强烈水蒸气、大风、大雪、冻雨等气象条件下可以正常工作。

7. 安装维护

对于产品状态,产品应该具有自检功能,如:是否有故障及其部位或者类别、供电是否正常、外部环境是否存在干扰因素等;具有现场或者远程实时提示功能,便于现场安装、调试以及故障排查,甚至实现远程诊断、维护或升级。

8. 探测介质

在国家强制性认证的内容中,包含了探测介质辐射强度的指标,有检测及判定结论。这些指标应该包括了对于人体危害的评价因素，在监狱内周界预警应用条件下，探测介质对于相关人员的作用是长期性的，更应注重此因素。

9. 使用年限

探测器应符合 GB10408.1—2001 入侵探测器通用技术要求的规定，具体技术指标应符合国家标准的相关规定；到达使用年限的产品应由供应商支付残值后回收。一般而言，要求产品使用年限为 5~10 年时间。

10. 探测器组合

采用两种或多种探测装置时，报警系统输出信号不能合并为一种，即报警输出条件不能采用"与"逻辑进行配置；应使每种装置独立输出报警信号，即报警输出条件采用"或"逻辑进行配置。

11. 视频联动

内周界预警入侵探测器应配置联动的视频监控系统，即具有联动功能对于报警现场实际情况及时进行人工复核。推荐方式：当入侵探测装置触发报警信号后，联动视频监控系统即可弹出就近防区报警前后 10s 的现场录像，由值班人员立即观看，人工复核警情，根据实际情况值班人员上报监狱有关领导，及时进行处置事件。

12. 复合手段

采用技术防范——入侵探测装置＋视频监控系统，构成第一道防线；以物理防范——防攀爬金属隔离网＋高墙＋电网，构成第二道防线；以值班人员和巡查人员——根据具体情况及时、准确处置突发事件，构成第三道防线。创建"技防、物防、人防、联防"四位一体的监狱内周界预警防控体系。

2.5　监狱高压电网报警系统

2.5.1　重要性

监狱安防的重点之一是围墙周界防范设施，周界防范中最有打击效果和威慑力的就是高压电网设备，其工作方式：先预警，后打击；其打击量能使人"致死、致伤和致残"。可以说它是监狱的最后一道防线，也是强制性防范措施之一，与其他技术手段有机结合，能构建一套"全天候、立体式、智能化"的周界防范体系。高压电网最大的特点：高电压、高能量、24 小时不间断工作。若高压电网设备不能全天候有效打击与事故预警，则其后果将不堪设想，肯定会造成安全漏洞。若在恶劣天气下，监狱使用的电网有可能失效，必将给监狱管理带来较大的安全隐患。监狱罪犯中也有懂电的，他后研究高压电网结构，企图利用各种工具进行脱逃，有成功案例也有失败案例，因此，高压电网是监狱中最重要的防线。

2.5.2 传统电网问题

传统高压电网存在以下问题：
（1）没有限定高压网每段的漏电功耗，造成每段线路常在雨雾天严重漏电、打击效果下降，漏电严重、效率较低；
（2）高压网线间没有压差，当有人不接地攀越时，无法形成打击；
（3）高压网线不是全火线，当有人只接触地线时，无法形成打击；
（4）因采用变压器方式，高压箱不能数字化 IP 管理，主机或某一高压箱有故障会造成全部电网瘫痪；
（5）不能精确分段定位报警，并与其他设备实现联动及时预警，也无法用语音报明事故地点。

2.5.3 现有电网系统

现有监狱较多采用现代高压电网，其关键是采用脉冲调制的变频技术，其打击量符合部颁标准，数值为 40mC（毫库仑）。其特点如下：
（1）主台和高压箱为 IP 数字化工作方式，共用电源线和信号线，若主机出现故障，各高压箱仍可单独正常工作。
（2）电网每根线对地有电压、相邻线间有电压（利用相位差原理），触网时自动升压进行脉冲打击。
（3）根据天气变化设备可自动调整，防止漏报、误报，实现安全可靠的警戒。
（4）综合管理平台用文字及语音报明警情并记录，同时可无线信号发射到岗楼（值班室）的接警机，以语音报明警情。
（5）高压箱通过总线传输警情信号，具备探照灯联动接口，可与探照灯联动，同监控设备联动。
（6）由于高压箱采用变频技术，每年电费是老式电网的 1/10，提高了电网的效能。

高压电网系统由系统主机、计算机系统、高压发生箱、围墙电网和 UPS 电源等主要部分组成。

系统主机功能：
（1）启动、关闭高压电网；

(2)发出各种指令,接收自检信号,监测系统运转情况;

(3)发出声、光报警指示及向报警分机提供报警信号;

(4)将各种报警信号自动存入数字记录仪;

(5)当发生警情时,自动启动外接设备,如监控摄像设备、照明系统及警铃等。

计算机系统功能:

(1)电子地图形象显示警情发生的防区、集控站,包括警种、时间、区段和系统状态等;

(2)数据查询、数据转录、数据打印;

(3)通过网络实现系统远程控制。

高压发生箱功能:

①产生3 000~6 000V的高压交流电压;

②接收系统主机的工作指令;

③向系统主机提供系统运转数据。

围墙电网是整个系统的终端,直接与高压发生箱相连,它的每根网线与地之间均存在3 000~6 000V的高压。UPS电源是整个系统的后勤保障,当市电停电后,它将自动为系统供电,且供电时间为4小时以上。

1. 工作原理

当电网正常工作时,按下系统主机面板上的电源开关,220V交流电源即通过可控开关接入电压变换单元(高压发生箱),使电压升至AC 4 070V(或3 000~6 000V之间)送入围墙电网网线,系统便进入防范、打击状态。在电网运行时,RS485总线进行动态的自动巡检。高压电网基本设备的接线图如图2-14所示。

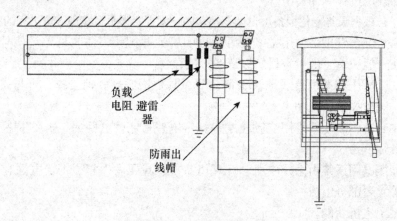

图2-14 高压电网接线图

当某防区有触网警情发生时,本段报警信号取样单元立即通过 RS485 总线向系统主机发送一个触网报警信号。当系统主机收到信号后,一是向报警分机送出报警信号,发出声、光报警指示;二是通断可控开关,使整个电网处于脉冲打击工作状态。

同时,通过信号输出单元向外围设备提供控制信号,一方面联动外接设备,如监控摄像设备、照明系统及警铃等,进行必要的录音、录像等;另一方面通过计算机系统的电子地图形象地显示警情发生的集控站及防区,并通过计算机网络向中心计算机系统传输,同时中心计算机系统可以对下一级电网系统实行布防、撤防、复位等远程控制。此时,声、光报警指示将持续不断,必须人工解除警情后复位。报警信号流程如图 2-15 所示。

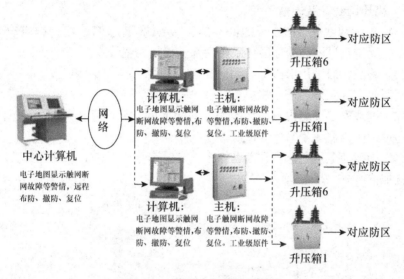

图 2-15 高压电网警情示意图

系统采用 RS485 工业现场总线结构,具有良好的可靠性和扩展性。根据 RS485 技术特点,系统具有实时动态自动巡检功能,每 0.1s 巡检一周,可检测触网、断网和短网,以及系统故障、线路故障和通信故障等所有报警信号,使系统的报警率达到 100%。系统所有报警信号、指令均采用数字编码形式传输,抗干扰能力强,并可区分警情种类、排除误报,使误报率接近 0。

2. 系统功能

(1) 触网、断网和短网多路分段报警,系统报警率 100%。系统报警可分 1~6 段(标准配置为 4 段,即 1 个主机箱、4 个高压箱),每段报警单独指示,多段同时报警可清楚分辨报警点位。

(2) 计算机系统。系统电子地图形象地显示警情发生的集控站及防区,通过计算机网络向中心计算机系统传输，同时中心计算机系统可以对下一级电网系统实行布防、撤防和复位等远程控制。

（3）数据记录仪（黑匣子）。动态记录系统在 50～100 年期间的所有警情及系统数据。

（4）系统故障报警。提供高压发生箱故障报警、通信故障报警、操作错误报警及接线错误报警等。

（5）自动巡检。每隔 0.2s 系统自检 1 周，不漏掉任何一个报警信号。

（6）多路信号输出。系统与外围设备（如监控器材、自动照明等）连接，提供控制信号。

（7）提供 24 小时不间断 UPS 后备电源供电。

3. 高压网线安装规格

（1）金属网线采用 16～25mm² 的铝绞线或钢芯铝绞线，应符合 GB/T1179 的规定；沿海高盐地区可采用含稀土材料的铝绞线。

（2）绝缘瓷瓶采用 P10 型，耐压 10kV，垂直安装于网架上，同一网架上安装间距为 150～200mm。

（3）网线安装围墙内侧，为内倒式。相邻网线架间距为 4～6m，网线架下端与地面距离应大于等于 4m。

（4）网线架上端与监狱围墙墙体距离应大于等于 0.7m。高压网架具体安装方法如图 2-16 所示。

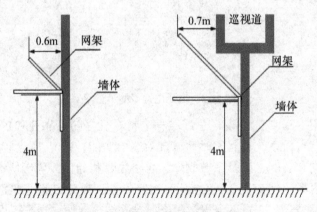

图 2-16 高压网架安装示意图

2.5.4 安装要求

1. 主要技术指标

（1）输入电压 220V，高压输出 4 700V，每段静态功率为 15W。

第 2 章　监狱周界防范与应急报警系统

当电网输为正弦交流电 50Hz，额定电压 220V 时，电网输出额定电压应为交流电 3 000~6 000V（有效值）范围之间，输入电压在 180~240V 范围内，电网应能正常工作，最大输入电压不应超过 250V。在主电源断电时，后备电源能保证正常启动确保系统供电需要。当预警状态时，应保证系统有高压输出；且备用电源能保证高压电网装置正常工作时间不少于 4 小时。

（2）系统具有多路多段短路、断网和触网检测声光报警功能。原则上每面墙为一段，每段又分为四档或五档线，最小的高压系统为 4 段。此外，根据现场具体情况和客户可要求增加段数。GA247—2000 标准中所述：电网应按地域划分不少于 4 个区段管理，每区段应分别具有触网报警、断网报警和短路报警功能。

（3）支架规格要求：

采用 5×50×50mm 镀锌角铁作为网线支架。金属线网架应采用能承受 150kg 重量经防腐处理的金属支架，倾斜角度根据实际要求应在 90°~135°之间；金属线与线间距应在 150~200mm 之间。

（4）高压瓷瓶为 P10 型，耐压为 10kV。绝缘子的性能应符合电网输出的最高电压要求，应符合 GB/T775.1、GB/T775.2 的规定。

（5）高压网线使用 16mm^2 铝绞线。金属应符合 GB/T1179 的规定，应采用 16~25mm^2 的钢芯铝绞线；沿海高盐地区用含稀土材料的铝绞线；用 4 根或 5 根导电金属线组成金属线网路。

2. 安装方法

（1）三角支架的安装。三角支架的底部离地面的高度不得少于 4m，每个支架用 Φ12mm 的膨胀螺栓三个固定于墙上；两个支架的间距为 4~6m，且所有支架的上平面应保持在同一平面上。

（2）高压瓷瓶的安装。每个支架上安装 4 个 P10 型瓷瓶，瓶体要求与水平垂直，瓶头向上且要求瓶头上的槽沟与墙面平行。

（3）放铝绞线及线的固定。一是要选好分段点的位置，从此点开始向下一分段点的位置放出 5 根同长度的铝绞线。二是要每根铝线先固定好一头，然后分别将每根线放在此段内每个支架瓷瓶相应的一侧。三是要每根铝绞线放到相应的位置后，在第 10 个三角支架的位置处用紧线器分别把每根线拉紧，其后将此段内的铝线放在相应瓶头顶的槽口内，用扎线扎紧扎好。

（4）扎线方法。扎线用铝绞线截取，长度为 1.7~2.3m。截取后的铝绞线每根又可扯分成 5~6 根，然后将每根铝线盘成直径为 5~8cm 的小圆盘备用。首先以扎线的中心为准，在瓶头槽口处的铝绞线上绕上 1~3 圈。然后再以扎线的一头为准，以逆时针的方向在瓷瓶大小头的中部绕上一圈半后，把剩余的扎线密绕到铝绞线上5圈。最后，扎线的另一头以相反的方向把线扎好，方法同上。

（5）分段点的安装方法。首先，在适当的地方选好分段点，即在两个支架之间，高压箱之上，用隔断瓷瓶（绝缘子）将两根在相同位置上的网线连接好。两根网线要分别穿入隔断瓷瓶的对应自己远的圆孔中，网线拉紧后绝缘子的受力方向应该是向中心挤压。假如两根铝线只是分别穿入临近端的圆孔内，则绝缘子的中心受力方向就会承受向两边的拉力，极易将瓷瓶从中间拉断。

（6）室外高压控制箱的安装及接线。一是高压控制箱用10~12mm的膨胀螺栓固定，每只箱子用4个；箱子的底面与地面的间距要大于4m，安装后箱子要保持水平。二是高压控制箱的中心应在割断瓷瓶的铅锤线上。

2.6 监狱应急报警系统

2.6.1 概述

监狱应急报警系统是用于监狱内部不同的监视区域，在民警和武警发现罪犯暴狱、冲监、劫持人质、脱逃和自杀等重大突发事件时，通过邻近设置的分类应急报警按钮及时向监狱总控中心、分控中心发出警报，并显示报警点位置，因此，可以说它是维系监狱安全工作的一条生命线。报警信号可以在总控中心的多媒体计算机（电子地图）或分控中心的多媒体计算机上（电子地图）上显示该区准确的报警点，同时，以声、光的形式输出不同的报警信号，并以广播方式在各报警的LED屏上显示位置、报警类型，同时语音提示。在不同防范区域内，设置数量不等的紧急按钮，使值班民警能及时、准确地掌握警情，及时启动突发预案，调动人员进行应急处理。第一段倒数第二行：监狱应急报警系统是监狱内部布设的安全报警网络，能时刻应对突发事件，是监狱日常管理的安全保障。

应急报警系统不仅能让控制中心知道事发地点，而且监狱的各个显要位置都能显示具体报警地点及语音提示，在第一时间通知全体干警或者武警实现就近支援的目的。系统利用现代通信技术，实现了设备间的通信和集中控制；在联动上实现了与视频监控系统间的无缝音、视频同步；在控制上利用网络技术、光传输技术，实现对整个系统的控制和通信。

2.6.2 系统功能

本系统设为一个防范区域共53个防区（设置24小时防区类型）：包括监狱

第 2 章 监狱周界防范与应急报警系统

内的走道、巡视道、公共区域、值班室等 53 个点位，具体分布点位如表 2-1 所示。

在总控中心设置网络管理平台 ZX-810SD，各分监区值班室设置报警主机 ZX-810MD，在监狱的走廊、巡视道、公共区域等重要位置设置报警点 ZX-810AD。总控中心与报警点的具体功能如下：

（1）自动检测报警点的工作状态。

（2）报警发生时，根据预案设置，按照不同警情触发不同的报警，并提供不同的报警声音。

（3）具有广播功能，向各区域的报警器 LED 显示屏发布警情。

（4）与 CCTV 系统集成，分区式多层电子地图显示位置及状态，报警自动弹出地图，识别报警区域。

（5）采用总线制结构方式，易于扩展，施工方便。

- 分类明确。细化报警类型，使不同的报警触发不同的声、光，使管理更加规范化。
- 各报警点内置语音芯片，触发报警后，各报警点自动播报警情。
- 多级电子地图显示。可以在地图上设置用户、报警点，可通过地图显示各点的状态。
- 方便的数据备份和恢复。提供完善的数据维护工具，除了备份数据外，即使在数据库遭到意外破坏时，仍可以利用修复功能恢复。

（6）具有防拆功能。在遭受破坏时，系统自检到后会发出声、光报警信号。

2.6.3 系统设计

在监狱监控中心，设置一台 ZX-810MD 报警主机和一台接警计算机，各分控值班室设置 ZX-810AD 报警分机，监区所有报警点通过监狱局域网连接到监控中心报警主机上，由此组成应急报警系统。

表 2-1 监狱应急报警点位分布

位置	ZX-810AD	ZX-810MD	ZX-810SD
监狱办公楼	1		
监狱医院	1		
监狱教学楼	1		
民警附属楼	1		
家属会见楼	3		
服务用房（一）	1		
监狱礼堂、体训馆	1		

续表

位置	ZX-810AD	ZX-810MD	ZX-810SD
监区大门	2		
看守队禁闭室	2		
1～6监舍	24		
伙房，浴池，菜窖	1		
武警专用房	1		
1号厂房	2		
2号厂房	2		
3号厂房	2		
4号厂房	2		
5号厂房	2		
6号厂房	2		
7号厂房	2		
周界			
指挥中心		1	1
合计	53	1	1

1. 布线要求

（1）报警主机与报警点之间采用 TCP/IP 网络连接方式，使用超五类网线，电源供电采用 2 芯电源线（RVV2×1.0mm²），报警点电源就近供电。

（2）报警主机与系统平台采用 TCP/IP 网络传输模式，并接入监狱内网。

2. 系统供电与防雷接地

（1）系统供电电源采用 220V、50Hz 的单相交流电源，配置专门的配电箱和 UPS 保护电源。报警主机供电由控制中心进行统一集中供电。

（2）系统接地采用单点接地方式。接地母线采用铜质线，接地线不得形成封闭回路，不得与强电的电网零线短接或混接。

（3）系统采用专用的接地装置，使接地电阻不大于 4Ω。

（4）各设备间设备、控制台、机柜外壳应接地。

（5）室外监控前端设置防雷保护装置，防雷接地装置与电气设备接地装置和埋地金属管相连；当不相连时，两者的距离不小于 20m。

3. 系统特点

本系统采用报警点采集警情信息，主要分布于监区巡视道、走道、哨位、值班室等重点防范地方；根据不同警情触发不同的报警按钮，报警主机接到报警信号后触发不同的警报声音，并通过集中管理软件实现联动图像、电子地图显示等功能。

报警点全部挂接在 TCP/IP 网络上传输，简化了施工，节省了材料，系统出现故障又容易排查处理，每个报警点含 5 个报警按钮，即 5 类报警情况。报警分类如表 2-2 所示。

表 2-2　报警类型分类

级别	内容（可自定义）	警铃状态（根据特定需求制定）
1	冲监	警报声＋一类报警启动（语音声）
2	骚乱	警报声＋二类报警启动（语音声）
3	劫持	警报声＋三类报警启动（语音声）
4	急病	警报声＋四类报警启动（语音声）
5	其他	警报声＋五类报警启动（语音声）

4. 系统连线图

由图 2-17 可知，系统内每个报警点位具有不同的 IP 地址，N＝53 即有 53 个 IP 地址，进入网络后汇集至总控中心的报警主机上建立信息链路。一旦发生报警信息，总控中心会显示相关防区具体位置，并用不同类别报警声进行区分；可以联动报警点附近视频摄像机，调出视频图像，进行人工复核；由值班民警确定警情类别后，上报领导进行相关处置工作。

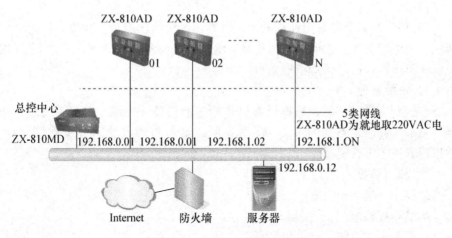

图 2-17　监狱应急报警系统图

2.6.4　设备技术参数

1. ZX-810AD 报警点

监所内报警信号的采集主要通过 ZX-810AD 报警点触发并采集。

1）系统特性

（1）面板含 5 个报警按钮，代表 5 种不同的报警模式。

(2) 具有报警输出端口。
(3) 报警点具有防拆功能。
(4) 内置地址码,含智能汉字输入口。
(5) 通信方式:TC/PIP。
(6) 工业级设计,适用于高、低温(-50℃~50℃),以及其他恶劣环境下使用。

图 2-18　按钮面板图

2) 操作界面

ZX-810AD具有非常人性化的人、机界面,使操作简单、快捷,如图 2-18 所示。具体包括:一是设备工作正常显示;二是设备故障显示;三是 LED 四位汉字显示屏;四是语音播报喇叭。

3) 报警管理

在遇到突发事件时,根据预案触发相应的报警(一级、二级、三级、四级、五级)并启动不同的报警声、光;同时其他报警点共同显示报警信息,并以语音报警方式提示。

4) 技术参数

- 终端电阻:2.21kΩ。
- 最小报警电流:12mA。
- 最大短路电流:22mA。
- 最大回路电阻:60Ω。
- 总的探测器待机电流:2.5mA。
- 工作电压交流 12V。

2. ZX-810MD 报警主机

ZX-810MD 报警主机是智能应急报警系统的集成管理系统,为监所的安全管理提供重要保障。系统采用开放式设计,使其符合 ASCLL 行业码协议的设备,如:视频监控系统矩阵切换控制主机、门禁系统或其他第三方设备,满足监所对应急报警系统的联动等特定功能的要求。

1) 系统特性

(1) 采用 TCP/IP 方式，可控制 256 个报警点；

(2) 内置地址码；

(3) 内存 3 000 条操作记录；

(4) 可实时打印事件记录（配打印机）；

(5) 支持软件管理功能，全中文操作界面；

(6) 交流供电，低电及断电报警；

(7) 完善的自检功能；

(8) 大型组网，可采用光纤或 TCP/IP 方式。

2) 操作界面

ZX-810MD 主机包含一套丰富的显示功能，使操作、维护更加简便。报警信息显示，使用状态显示，按键设置操作，故障显示。

3) 报警管理

系统接收到报警后迅速触发相应的声、光提示，并显示报警信息，同时联动闭路监控的设备，警情处理完毕后，通过 ZX-810SD 管理软件解除报警。

4) 设备界面

ZX-810MD 主机对各视频监控系统、门禁控制系统等生产商开发的各类产品及第三方产品连接具有良好支持，并提供设备界面。

5) 技术参数

- 输入电源：18VAC，50VA，50Hz 或 60Hz；
- 总电源输出：$12V_{DC}$，2.5A；
- 键盘电源：$12V_{DC}$，1.0A；
- 标准为三个开关输出；
- 工作温度：0℃～50℃。

3. ZX-810SD 系统软件（网络版）

ZX-810SD 多媒体软件以可靠性为核心，使用方便，扩展灵活，具有良好的人机界面，通过 RS232 串口连接相应的保安系统设备，在统一的多媒体计算机平台上进行集中管理；并通过软件实现各个系统之间的联动，协调工作，从而大大减少了硬件设备和工作数量，提高了工作效率。

1) 软件特点

(1) Windows 操作平台。系统运行在简体 Windows 操作平台下，稳定可靠。

(2) 安全的管理方式。超级管理员具备所有的软件操作权限,并可以将各种具体操作权限,如修改操作员资料、重建数据、设备管理、系统设置、退出系统、备份数据、删除报警记录和资料录入,自由组合并分配给不同的操作员,实现控制中心的合理化和安全化管理。

(1) 多媒体操作。语音报告警情的发生,提醒值班人员的注意,提高工作效率。

(2) 多级电子地图显示。任意多级电子地图显示,可以在地图上设置用户和报警点,可以通过地图直观显示各种设备的状态。

(3) 可自定义的打印、显示信息的内容和格式。

(4) 方便的数据备份和恢复。提供完善的数据维护工具,除了备份数据外,即使在数据库遭到意外破坏时,仍可以利用修复功能恢复,还可定时自动备份报警数据。

思考题

1. 说明主动红外探测器的工作原理。
2. 远距离红外线幕墙报警系统的特点是什么?
3. 简述微波入侵探测器的工作原理。
4. 说明振动光缆探测器的工作原理。
5. 电子围栏周界防范系统由哪几部分组成?
6. 说明泄漏电缆入侵探测器的工作原理。
7. 指出监狱内周界预警系统配置原则。
8. 监狱高压电网报警系统由哪几部分组成?
9. 简述监狱应急报警系统的功能和组成。

第3章 监狱出入口控制系统

3.1 需求分析

随着监狱对门禁需求的不断变化，门禁管理措施的重新梳理已迫在眉睫，主要涉及监狱三大现场的管理体制，即生产现场、生活现场和管教现场。监狱大门子系统是监管集成平台不可或缺的重要组成部分，也是重点防范部位之一，其技术含量最高，技术手段最多，检查程序复杂融合了"技防、物防、人防"三大要素。AB门控制系统是一个整体性防范措施之一，作为监狱的防范重点部位，可分为人行AB门通道和车行AB门通道两种。为了有效地解决监狱、监狱大门及通道门管理上所存在的问题，进一步推进监狱信息化的发展，落实监狱安全工作具体措施，需要研究与设计一套先进的、有效的AB门控制系统。

监狱门禁控制系统是监狱安防的一道安全屏障和安全底线，对所有进出监狱的人员进行有效管理是非常重要的工作，主要有：在职民警、外协人员、罪犯和参观人员4类人员。为防止可疑人员带入违禁品或危险品，以及罪犯也在暗中研究大门的结构，预谋制造事端，企图利用各种机会进行脱逃，同时也要防止监狱受到外界的非法入侵；在监狱的大门和各个监区通道门，以及通往各个工作区域的门口装有电子门禁控制系统，实时统计相关人员的进出数据，以便需要时进行调用。所有进出监狱的人员必须是合法人员，必须留下进出记录，便于出现事故时的查询取证。监室门、室外活动场门采用手动机械式，可在门上加装自动感应装置，其中监室门的开关设在民警巡视道上。监区门禁系统可以与民警电子巡查管理系统并用一套系统进行设置，可以实时记录巡查路线、时间和点位等。

3.2 设计依据

3.2.1 建设原则

（1）建标139-2010的《监狱建设标准》指出：监狱大门的二道门需要电动AB关闭，监狱大门设置相应的报警、监控等装置；

（2）充分考虑监狱需进出监区的人员数量和车辆类别；

（3）将整个AB门的防控系统纳入统一的信息管理平台；

(4)"人防、物防、技防和联防"四防相结合;

(5)兼顾 AB 门建设的现状和需达到的要求;

(6)良好的可靠性、扩充性和兼容性;

(7)具有较强的系统自检功能;

(8)符合国内外现行标准和规范。

3.2.2 设计依据

(1)司法部、武警总部《关于进一步加强监管执勤工作、推进"四防一体化"建设的通知》(武司[2009]129 号);

(2)司法部、武警总部《关于加强监狱 AB 门建设的通知》(司发通[2010]27 号);

(3)司法部《关于引发〈关于加强监狱安全管理工作的若干规定〉的通知》(司法电(2009)第 91 号);

(4)《看守所技防系统设计要求》;

(5)《戒毒所技防系统设计要求》;

(6)2010 年 司法部《监狱建设标准》;

(7)司法部监狱管理局《监狱大门建设技术标准》可作为重点引用;

(8)《安全防范工程技术规范》(GB50348-2004);

(9)《民用建筑电气设计规范》JGJ/T 16-92;

(10)《工业企业通信设计规范》JGJ 46-81;

(11)《工业企业通信接地设计规范》JGJ 79-85;

(12)《中国电气装置安装工程施工及验收规范》GBJ 232-82;

(13)《系统接地的型式及安全技术要求》GB 14050-93。

3.2.3 门禁控制系统

1. 系统组成

在各需要控制的监区门口安装键盘型读卡器,将各监区的控制器集中安装在值班室内,便于管理与控制,同时保证安全。

在监狱大门口安装双门控制器,配合键盘读卡器,使用双门互锁方式,确保监狱大门口"AB 门"通道的安全。在监舍门口采用双向刷卡、反潜回控制的方式,并可以设置"卡+密码"的验证方式。在监舍楼大门口采用双向刷卡、反潜回控制的方式,并可以设置"卡+密码"的验证方式,同时配合安检门对危险品进行检查。

在禁闭室安装键盘型读卡器,采用单向控制的方式。民警通过刷卡+输入密码的验证方式验证。在每个监区安装摄像机,在安防一体化管理平台上,设置刷卡联动抓拍和刷卡联动录像，确保每个开门记录都记录相关视频资料。

2. 基本功能

(1) 双门互锁

针对监狱大门 AB 门的实际情况，专门设计了双门互锁功能。在正常情况下，双门互锁功能保证在同一时间最多只能是一扇门被打开，确保监狱大门的安全。

(2) 反潜回控制

在监狱的重点监区，为了防止有人潜回作案的可能性，可以设定该监区双向控制的工作模式，并设定反潜回控制。

(3) 反胁迫密码报警

监狱是高等级防范风险单位，存在罪犯暴力越狱的安全隐患。一旦出现恶性越狱事件时，民警遭到胁持，被迫开门的可能性是存在的。针对这些情况，系统专门设计了反胁迫密码报警功能，民警被胁持时，可以通过输入一组反胁迫密码巧妙地向值班室报警，同时又保证民警的人身安全。

(4) 报警联动锁死

当出现突发报警情况时，系统可以启动指定监区自动锁死，确保有暴力越狱情况时监狱的安全。待有权限的管理员确认消警后，该监区才恢复正常工作状态。

(5) 出入等级

系统对卡片的使用时间、使用地点进行设定，不属于此等级的持卡者被禁止访问，对非法进入行为系统会报警。

(6) 实时监控

对于门户的状态和行为都可实时反映于控制室的计算机中，如门打开/关闭，哪个人、什么时间、什么地点等；门开时间超过设定值时，系统会发出报警。

(7) 在线巡查

系统软件可以利用门禁部分的硬件实现在线巡查管理。系统的读卡器可以作为巡查点，持有巡查卡的人员可以通过在读卡器上刷卡，实现巡查员的考核保证夜间巡查工作的正常进行。

3.3　AB 门门禁系统

监狱门禁控制系统是监狱安防管理的一道重要防线，每个监区的安全都牵动着整个监狱安防系统的神经，主要功能是控制人流信息与处置突发事件，因此要求监狱内出入各个监区的人员都留下进出记录，并且配合视频资料一起保存在系统数据库中，便于出现任何事故时的查询。由于监狱环境和人员成分的特殊性，监狱对每个不同类型的门都有不同的具体要求，主要有监狱大门的 AB 门、每个监舍门、监舍楼大门、监舍通道门、车间大门和禁闭室门等门类。所谓 AB 门（俗称二道门），当 A 门打开时，B 门无法打开，只有 A 门关闭时，B 门才能打开；反之，B 门打开时，A 门也无法打开。两个门相互锁定另一个门，所以又称为双门互锁。AB 门通常应用于银行、监狱和金库等重要场所的出入口。

1. 实例

根据需求要求设计了车行通道 AB 门系统，显然，AB 门系统结构较为复杂，集技防、人防、物防三防为一体，是一种多手段防范设施的典型应用案例。A 门朝外设置，作为进门时第一道防线；B 门朝内设置，作为进门时最后一道防线；中间设置车底扫描器，对车辆进行安检，对人员信息进行指纹采集与比对，发放外卡，车辆信息记录，核对审批手续等。系统结构具体如图 3-1 所示。

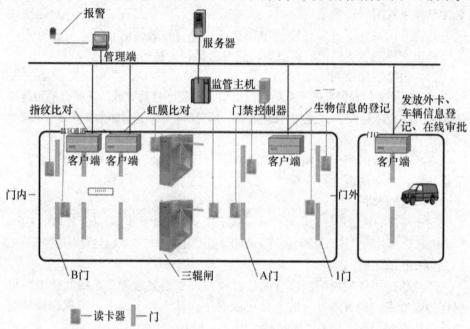

图 3-1　AB 门系统示意图

2. 功能介绍

（1）AB 门互锁

由于监狱 AB 门安全性较高，要求 A 门和 B 门不能同时开启。只有检测到另一个门是关闭状态，当前的门才可以开启，应急情况除外。第一道门没有关闭之前，第二道门是不能开启的。要求能实现互锁功能，门禁控制器对应的门必须安装门磁，或者使用带门磁的电锁，并将信号连接到控制器。互锁功能仅限于同一个控制器的不同门之间，若是不同门禁控制器之间的不同门是不能实现互锁的。还具有基本功能（略）。

(2) 记录存储

所有读卡资料均有计算机记录，便于在发生事故后及时查询。在脱机情况下，门禁控制器能保持数据 6 万多条。在掉电的情况下，数据能保持 90 天。

(3) 顺序处理

任何警报信号发生或指定状态改变时，自动执行一连串的顺序控制指令。

(4) CPU 卡

由于 IC 卡被破解复制过，故对于监狱等高安全要求场所，使用 CPU 智能卡，司法部制定了相关的要求。为每位民警发放 CPU 卡，根据要求卡片封面可以印刷单位 logo、民警姓名、警号和部门等，作为民警的工作证。同时该卡片在以后系统升级和扩充中可继续使用，比如增加了考勤系统、巡查系统等，而并不需要更换卡片。为进出监区的其他人员预备临时卡，待出监区后予以回收，临时卡可重复利用。

登记信息：民警的登记在系统建设过程中一次性完成，外来人员的登记则在进监区前临时进行。登记内容包括人员信息、抓拍照片、录入掌形。登记过程方便快捷，即抓拍照片和录入掌形后的数据直接进入后台软件，完成登记后即可发卡。

(5) 照片比对

在人行通道 A 门内外各安装抓拍摄像机一台，武警岗哨控制台设置一台管理计算机，通过监管软件进行人员对比。人行 A 门为出监区的最后一道防线，故不允许自动开启。进入 A 门的流程是持卡人刷卡，同时系统会自动触发抓拍照片（显示器的作用是自己可以看到自己的面部，以便身高很高的人或身高较矮的女人调节自己的站姿），值班武警比对卡内记录的照片和临时抓拍的照片，进而决定是否开启 A 门。

(6) 防尾随防翻越

根据 AB 门的布局，在人行通道 A 门和 B 门之间靠近 B 门处安装十字全高闸两套，一进一出，将进出人员进行分流，互不影响。十字全高闸的设置可以做到防翻越和防尾随，而且其使用寿命长，一经投入长久使用。

(7) 生物特征验证

监狱系统对安全性的要求很高，所以不能简单地用卡片或者密码等随意进出，在出监区时务必要使用安全性高、稳定性强和准确率高的生物特征验证设备。

通道的出口处实行生物特征验证识别，系统快速准确地进行一对一的比对信息，确保进出为同一人，杜绝双胞胎偷换罪犯的可能性。由于虹膜一直被反应给人很强的压抑感，另外虹膜的识别速度慢。综合考虑使用准确率高、性能稳定的静脉识别或指纹识别来进行生物特征的验证。

在闸机靠近B门的一侧安装掌形仪或指纹识别一台,同时增加一台人脸识别设备,组成双重验证。只有掌形、指纹或者静脉和人脸均验证无误后,闸机的转臂才处于可推动状态,否则闸机的转臂自动锁死,保证无法穿越。

(8) 登记窗口

在二道监区域即现有AB门处增设登记窗口,设置图像抓拍摄像机,掌型登记设备,身份证自动读取设备,登记软件和管理计算机各一套,用于为民警或者临时人员办理智能卡,登记环节为系统自动读取并存储,无须人工输入。

3. 系统设计

1) 车辆进监流程业务

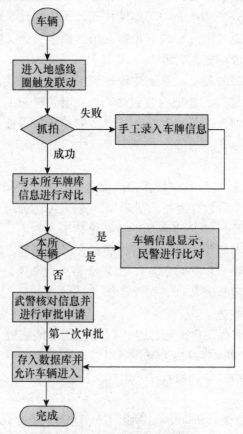

图 3-2　AB门车辆进监流程图

车辆进监程序描述:车辆进监流程图如图3-2所示。

(1) 车辆人员在值班室进行登记,值班室的民警进行判断,是否发放临时卡,车辆人员领到卡后在门外刷卡打开A门。

(2) 车辆通过A门的时候触发线圈进行联动,抓拍摄像机进行抓拍,如抓拍成功，则值班室民警将此车牌与本所车牌库进行数据对比。

（3）如果是本监车辆，则将记录存储数据库，并允许车辆进入；如果不是本所车辆，则值班室民警对信息进行审批申请。

（4）如审批通过，则将该车辆信息录入数据库，并允许车辆进入。

（5）通行完毕，进入监狱区。

2）人员进监流程业务

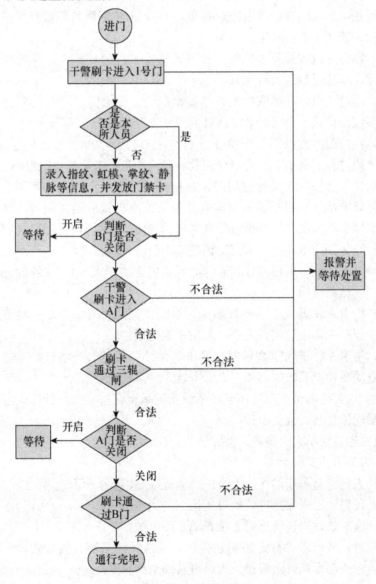

图 3-3　AB 门人员进监流程图

各类人员进监程序描述（民警和工人，外协人员，参观人员等）：人员进监流程图如图3-3。

（1）民警或工人持外卡门外刷卡，系统验证是否合法有效，验证通过后人员通过门。

（2）首次进监外来人员在民警带领下在办证处进行个人身份登记，包括人像采集、虹膜采集、掌纹静脉采集、指纹采集和二代身份证等人员个人信息，并设置进出权限（如进出监狱时间），如超出权限则只需重新登记权限即可。监狱民警和工人只需采集一次。

（3）民警（或带领外来人员）和工人持外卡在门外刷卡，系统验证是否合法有效，验证通过后人员通过。

（4）通过门后，人员依次通过体温检测门、安检门，持卡人在进入B门刷卡，系统验证是否合法有效，通过后由民警开启门。

（5）在门前虹膜识别系统验证是否合法有效，结合进出人员显示系统，武警对比通过后，由值班武警确认照片、身份信息，人员通过三辊闸。

（6）换卡过程：人员通过门时，在换证处进行换卡，对民警和工人由值班民警将外卡刷卡，系统显示对应人员身份信息确认后换成内卡；对外来人员将再次读取该人员二代身份证信息并进行核实，民警暂时保管二代身份证，同时授权给一张内卡并将内卡交给该进监人员。

（7）进入换证外后在门处刷卡（必须是民警或工人卡），系统验证是否合法有效，人员通过门。

（8）持卡人在进入三辊闸处刷卡，系统验证是否合法有效，验证通过后系统自动驱动三辊闸解锁，人员可转动三辊闸通过。

（9）持卡人在进入全高转闸处刷卡，系统验证是否合法有效，验证通过后系统自动驱动全高转闸解锁，人员可转动全高转闸通过。

（10）人员持内卡在门处刷卡，系统验证是否合法有效，验证通过后系统自动驱动电锁打开，人员通过门。

（11）通行完毕，人员进入监狱区。

3）人员出监流程业务

各类人员出监程序描述：人员出监流程图如图3-4所示。

（1）民警或工人需持进监狱时所换到的内卡刷卡（刷卡＋密码），系统验证是否合法有效，验证通过后系统自动驱动电锁打开。

（2）进入通道后进行虹膜识别验证，系统验证是否合法有效，验证通过后系统自动驱动全高转闸解锁，人员可转动全高转闸通过。

（3）进入通道后进行掌静脉识别验证，系统验证是否合法有效，验证通

第3章 监狱出入口控制系统

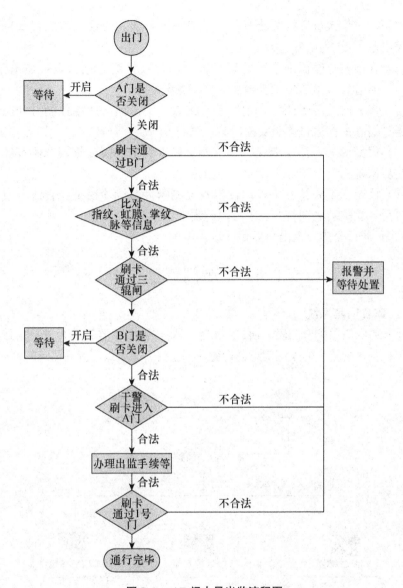

图 3-4　AB 门人员出监流程图

过后系统自动驱动三辊闸解锁,人员可转动三辊闸通过。

(4) 民警或工人持内卡在门读卡器上刷卡,系统验证是否合法有效,验证通过后系统驱动电锁打开,人员通过门进入换证处。外来人员的内卡在此刷卡不起作用。

(5) 换卡。人员通过门在换证处进行换卡,对民警和工人由值班民警将内卡刷卡,系统显示对应人员身份信息确认后换成外卡。对外来人员将内卡刷卡，同时对该人员进行二代身份证信息核实，核实无误后将二代身份证交还给该出监人员。

（6）在门前虹膜识别系统验证是否合法有效，结合进出人员显示系统，武警对比通过后，由值班武警确认照片、身份信息，人员通过三辊闸。

（7）多人通过三辊闸后，由民警或工人刷卡，但由武警控制打开门，多人可通过门并依次通过体温安检门与检测门。

（8）民警或工人持外卡在门读卡器上刷卡，系统验证是否合法有效，验证通过后系统驱动电锁打开，人员经门出。

（9）民警或工人持外卡在门读卡器上刷卡，系统验证是否合法有效，验证通过后系统驱动电锁打开，人员经门出。

（10）通行完毕，人员出监狱区域。

3.4　监舍门禁系统

1. 监舍门禁系统

监舍内的门要配合门磁，通过门禁控制器与数字化监管平台进行连接，在控制中心对各个监舍的人流信息进行统计与控制，完成人员流动信息的管理。

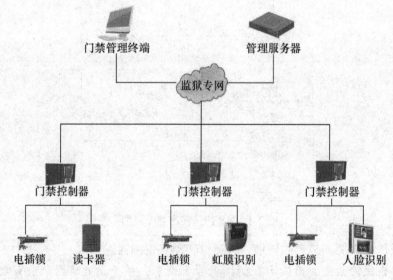

图 3-5　监舍门禁系统图

系统实现方式：

（1）监区内监舍，监狱主要监区等进出门均采用国家标准 CPU 读卡器，通过韦根协议与门禁控制器进行通信，门禁控制器需要和各个分区的分控管理服务器通信，保证各个监区分控管理服务器可以在电子地图上实时监看各个门状态，同时在平台控制中心也能反映各个监区门的状态。

(2) 上级管理中心可以根据监狱实际情况，对各个监区的控制器进行对应的权限分配，保证每个人在不同的监区有着不同的权限。

(3) 在上级管理中心可以对下级对应的门进行开关控制。

2. 监区通道门系统

1) 控制功能

(1) 持有感应卡的本监区的民警进入本监区通道门时必须刷卡，经过系统的验证才能进入监区大门；出门时必须刷卡，或刷卡加指纹比对。系统判别人员身份和状态，系统才给予大门开或关。

(2) 系统对打开监舍门的本监区民警进行控制：二卡合一才能打开监舍门。

(3) 系统可以对监区的所有门进行限时、限权开关。

2) 管理功能

(1) 系统对进出监区的人员进行实时的监控，对进入的人员都可以任意、随时查看。系统可以显示该持卡人员每一次刷卡的时间和位置。

(2) 系统对进入监区的人员有超时报警和方位显示，以确保民警人身安全。

(3) 系统可以实时统计在监人员的人数和超时未出以及所有人员的进出情况。

(4) 系统可以分时段实时统计各部门和所有人员的进出情况。

(5) 进出人员数据可以在本地网络（内网）中共享。

3. 监舍电子门锁系统

1) 控制功能

(1) 三种开门方式：

①感应读卡器刷卡开门（双卡开门）。在值班室集中刷卡，监舍门采用电子门锁，不能现场刷卡（具有脱机控制功能）。

②通过计算机上的按钮开门，或控制器上的按钮开门。

③手动钥匙开门。

(2) 监舍门为断电关门，通道门为断电开门（注意与民用门的区别）。

(3) 系统控制单门、多门和全部门的打开。

2) 管理功能

(1) 每个监区的监舍门的控制在监区民警值班室内，由本监区的民警控制。

(2) 所有监舍门的开、关状态在计算机上有状态指示。

(3) 各监区民警只能打开本监区的监舍门（双卡开门），并有记录。

(4) 所有监舍门的开、关信息都有记录。

3.4.1 数字监管主机

产品简介：

采用全新嵌入式架构设计的数字监管主机，结合 IT 领域多项最新技术，如视音频压缩/解压缩、大容量硬盘记录、TCP/IP 网络等技术，代码固化在 Flash 中，使得系统运行更稳定，同时根据监狱管理需要进行专业化设计，可挂接门禁控制器、对讲主机等外围设备，统一管理，支持脱机运行。监管主机可进行 16 路 D1 画质的录像，挂接 16 个门禁及对讲主机进行报警联动。专注于监狱、看守所的监狱综合管理系统。产品实物图如图 3-6 所示。

图 3-6　数字监管主机

功能特点：

(1) 监管主机嵌入式设计，稳定可靠。

(2) 通过 485 总线直接挂接门禁控制器、对讲主机，支持门禁和对讲的事件联动，支持 TIANDY 485 总线门禁的事件联动。

(3) 支持来邦、中电瑞达、奥智利等对讲主机对讲事件联动。

(4) 联动输出多样，包括抓拍、录像、前端控制、蜂鸣、预览画面切换，支持用户灵活设置。

(5) 液晶实时显示重要门禁、对讲事件，如开门、报警和呼叫等事件。

(6) 支持门禁、对讲设备在线检测。

(7) 采用高性能 DSP 实现 H.264 视频编码压缩。

(8) 支持事件压缩功能。

3.4.2 读卡器

读卡器实物如图 3-7 所示。

第3章 监狱出入口控制系统

图 3-7　读卡器实物图

产品特点：

（1）支持 ISO14443-B 协议 CPU 卡片，识别卡中的 ADF 数据。

（2）13.56MHz 非接触式读卡技术。

（3）卡和读卡器之间采用安全认证算法，128 位密钥认证。

（4）使用 SAM 卡与 CPU 卡的安全认证，建立了完整、严密的密钥管理系统，充分使用 CPU 卡安全特性。

（5）密钥注入 SAM 卡后，外部无法读取；将 SAM 卡插入读写卡设备内，通过 SAM 卡和 CPU 卡进行双向验证；验证报文是由随机因子参与计算的，同一张卡在一台设备上刷卡，每次都不相同，彻底杜绝"伪卡"的出现。

（6）支持 Weigand26/32 通信协议。

（7）环氧树脂封装，安全密封，满足各类环境需求。

3.4.3　门禁控制器

门禁控制器实物如图 3-8 所示。

图 3-8　门禁控制器实物图

产品特点：
- 同时满足脱机与联网应用模式。
- 自配键盘和汉显液晶，可进行脱机设置，可设置的控制器标识液晶显示。
- 通信线路光电隔离技术和完整的保护措施，通信更可靠，大容量输出继电器满足各种锁具。
- 灵活的时区设置，32个时间段/天（最小时间段5分钟），支持32种时间段设置，每周可有32种时区设置，同时支持大小假日和假日前的设置，满足各种特定时间下的权限要求。
- 支持多达63 488条脱机记录的存储和6 966张卡＋姓名的存储，以及33种报警和事件的上传，保证电子地图信息的权面性和实时性，支持128个权限组，支持3级特权卡。
- 支持纯刷卡、卡加密码、纯密码（8位）、反胁迫报警密码等多种认证开门方式，支持APB控制。
- 可按时间表自动开/关锁；可远程控制门锁的开关及设置为保持开或关。
- 门锁开时间、开门超时时间、门磁报警允许、门开超时报警允许均可灵活在联网或脱机情况下设置。
- 支持双门互锁功能。

3.4.4 电插锁（断电自锁）

电插锁实物如图3-9所示。

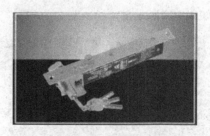

图3-9 电插锁实物图

产品特点：
- 光电控制超低温智能型电插锁、断电自动上锁、0/3/6/9s延时可调、超低功耗、双重电流过载保护、瞬间低电流转换、高强度铝合金锁体。
- 断电自动上锁。

- 光电控制技术，防止机械故障。
- 超低温设计，更安全、更耐用。
- 超低功耗设计，更耐用、更环保。
- 50万次通电上锁耐用度。
- 内置反向电流防护装置（MOV）。
- 智能型单晶片配置，三级电流应用。
- 高强度铝合金锁体，不锈钢锁舌。
- 延时设置：0/3/6/9s可调。
- 特殊延时触发信号输出。
- 突发时可用手拧或锁匙开门。
- 防复制计算机锁匙搭配更安全。
- 智能单晶片配置，可防止外力破坏。
- 过载保护，双重电流过载保护装置。
- 内置光耦合开门输出按钮接点。
- 如5s内未开门也会自动上锁。
- 光电控制超低温型电插锁具有真正意义的超低温功能，A：瞬间低电流转换；B：门位不正，门扇顶住锁舌，电插锁也会侦察启动低功耗，低温转换。

3.4.5 指纹门禁

指纹门禁实物如图3-10所示。

图3-10 指纹门禁实物图

产品特点：

- 工业设计，超大蓝屏 LCD，全球超薄。
- 韩国 SAMSUNG 公司 32 位 ARM920T 处理器，超强处理能力，性能高效可靠。
- 光学指纹采集仪，耐磨，抗破坏，蓝背光，一致性好。
- 大库容指纹识别算法，自动获取控制及图像优化补偿，适应人群广泛。
- 指纹比对方式 1∶1、1∶N，支持密码比对。
- 支持姓名显示，自选用户编号。
- 支持专业门禁控制，单人、多人组合开门，分时段控制出入人员。
- 支持远程应急开门或授权开门。
- 提供 WIEGAND26、干节点标准门禁控制输出。
- 支持防胁迫手指登记及报警事件。
- 提供多种报警事件。
- 壁挂式安装，独有的防拆卸自锁安全设计。
- 满足各种情况下的复杂门禁管理要求，软件易学易用。

3.4.6 人面识别

人脸识别采集器实物如图 3-11 所示。

图 3-11 人脸识别采集器实物图

产品特点：

- 彩屏显示，自动捕获。3.5 英寸 TFT 彩屏显示，人脸自动捕获。
- 语音报姓名。识别成功后，自动播报中文姓名。

- 采用中文拼音输入法，用户名字在终端上可以直接输入，简单、方便。
- 采用 Dual Sensor TM V2.0 人脸识别算法，识别更精准。
- 通过 U 盘上传用户姓名列表，下载门禁考勤记录以及照片。
- 通过 TCP/IP 网络设置设备状态，以及上传下载信息。
- 无论人脸识别成功还是失败，都有照片记录可追查，安全性好。
- 支持人脸识别、刷卡+人脸等组合识别方式。
- 支持标准韦根 26、韦根 34、开关信号，以及加密通信。
- 2GB 的 SD 卡存储全部照片记录。

3.4.7 虹膜识别

虹膜识别采集器实物如图 3-12 所示。

图 3-12 虹膜识别采集器实物图

产品特点：
- 虹膜图像捕捉范围扩展 4 倍以上，更方便使用。
- 舒适的镜面定位向导。
- 智能的语音向导和光学引导提示。
- 高互换兼容性，高环境适应性。
- 高性能高速数字信号处理器 DSP 处理引擎。
- 嵌入式平台架构，高稳定性和可靠性。
- 在线软件版本更新，维护升级简单。
- 具有高度竞争力的性价比生物识别的误识别率是：单眼识别一百万分之一以下，双眼识别十亿分之一以下。
- 高速识别和注册：0.1s 识别时间，3s 注册时间。

3.4.8 静脉识别

静脉识别采集器实物如图 3-13 所示。

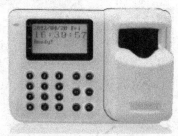

图 3-13 静脉识别采集器实物图

产品特点：
- 具有黑名单设定功能。
- 内建高效记忆锂电池，断电可储存资料一年。
- 主机具有单机设定功能，可独立操作，不需计算机连线。
- 采用乱码加密数值储存的手指静脉特征点资料，故无泄密之虑。
- 具有防拆侦测及门磁侦测警示功能，强化系统设备的安全。
- 具有反胁迫功能，遇突发状况开门，同时输出警报的总控中心。
- 标准版提供 1 000 人/枚手指静脉管理，18 000 个事件记录。
- 比对速度快，准确，并且支持 $1:N$、$1:1$ 等比对功能。

3.4.9 十字转闸门

十字转闸门实物如图 3-14 所示。

图 3-14 十字转闸门实物图

产品特性：

运行平稳，噪音低，使用寿命长坚固耐用，可靠性高，与 ID/IC 门禁刷卡系统、指纹门禁刷卡系统等设备兼容性强。

3.5 一卡通管理系统

3.5.1 概述

非接触式 IC 卡一卡通管理系统（简称"一卡通"）是信息技术、电子通信技术发展的产物，是实现安全防范管理的有效措施。该系统在使用时，卡片不与设备直接接触，只需在设备前感应，系统即可采集到所需信息，实现门禁、考勤、停车场管理、POS 餐饮消费管理等诸多功能。因其高度安全，适用面广，为方便使用和管理，被广泛应用于银行、监狱、高档写字楼、工厂等重要场所。

根据网络集成化、通用性、可靠性、可扩展性、先进性的设计原则，CSS 门禁监控管理系统采用"分布式应用、集中式管理"的模式，具有系统架构灵活、安全性能高、性价比高、系统功能强大、操作简便、图形化管理、可扩展性好等特点。系统还采用硬件设备＋服务器平台软件＋管理工作站三级结构和 TCP/IP 网络通信方式，实现了多服务器多工作站并存和跨区域管理，满足了相关部门对人员进行分布式应用、集中式管理的要求，从而达到人性化、科学化管理的目的。CSS 门禁管理系统因其多种门禁管理模式，灵活多变的门禁时间权限设置，强大的双向刷卡门自动 APB 功能，特有的反胁迫、区域防跟随功能，以及实时有详尽的数据资料记录等优点，有效避免了机械钥匙防盗锁的弊病，从而被用于包括监狱、银行、酒店、高档写字楼等对安全防范要求较高的领域。

实际使用门禁系统时，民警只需将做成工牌的智能 IC 卡在门口的读卡器刷一下即可实现身份验证，验证通过信息会发送到各楼层分控室监控计算机，分控值班民警核实身份后二次确认开门，同时系统自动记录民警的所有数据。民警的 IC 卡如不慎丢失，也只需注销该卡，而不需更换门锁。

在系统中，一张智能 IC 卡还可作为监狱管理人员的考勤卡、饭卡（电子钱包）及巡查器等即一卡多用；印刷上照片、姓名等民警基本资料后，可作为民警员工卡使用。通过该系统的使用，可实现对重要管理区域的人员出入管理，对民警的考勤管理，监狱内部重要部位的巡查管理。如增加 POS 消费管理系统，还可实现食堂售饭的 POS 消费管理等功能，使用极为方便，实现监狱内部的智能一卡通。

3.5.2 系统组成

采用CSS非接触式智能IC卡一卡通系统来实现项目的功能要求。该系统为模块化集中式系统，系统由一卡通客户端主机、门禁系统、考勤系统、巡查系统、发卡授权中心等组成，各子系统分设管理工作站（子系统管理主机）。可根据实际需要灵活增减子系统以满足实际项目的需要。一卡通系统结构如图3-15所示。

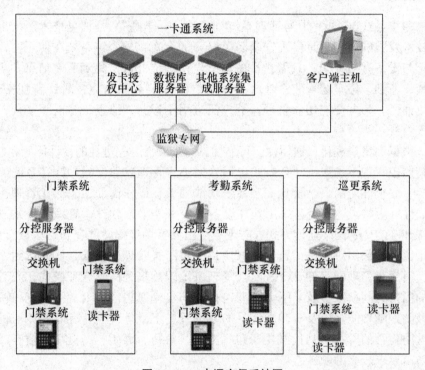

图3-15 一卡通安保系统图

一卡通客户端主机负责门禁、考勤、巡查系统的管理维护和数据管理功能。各子系统所有数据（民警资料、证卡信息、各子系统数据记录等）都存储在一卡通数据库服务器内。各子系统管理员通过权限查询、维护本系统的数据。

一卡通客户端主机与各子系统主机之间通过快速以太网（TCP/IP协议）连接，属于一级管理网。子系统主机与其属下控制器之间通过RS485总线连接，属于二级网络。控制器至受控元器件之间属于三级网络。一卡通系统通过IBMS实现与综合安保、BAS及FAS等其他弱电系统的联动功能。

一卡通系统网络拓扑结构清晰、功能明确，一张卡片可通用于所有子系统，所有子系统共享一个数据库服务器，且可扩展其他子系统，通过系统功能扩展，还可实现 POS 消费管理、停车场管理、图书借阅管理等诸多功能，实现真正意义上的一卡通，完全能够满足监狱需要。

3.5.3 民警 IC 卡管理

每位民警发放一张智能 IC 卡，人卡一一对应，民警通过读卡方式实现身份验证。该智能卡印上照片，同时具备通行证（电子钥匙）、考勤工卡功能，对于监舍楼、内管大门、处管大门周界、所有车间以及狱墙内侧，管理范围包括生活区和生产区等在线巡查区域，民警的 IC 卡还可作为巡查签到器使用。CSS 一卡通系统容量巨大，系统可管理 255 个组成部门，10 万个用户/持卡人，完全能够满足本项目后期扩展的需要。

为方便用户操作，避免重复发卡，本方案设计独立的发卡子系统，负责一卡通系统 IC 卡的资料录入、新卡发行、卡挂失、卡解挂、退卡、充值、验值、卡资料修改等管理功能，发卡器设置在智能监控中心。

3.5.4 操作员管理

采用多用户和多级权限管理模式，用户数和优先级别无数量限制。门禁、考勤、巡查子系统管理员采用自己的用户名和密码登录一卡通管理系统，并具备维护自己管辖的子系统的权限，不能管理其他系统。例如门禁管理员只能管理门禁系统，不能管理考勤等系统，也不能查询其他系统的数据；考勤员只能管理考勤数据，不能管理其他系统。对于门禁系统，还可实现分组织机构权限管理功能；可设置各楼层分控室管理员，使用自己的用户名和密码登录以后，其只能管理自己楼层门禁系统的权限，不能管理其他楼层控制器。

3.6 监狱车辆检查系统

3.6.1 概述

监狱做为国家行政执法机构的重要组成部分，由于其特殊性，容易成为部分不法分子的目标。不法分子通过车辆、夹带等方式将违禁物品或危险品带入监狱，特别是那些懂车的罪犯会利用车辆的特点，进行脱逃活动。将对监狱安保工作带来重大隐患和危害，因此，监狱车辆安检系统显得尤为重要，特别是对于进出车辆的管理和危险品检查是安检系统的重中之重。

目前，由于时间和人员的限制对于车辆的检查较难做到彻底清查，尤其是对车底的检查难度更大。为了保证监狱整体安全，对进出车辆的检查是非常重要的。本系统检查藏匿在车内的爆炸物、可疑物品，以及非法人员，能够比传统的方法（如手持镜等）更快更准地辨别炸弹及其他附着物。

3.6.2 系统组成

系统由车底安全检查扫描成像设备、车底扫描系统主机、车底扫描智能控制箱、车牌识别系统和生命微测仪等部分组成。

1. 车底安检扫描成像设备

车底扫描成像设备是车辆底盘安全检查扫描处理系统中的关键设备，用于完成对车辆底盘的扫描成像。系统采用目前先进的彩色数字成像处理技术，其清晰度和高分辨率是目前彩色车底图像中效果最好的。车底扫描成像设备为地埋式安装在室外，24 小时全天候工作。安装效果如图 3-16 所示。

图 3-16 车底安检扫描成像设备

2. 车底扫描系统主机

车底扫描系统主机是系统数据处理、控制的核心部件，具备高性能的 PC 担任硬件平台。车底扫描系统主机以 Windows XP 作为软件运行平台，其核心软件为车底安全检查扫描处理系统软件。主机实物如图 3-17 所示。

图 3-17 车底扫描系统主机

3. 车底扫描智能控制箱

车底扫描智能控制箱是智能输入采集、输出控制设备，可实时检测并控制 A 车底安全检查扫描成像设备内的温度和湿度，保障车底安全检查扫描成像设备的运行。

4. 车牌识别系统

系统由牌照识别仪和摄像补光一体机构成。牌照识别仪采用了 DSP 为核心的嵌入式系统体系，单路视频一个工作单元的模块化结构，TCP/IP 协议的数据传输方式，无需工控机即可实现自动检测车辆、获取车辆信息，将数据通过网络传至系统主机。

LPR 系列牌照识别仪的管理系统具有以下特点：

(1) 自动、准确地记录并上传车辆信息，有效避免人为因素。
(2) 缩短了车辆等待时间，提高了工作效率。
(3) 优秀的识别算法，智能调光技术，全天候的高识别率保障了系统性能。
(4) 嵌入式识别方式，结构和功能模块化，新系统搭建简单，原有系统改造方便。
(5) 识别设备独立工作，将识别结果发给系统主机，工作稳定、可靠性高。

5. 生命微测仪

生命微测仪是一种探测人存在的安全系统，用于检查车辆是否藏有未经许可的人员，该系统比人工搜查更为安全、可靠和快速。系统由一台计算机、一些小传感器和电缆组成。无论是小型汽车、装满货物的货车还是大型拖车，将传感器置于车上时，可判断出车内或货物内是否有人，无需为了全车检查而消耗时间及昂贵的费用进行卸货。类似于测地震，传感器检测车内人的心跳传到架上产生的微小的有规律的运动或颤动。探测软件精确运算心脏跳动所产生的振动，以这种振动分析作为其基本工作原理。生命微测仪组成如图 3-18 所示。

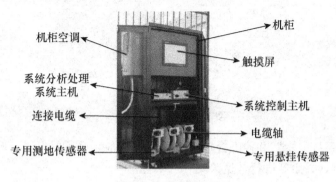

图 3-18 生命微测仪

传统车辆安检的问题：
(1) 靠人工检查易出现漏洞，有发生安全事故的风险；
(2) 手持生命探测仪由于数百米有人均报警造成误判；
(3) 固定式微波探测仪无法识别厢式车辆内的藏人；
(4) 车辆透视检测设备造价数千万元，且安装使用繁琐；
(5) 车内藏人探测，车牌及司机识别登记，重量测定要采用各套独立设备。

生命微型系统测试结果：
(1) "绿灯显示"并伴有清脆的提示音，显示器显示"放行"字样。

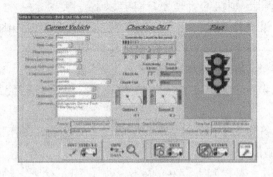

图 3-19　系统测试图 1

(2) "红灯显示"并伴有连续性警报声，显示器显示"搜查"字样。

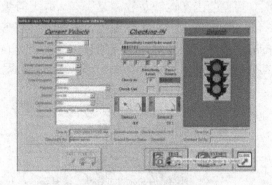

图 3-20　系统测试图 2

(3) "黄灯显示"并伴随提示字样，显示设备数据采集出错，此时请重置车辆传感器，并重新进行数据采集。

第 3 章 监狱出入口控制系统

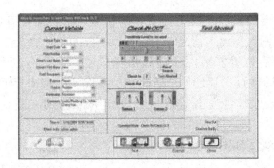

图 3-21　系统测试图 3

3.6.3　二道门车辆管理系统

1. 概述

监狱作为一所高等级防范的关押场所，各项工作的安全级别要求相当高。通过对二道门的管理进行了调研，发现监狱大门的管理现在处于一个半机械半人工的状态，在整个流程中有着一些监管隐患。我们提出一套二道门的管理方案，主要是针对进出车辆的录像进行监控和管理以防罪犯利用车辆脱逃。非法人员（罪犯）出入监狱示意图如图 3-22 所示。

图 3-22　非法人员出入示意图

2. 设计目标

该管理系统主要是针对改造扩容后的某监狱二道门的建筑结构特点和实际管理中的安全要求而设置。系统具有以下一系列功能：车辆登记审批功能；车辆自动拍照功能；车辆身份识别功能；车辆进出权限控制功能；监区外来车辆实时驻留情况跟踪功能；进出车辆历史信息查询等相关功能。

3. 系统设计

1) 系统设置

在二道门的办证处位置，安装一台高清晰度的人体摄像机，监控、核实办证人员。在二道门前后位置上方安装两台摄像机，监控二道门全区域，实时监控二道门车辆人员出入情况。

在二道门前后位置安装两台近景摄像机，对出入车辆及驾驶人员进行拍照。在二道门靠内出口处地面安装两台摄像机，对车辆底部进行实时监控，防止罪犯借助车底逃出监狱。图像分别传输到二道门值班室和监控中心。

车辆管理系统图如图 3-23 所示。

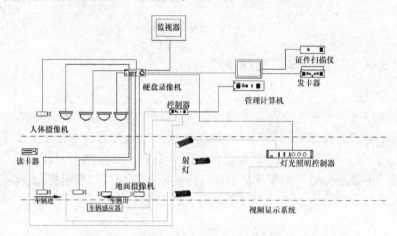

图 3-23　车辆管理系统图

2) 工作流程

流程审批

通过 Web 结构实现上级指令传达和下级终端显示，确保审批权和大门控制的分开，以杜绝"人情门"和"开错门"的情况存在。

将车辆进出大门的审批流程显示如下。

- 车辆审批流程（如图 3-24 所示）。

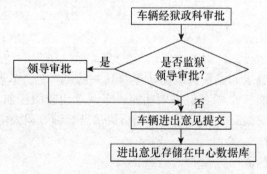

图 3-24　车辆审批流程图

- 二道门工作流程（如图 3-25 所示）。

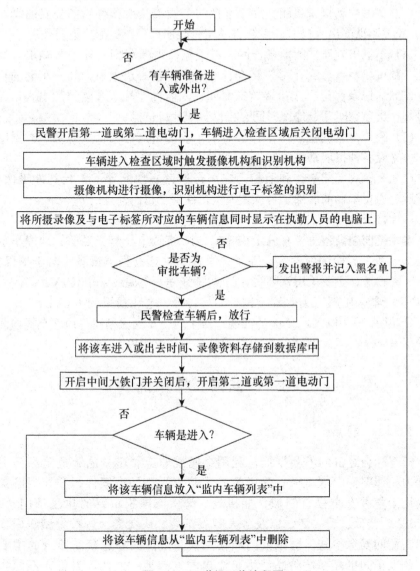

图 3-25　二道门工作流程图

3) 功能介绍

(1) 车辆的自动识别。车辆出入监狱时，系统自动对车辆进行录像并自动识别出该车通行证的真伪。

(2) 出入监狱的车辆监测记录。车辆进出监狱时，系统自动记录该车辆的车牌号码、车辆类型，以及出入时间、停车时间、出入口名称等信息，并可在车辆进出监狱时自动启动录像。

（3）实时联动报警功能。没有审批的车辆或其他车辆（如公安通缉车辆等），经过监狱的出入口时，系统自动实时联动报警，提醒二道门民警。

（4）车辆出入监狱的信息查询。对于监狱内的车辆及外来车辆出入监狱的记录都可以轻松查到，可以查询任意时间、任一出入口、任一车辆的相应出入监狱的记录。记录包括入监狱时间、入监狱照片、入监狱的出入口、车辆号牌、出监狱时间、停留时间、出监狱照片等信息。

（5）统计报表的生成与制作。对于车辆的出入记录、主要维护数据库的基本信息及各种报表都可以生成统计报表，并可随时打印。

（6）车辆底部的检查和监控。在车行通道底部配置了 4 台红外摄像机，检查所有通行车辆的底部是否躲藏人员，确保二道门检查的安全。

4）线缆设计

本系统前端设备主要有固定摄像机、IC 卡读卡器灯光照明、地埋车辆检测器、地埋车辆检测线圈等，除了弱电设备外还有强电设备。对于摄像机，由于距离较短，主要采用视频线 SYV75-5 线缆，电源线采用 RVV2×1.0。对于 IC 读卡器采用超五类双绞线进行信号传输，电源线采用 RVV2×1.0。对于灯光照明，采用 BV1.5M2 的线缆。对于地埋车辆检测器、地埋车辆检测线圈采用 RVVP4×1.0 线缆，所有线缆均穿金属管敷设。

3.7 监狱安检系统

3.7.1 前言

随着社会经济的不断发展，利用金属或非金属违禁品和危险品而引发的暴力犯罪案件直线上升，为了有效预防与阻止暴力案件，安检门已被广泛应用于各种安全检查领域，如机场、海关、国家重要的执法部门"公、检、法"、监狱、看守所，以及各大型展览会、庆典会、各种大型娱乐场所违禁物品的安全检查。监狱大门与会见楼是危险品和违禁品流入的主要渠道，监狱车间也存在危险品产生与流出的发源地，因此，需要在不同防范区域布置固定的和移动的安检设备，将安全隐患减少到最低限度。另外，还需要定期与不定期在监舍开展清监工作。

3.7.2 方案设计

1. 功能要求

根据监狱改造扩容实际需要，在家属会见楼罪犯通道口和各监舍楼入口处,以及监狱二道门人行通道等重要出入口设置安检设备。

安检门的具体功能要求如下:

(1) 能迅速准确判断罪犯是否携带了金属违禁物品,并可通过声、光具体显示金属物体所在位置,提醒带班民警及时处置。

(2) 安检门内探测区域不应有死角,分区位检测灵敏度可根据实际需要调整(下部灵敏度可单独调整),且具有不低于100数字可调整等级,功能上要求最小可探测到U盘、1元硬币、IC卡、CPU等金属物体时必须能够响应,具有防止两种不同类型金属感应抵消功能。

(3) 有较高的人员通过率,要求大于60人次/分钟,具有自动记数功能。

(4) 配备计算机接口,应可与监狱现有安防系统如监控报警系统等联网衔接及以后技术升级的功能。

(5) 门体具有防水设计,可以用水进行清洁,在潮湿的环境下使用不会造成变形和故障。

(6) 门体的边缘位置配有防撞吸收材料,可以抵御轻度撞击,有很突出的抗振动和耐触摸能力。

(7) 具有较好的抗干扰性能,当金属物品靠近门体时没有距离限制,不会误报。多台安检门在一起使用时,间距最小可达50cm左右,任何通信设备(手机、对讲机等)靠近门时没有距离限制,不会产生误报。

(8) 具有密码保护功能,非操作人员将无法开启安检门,同时具有自我诊断和显示功能,便于管理和维护。

(9) 便于携带、易于安装与拆卸、随机配备简洁的中文操作手册。

(10) 具有连续工作性能,任何时候不可能逃脱探测。

(11) 能够自动测量和显示周围环境的干扰情况,有助于选择安装场地。

(12) 探测对人体无害,并且对人体内的心脏起搏器,以及对磁性软盘、磁带、录像带均无损伤。

2. 设备分布

本系统共设置8套安检门,具体分布:家属会见楼一套,5栋监舍楼各一套,高危犯监舍楼一套,二道门人行通道一套。

3. 设备介绍

美国盖瑞特超高灵敏度金属探测安检门型号为CS5000的实物如图3-26所示。

1) 技术特点

- 采用先进的数字脉冲探测技术;
- 独特设计,防止两种不同种类金属的感应抵消;

图 3-26 安检门实物图

- 复合电路设计，红外线装置，抗干扰能力强；
- 双重密码，保护系统设置；
- 预设多种程序，每种程序有 200 个灵敏度可调；
- 脚踝部灵敏度可单独调整；
- 故障自我诊断和显示功能便于维修；
- 可远距离遥控操作；
- 电压 100～240V，自动调节。

应用领域：法院、监狱、学校、公共建筑、电子企业、重大庆典、机场、港口、罪犯体能训练中心馆、大型集会、夜总会等。

2) 技术参数

- 工作温度：$-20℃\sim70℃$。
- 电源：100～240V，自动调节。
- 通过率：大于 60 人次/分钟。
- 电器标准：满足 ip54 及 ICL 标准。
- 安全性：一个控制面板锁和双重安全密码。
- 计数器：统计通过人数、报警人数及报警率。
- 同步化：多个工作频率及 DSP 电路，允许多台门无间距工作。
- 抗干扰能力：特殊 DSP 设计，能有效消除关机等电子装置干扰。

- 灵敏度：有 15 种不同程序，每种程序 200 个灵敏度可调。
- 规格：

	通道尺寸（cm）	外部尺寸（cm）	包装尺寸（cm）
宽	76	90	90
高	200	220	230
深	50	58	17

- 公共安全性。完全符合甚至超过世界上有关电子电气和健康安全标准。
  - 司法应用装备 0601 1～5 级安全水平；
  - 美国联邦航空管理局 FAA 标准；
  - 欧洲电气标准 OE，EN50062-1（抗干扰）；
  - 国际电气电子工程师协会。
- 电池组件，可提供 8 小时的供电。
- 控制分析组件（CMA），通过 CMA 可实现安检门与计算机互联网工作。

3）美国天体物理 X 光机 AP5335
- 分辨率：40 号铜线。
- 电线灵敏度：水平、垂直方向图像分辨率为 1mm。
- 穿透力：14mm 钢板。
- 灰度等级：24 个可调水平，4 096 个灰度等级。
- X 射线泄漏量：小于 0.1mR/h。
- 通道尺寸：530mm（宽）×350mm（高）。
- 传送带速度：0.23m/s。
- 电源要求：110～120V_{AC}（6 安培最大）；230～240V_{AC}（3 安培最大）。
- X 射线发生器：阳极电压，90KV。
- 射线源电流：0.7mA；发射方向：由下往上。

思考题
1. 说明监狱 AB 门的重要性。
2. 简述人行和车行 AB 门系统的基本配置。
3. 画出外来车辆进出监狱车行 AB 门的流程图。
4. 画出外来人员进出监狱人行 AB 门的流程图。
5. AB 门互锁、防潜回、防胁迫和防尾随的功能是什么？
6. 简述手指静脉识别原理。
7. 什么是非接触式 IC 卡一卡通管理系统？
8. 监狱 AB 门系统采用了哪几种技术手段？

9. 监狱车辆检查系统由哪几部分组成？
10. 生命微测仪的核心技术是什么？
11. 说明金属安检仪的工作原理，其盲区是什么部位？
12. 说明手持式金属探测器的使用方法。

第4章 监狱视频监控系统

4.1 概 述

随着监狱系统网络化、信息化和智能化建设的展开，信息共享、多级管理、远程控制也成为监狱管理部门迫切需要解决的问题。建设监狱视频监控系统就是采用先进的视频监控技术对监控图像进行实时传送，以达到信息共享、过程监控和管理的目的。视频监控系统是监狱安全防范系统工程的最主要组成部分，也是提高监狱技防水平的重要工具，对于监督罪犯的改造与防范监狱内突发事件的发生都起到了不可替代的作用，系统的布局和建设将直接关系到监狱安全管理的有效性。所谓视频监控系统是在非正常环境下，利用视频技术探测、监视设防区域，并实时显示、记录现场图像的电子系统或网络。视频监控系统发展了短短二十几年的时间，从19世纪80年代模拟监控到数字监控再到网络视频监控，发生了翻天覆地变化。从技术角度出发，视频监控系统发展划分为第一代模拟视频监控系统（CCTV）、到第二代基于"PC＋多媒体卡"数字视频监控系统（DVR），到第三代完全基于IP网络视频监控系统（IPVS）。

目前，我国监狱的视频监控系统发展趋势表现为以下6个特点：

- 集成化

对前端各个监区所有的点进行集中管理，可以实现统一控制统一指挥和协同联动并实现与其他监狱信息平台进行集成，如与电子政务平台、人事管理系统等进行集成管理。

- 智能化

监狱智能化管理也是一大趋势，监管工作繁杂而重要，智能化管理能使工作更有效、更规范和更及时，包括视频分析、突发预案、完善的报警联动、设备在线监测和异常情况报警等功能。

- 数字化

监狱数字化不仅包括系统架构的网络化，还包括数字化设备的逐渐使用，包括监控摄像机的高清化，逐步实现720P和1080P高清监控的普及与应用，包括民警手持单兵终端，WIFI人员定位技术，以及生物特征识别和物联网技术的应用。

- 网络化

监狱安防信息化建设逐渐实现全网络化，不仅各子系统的集成联动依靠网络，中心综合管理平台同时也是对网络信号的处理以及存储，便于系统扩展和升级。

- 高效易用

由于监狱监控点位密集，数量众多，对于有限的民警力量，监管工作量是很大的，因而监狱安防信息化建设旨在提高监管工作效率，比如监控视频自动巡查，视频智能分析与门禁系统的报警联动，3D 电子地图的直观显示，突发预案策略等。

- 安全化

为保障监狱的全方位安全性，应该从多个方面考虑监狱安全问题。从视频监控系统角度考虑，应包含设备安全（采用防爆型的摄像机）、网络安全（保障网络通畅稳定）、数据安全（保障数据前后端存储双冗余机制）和系统安全（模拟和网络系统架构冗余互补）等。

上述 6 大特点如图 4-1 所示。

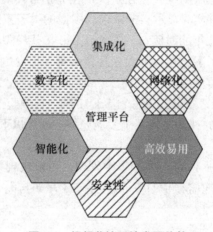

图 4-1 视频监控系统发展趋势

4.2 系统设计

根据监狱的实际情况设计前端的点位布局，一般来说重点监控点位采用高清网络摄像机，一般监控点位采用模拟摄像机。每个监舍可设计高灵敏拾音器进行音频采集，同时将音频采集的信号和视频信号在前端直接压缩合成，有效地避免了音视频不同步,以及延迟等现象。将合成的信号统一传至后端平台管理中心,进行统一管理。

对于模拟摄像机,前端采集模拟视频信号,经视频线连接到分控中心或值班室机房,由嵌入式编码器(或硬盘录像机)或者监管主机进行统一编码和(信号可进入网络)前端存储(本地存储)以及与其他子系统联动。

对于高清网络摄像机,数字视频信号通过专网直接接入网络内,接入数字监管主机,可进行本地存储,也可进行集中存储,但传输带宽要求较高,以及与子系统实现联动。分监区值班室配备分控管理服务器,领导分配主机,这样可降低指挥中心带宽压力,提高各个终端的主机能力。

对于特殊地点监控,采用红外热成像摄像机,适用于夜间围墙附近的监控。对于标准BNC的输出信号,可以直接利用网络编码器把模拟信号转换成数字信号,接入后端中心平台,实现与平台之间的各种联动功能。若是网络信号输出,需要根据通信协议进行协议对接,前端设备与主机建立联系后,再接入集成平台中实现与其他技术的联动。视频监控系统由5个部分组成,如图4-2所示。

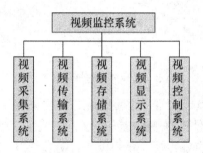

图 4-2　视频监控系统组成

4.3　系统方案

4.3.1　系统方案

目前,视频监控系统的构架有三种基本方案:一是前模后数系统方案,二是模数结合系统方案,三是全数字系统方案。具体内容介绍如下:

1. 前模后数系统方案

此方案前端采集部分采用模拟设备,输出模拟信号经数字监管主机或硬盘录像机数字化处理后,由监狱专网传入控制中心,进行存储与控制操作,数字信号经解码后送入DLP大屏显示。主要包括大门、监舍楼、教学楼和武警值班室,汇集门禁系统、周界报警系统和视频系统产品的各类信息。此方案系统图如图 4-3 所示。

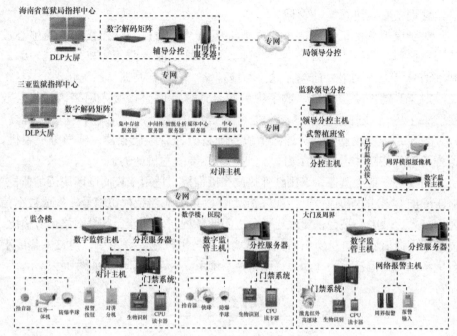

图 4-3　视频监控前模后数系统图

特点：监控、门禁、对讲、报警的统一平台管理；多级管理系统，实现各级监狱统一管理；罪犯信息的电子管理，实现监管信息化；监区管理、突发预案、警情发布等应急指挥。核心设备：防爆快球、CPU 读卡器、分控服务器、数字监管主机、中间件服务器、集中存储服务器、数字解码矩阵等。其中数字监管主机起到模拟转数字的作用。

优势：系统架构简单，网络瘫痪后仍可进行本地的报警联动和存储。

劣势：对网络依赖性大，一旦网络瘫痪，后端既无视频又无存储。

2. 数模结合方案

此方案系统图如图 4-4 所示。

特点：监控、门禁、对讲、报警的统一平台管理；多级管理系统，实现各级监狱统一管理；相关人员信息的电子管理，实现监管信息化；监区管理、突发预案、警情发布等应急指挥等。核心设备：基本同上，增加了音视频矩阵、光端机的模拟信号链路。

优势：采用模数双链路传输，一条链路瘫痪仍可以继续工作，传输链路中断后，前端仍可进行本地的报警联动和录像。

劣势：施工布线比较复杂，难度较大。

第4章 监狱视频监控系统

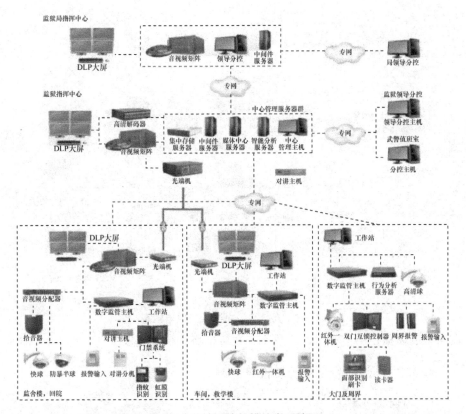

图 4-4 监控系统数模结合系统图

3. 全数字方案

此方案系统图如图 4-5 所示。

特点：系统安装为多级设计，可以满足省、市、县多级监管机构的联网需求；支持网络摄像机、网络门禁、网络对讲、网络报警主机等前端网络设备的集中管理；系统支持监区与监狱中心断网后，前端直连前端设备，保证监狱视频、报警的安全可靠；系统实现了与视频监控、门禁、对讲、报警、巡查、视频、周界报警、监管日常业务、应急指挥等子系统的相结合。核心设备：网络快球、网络红外一体机、交换机，其余同方案一。

优势：全网络架构，前端带 IP 地址，经交换机汇聚，结构简单，布线方便，网络设备均以 IP 地址为中心，查询、调用信息方便。

劣势：对网络的压力比较大，一旦核心网络出现故障，系统即会出现故障。

总之，从安全性、可靠性和实时性的角度考虑，数模结合的设计方案比较合理。但是从构架简单和可扩展性的角度考虑，全数字的设计方案更符合未来发展的需要，现如今视频监控正往高清化、网络化和智能化的方向发展，

监狱安防系统

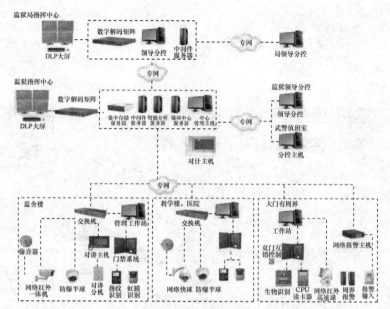

图 4-5 监控系统全数字系统架构图

在未来的监狱视频监控中，全数字方案架构将会越来越多。

4.3.2 视频监控系统功能

1. 纵深防范模式

从防范罪犯的违规和危险动作特点分析，监狱视频监控等系统的任务是提供以下三个层次的纵深防范模式。

第一层次：外部侵入与内部逃出防范

外部侵入防范是为了防止从一道门，行政办公区；二道门，围墙与外界的接触部位和岗楼。一道门和二道门的值班室（民警和民警双岗）力争及时发现有侵入、逃出的意图和动作，以便尽快采取措施，属第一道防线。例如，监狱的出入口（大门）和围墙、值班室等某些重要的部位，与外界相接的房间（会见楼）或部位的门等处设置摄像机。由于第一层次属于周界防范，罪犯冲出此防线，就意味脱逃成功，因此第一道防线就特别重要。

第二层次：区域性防范

在监狱内部，视频监控系统应提供第二个层次的保护，即区域性防范。该层次防范的任务是采用摄像机来探测罪犯进入不该其进入的区域（禁区），探测罪犯在监舍、厂房和食堂等区域动向，如果罪犯出现不当举动，相应区域的摄像机图像传至控制中心，有关人员及时准确地做出相应处理。

第三层次：目标点位防范

第三道防线是对特定目标的重点防范，如监狱内的重要房间（如枪库、卫生间、伙房、高危监舍、监舍等）。当罪犯有不当动作（违规动作和危险动作）的时候，监控系统的第三道防线开始起作用：一方面可以通过报警设备，使有关人员或联动设备采取相应的安保措施；另一方面联动主机发出声光告警信号，监控中心通过电子地图锁定罪犯，以便执勤民警能够及时发现情况，及时进行处置。

基于上述设计，视频监控系统能达到以下效果：

(1) 监视所有出入监狱和特定区域的人和车辆。
(2) 监视所有房间和电梯内情况。
(3) 对重要场所的人员进行智能跟踪监视。
(4) 视频监控与防盗报警联动可对非法入侵进行监视。
(5) 对一般场所进行监控录像，录像时间保存10~15天；重点区域如高危监房、二道门、围墙和岗楼等监控录像保存时间为15天以上。
(6) 通过局域网传输、存储和控制机关视频信息。
(7) 整个系统的可靠性高，开放性好，稳定性好，使用方便，扩充灵活。
(8) 系统能实现三级联网功能，即监区、监狱应急指挥中心、省局指挥中心。各个客户端（即监狱领导、职能部门、武警中队等）在授权范围内能实现对监控图像的调看和控制。

2. 视频监控功能

通过系统能清晰监视前端监控点图像，重点区域摄像机能够进行变焦控制，在必要场合能近距离查看现场发生的小动作；在部分需要的场合能对摄像机进行方位控制以扩大范围。为了实现全方位、全天候的有效监控和布控功能，摄像机的布点和安装部位要科学合理，既能保证重点目标的清晰度，又能兼顾周围相关区域的监视。

(1) 存储录像。

通过TCP/IP网络将前端图像数据传输至网络存储设备（如磁盘阵列），进行统一数据保存（集中存储），授权用户可通过软件平台对数据进行访问。

(2) 报警联动。

监狱的综合管理软件平台将监狱中的视频监控、门禁系统、报警系统、对讲系统集成在一个平台下进行有效管理，并且实现各个功能模块之间的联动。

4.3.3 系统组成

1. 前端系统

根据监管中心建筑布局的特点，要在监区内的所有建筑、主要道路和绿化场地等重要部位,均设计安装视频监控系统,力求不留死角,即视场范围能按接力方式实现视频全覆盖,实施有效的视频监控和图像记录。实时监视图像的记录和回放图像的分辨率至少为 D1 视频格式。

前端摄像机(俗称电子眼)是视频监控系统的原始信号,负责采集监控点位的信息传至视频设备进行处理。根据工业型和农业型监狱特点,以及监视区域大小,室内外照度,人员多少,清晰度高低,距离控制中心远近,防暴、防雷等,选购合适的技术方案和产品,以确保实际监控效果。监舍前端采集点位示意图如图 4-6 所示。

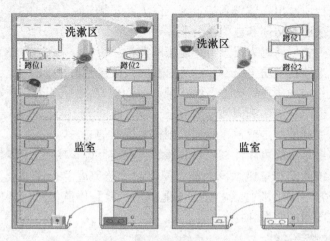

图 4-6　前端采集点位示意图

1) 监控点位布设

(1) 大门口的车辆和人员进出管理的需要;
(2) 监区间罪犯流动的实时监控需要;
(3) 民警执勤规范管理的需要;
(4) 劳动改造区危险性工具使用管理的需要;
(5) 生活区罪犯异常行为实时监控的需要;
(6) 围墙周界防脱逃实时监控的需要;
(7) 办公区域日常安保管理的需要。

2) 监控分区方法

(1) 根据纵等防范模式要求,监狱设置监区值班室、中门值班室和总控室,作为日常民警值班的场所。
(2) 总控室作为系统的核心控制室,监控主控设备包括矩阵切换器、信息存储和处理设备,管理周界图像的数字监控主机等都安装在总控室。
(3) 监区值班室作为基层值班场所,要安装数字监管主机和分控管理服务器，管理本监区的监控图像、门禁、报警和对讲系统。

（4）中门值班室作为日常值班场所，要安装网络分控客户端，值班民警通过网络分控调用各个监舍和功能用房的图像。

（5）监狱领导和武警值班室分别安装网络客户端，实现网络远程监控。

3）前端产品

（1）700线防暴半球摄像机

彩色650TVL/黑白700TVL（电视线）；带线控OSD菜单，可根据现场环境优化性能参数，功能强大；支持数字降噪；数字宽动态；移动侦测；隐私遮蔽等功能；防暴外壳。产品实物如图4-7所示。

图4-7 防暴半球摄像机

（2）700线红外防暴半球摄像机

彩色650TVL/黑白700TVL；内置30m红外灯；内置2.8~10mm手动变焦镜头；带线控OSD菜单，可根据现场环境优化性能参数，功能强大。产品实物如图4-8所示。

图4-8 红外防暴半球摄像机

（3）700线红外一体化摄像机

彩色650TVL/黑白700TVL；内置30m第三代阵列红外灯，亮度高，发光均匀，寿命长；支持数字降噪，数字宽动态，移动侦测，隐私遮蔽等功能。

一体机的特点：内置镜头。产品实物如图 4-9 所示。

图 4-9　红外一体化摄像机

（4）300 万像素高清网络红外半球摄像机

Sony300 万像素 Exmor CMOS 传感器（相当于人眼的视网膜）；最大分辨率可达 2048×1536 分辨率，1080P 全高清图像，成像效果超清晰；ICR 机械式红外滤光片切换，最低照度可达 0.01Lux；支持宽动态和 3D DNR 降噪；支持 ONVIF、双向语音、报警联动、SD 存储、网络 POE、可选 WIFI 模块。产品实物如图 4-10 所示。

图 4-10　高清红外半球摄像机

（5）300 万像素高清网络摄像机

Sony300 万像素 Exmor CMOS 传感器；支持强光抑制、背光补偿；支持自动管权、ICR 双滤切换；支持宽动态、3D 降噪。产品实物如图 4-11 所示。

图 4-11　高清网络摄像机

（6）高清网络激光红外高速球机

采用索尼 327 万有效像素，Exmor COMS 高清一体化机芯；最大分辨率为 1080P@30fps；支持 20 倍光学变倍，12 倍数字变倍；支持超宽动态，超低照度，夜视性能卓越；内置 20 颗欧司朗第三代红外阵列灯，红外照射距离为 180～200m；手动水平控制速度：0.01～400 度/秒无级变速，低速运行平稳；水平 360°连续旋转，垂直－5°～185°自动翻转。产品实物如图 4-12 所示。

图 4-12　高清网络激光红外高速球机

2．视频传输系统

无论前端是模拟摄像机还是 IP 网络摄像机，均需要视频传输部分，远距离主要依靠监狱内的光纤网络，近距离主要是网线或同轴电缆传输。根据每个监区实际现场的监控点数量，配置相应带宽的网络交换设备。在各个监区以及生产厂区的值班室都需要配置交换机，将前端各子系统的网络信号通过交换机传输至监控中心；监区以及生产厂区与指挥中心采用全千兆光纤传输作为干线。

3．后端存储显示系统

1）存储系统

录像存储设备用于实现视频监控信号的数字化录像，支持手动录像，自动定时录像，视频移动录像，报警联动录像，视频丢失报警录像等。支持网页浏览管理，可以直接实现视频数据的下载；同时实现监控客户端的数据视频检索和回放功能；支持通过网络远程调用历史图像信息，回放时支持暂停、播放、停止、慢放、快放和拖动以及循环播放等操作，支持回放时图像抓拍功能；支持多种检索方式。在网络视频监控系统中，录像处理单元和存储单元可以合一，也可以分开，即可有集中式与分布式两种存储方案。

2) 显示系统

电视墙解码单元通过单路或多路视频解码器实现，主要负责在客户端的控制与管理下实现监控信号的解码输出，输出的模拟视频信号可直接送至监视器、DLP大屏等显示设备。

4.4 视频分析技术

传统监控系统通常拥有多个视频采集前端，采用若干监视器实现画面轮巡，轮巡周期称为监控空白区，即这段时间里监控人员无法观察到画面的时间长达数十分钟；另外人眼长时间观察图像也会产生疲劳，导致监控的有效性和实时性大大降低。人在长时间监控多个视频画面时，事件错失概率高达90%，监控事件的预防性较差，目前存储的信息往往用于事后调用与取证，很难做到事前预防。因此，为了让视频监控系统具有"智慧的大脑"，人们提出应用视频分析技术，又称为视频内容分析技术。

4.4.1 概 述

应用最新的计算机视觉分析和模式识别算法技术，通过对视频图像进行逐帧分析，结合特定算法实现对人的异常行为进行实时分析，自动完成信息采集，事件检测。在不同环境下，此技术针对各种常见的异常事件进行检测，形成不同的分析模块算法，有的模块已在监狱应用，有的还在研发当中。例如，周界防范检测，物品盗移/滞留检测，人脸检测，行为异常分析等事件、行为进行检测和报警。智能分析功能描述如图4-13所示。

区域	分析对象	功能描述
围墙区	人员入侵	检测围墙内外是否有人员入侵、攀爬
	物品遗留	检测是否有物品遗留在围墙两侧
出入口	大门出入人/车	对大门出入人员/车辆进行识别、记录
	监区内各类门禁	检测出入人数、根据规则判断是否尾随
押犯监区	人员行为	人员异常聚集、打架、突然奔跑、倒地
	人数统计	监控区域内人数统计
军械、财务、器材室	人员入侵	检测人员的非正常进入
	物品偷盗	检测物品是否被移动、遮挡、拿走
哨位	离岗	检测哨位上是否有值班人员
	巡更	识别巡更人员，记录巡更过程
会见室	人员记录	识别、记录会见人员面部图像
监控系统	视频异常	检测监控视频是否正常，未被破坏

图4-13 智能分析功能图

视频分析技术是一项先进的报警技术，它超越了原有的视频运动侦测（VMD）技术采用的简单探测运动方式，与 VMD 基于像素来探测运动不同，视频分析技术基于目标来探测威胁因素，它所具有的自学习、自适应和自调节能力，以及先进的算法和视觉逻辑提供了无比强大的威胁探测能力。此技术实质上是采用视频检测技术的智能报警系统。

视频分析模块可嵌入到了摄像机或视频编码器等前端设备的 DSP 芯片中运行，从而使它们具有了计算机视觉能力，可以对视频里的每一寸画面进行自动监控，有效地增强了视频监控的自动检测能力，提升了预警强度，提高了监控效率和自动响应报警，实现了 7×24 小时全天候的持续监控，以及针对重要时段的无人值守监控。相当于在前端电子眼基础上，后台配备有智慧的大脑。

电子比较围栏、运动传感器、防盗报警器、视频监控和录像系统等传统的安防系统，智能分析产品具有隐蔽性好，易于安装等特点，适合用于保护核电站、机场、监狱、国家机构和其他高等级防范的场所。

4.4.2 监狱应用模块

1. 周界防范

在监狱围墙上，布署此模块可自动检测运动目标穿越警戒面（称为虚拟线）的行为，围墙越界检测、逆向行驶等，同时在围墙出口检测人员跨线或徘徊现象，系统会及时发出预警信号。应用实景如图 4-14 所示。

图 4-14 周界防范效果图

2. 物品滞留和盗移

在监控区域内，应用物品盗移、滞留检测模块，发生物品盗移或滞留时，系统会发出报警信号，同时提供报警前后的图像序列或视频片段，以及被盗移/滞留物品的清晰截图。应用实景如图 4-15 所示。

图 4-15　物品盗移/滞留检测模块效果图

3. 智能主从跟踪

当摄像机检测到有可疑目标时，若目标进入、离开警戒区域或徘徊等时，主摄像机（枪机）发送指令控制从摄像机（球机）进行云台旋转和镜头缩放，锁定触发报警的目标并对其进行自动跟踪，使目标持续放大以显示在画面中央，这样可以看到更清晰的目标特征，以利于实时的判断和事后对照取证。枪机探测区域内可疑目标，通过特定算法进行识别；球机根据目标特征参数进行锁定与跟踪其轨迹，两者配合完成跟踪功能，此法称为主从智能跟踪法。应用实景如图 4-16 所示。

图 4-16　智能跟踪效果图

4. 行为异常分析

行为异常分析模块，如打架检测模块是以视频分析核心算法为基础，通过分析运动物体的移动轨迹模式，即对人的手臂挥动速度进行参数分析确定规则，检测违规信息。实时监测视频中的运动物体是否存在异常行为，包括人的徘徊、突然奔跑、倒地、非法驻留等异常情况。应用实景如图4-17所示。

第4章 监狱视频监控系统

图4-17 打架检测效果图

视频分析技术特点：通过设定某一时段对监控画面的智能识别报警参数，避免少量民警查看大量视频而导致的视觉疲劳；同时对多路监控图像的智能识别也杜绝了因海量视频信息无法同时查看而导致错过警情的事件发生；特别是对监狱夜间监舍的管理而言，系统有着弥补警力不足的特殊作用，适用于警囚比较低的监狱，实现"向科技要警力"的目标。

4.4.3 系统设计

1. 系统组成

视频智能报警系统由视频分析软件、流媒体管理软件、报警灯主机、报警灯分机以及报警按钮等组成。一是视频分析软件用于对监控系统图像的智能识别，提供对爬高、起夜、长时间异常滞留等行为的分析。二是流媒体管理软件对监控系统的视频数据，进行流媒体转换并保存至流媒体服务器中，用于解决同一视频图像无法多人同时观看的问题。三是报警按钮用于民警在监室值班时，发生突发事件后发出报警信号；报警灯主机用于接收视频分析发出的警情，并向报警灯分机发出指令；报警灯分机用于点亮对应监室的门灯。

2. 系统设计

（1）实现同一视频图像多人同时访问。原有视频监控系统因硬盘录像机的固有缺陷，而导致在多人同时观看时画面不连续，延迟时间长，甚至是无法观看；尤其在突发情况下，无法通过远程调看了解现场情况。通过视频数据的流媒体转换将解决这一问题，为应急处置和日常监管提供实时的现场图像信息。

（2）对监室内罪犯进行视频判断。通过在视频监控范围内，预先设置警戒线来设定罪犯的活动范围，并在某一设定时段自动对罪犯爬高、起夜、长时间异常滞留等行为进行智能识别，同时自动报警并弹出现场图像画面，提示相关人员予以关注。

（3）小岗核实警情。

将监室警情及时通过门灯闪亮提示给小岗，使小岗可以迅速来到该监室核实警情。同时为小岗提供了"报警"和"取消"按钮，在小岗核实后，可以选择取消报警，或将警情报告给值班民警。

（4）小岗管理。

通过对小岗人员巡查画面的智能分析，将小岗违规的情况报告给值班室，从而形成对小岗的直接监督。同时系统自动记录该区域各监室发出的警情信息和小岗的响应记录，使民警可以直观了解到该小岗值班时，发生了多少警情，核实了多少，从而方便民警对小岗的考核，实现小岗管理模式。

4.5 报警联动技术

4.5.1 视频与门禁联动

当门禁系统正常刷卡开门时，会联动视频监控系统进行图像抓拍和录像，在浏览门禁记录时可同时回放抓拍图像和录像。当门禁系统发生超时报警、反胁迫密码报警等报警信号时，会联动视频监控系统进行图像抓拍和录像，同时会弹出电子地图和相应的视频窗口。

4.5.2 视频与对讲联动

当有监舍对讲呼叫信号时，系统自动切换到对讲所在监舍的图像；让值班民警在处理罪犯呼叫报告时，能看到监舍真实情况，起到人工复核作用，提高了处理警情的准确性。

4.5.3 视频与报警联动

设置报警联动电子地图，同时联动报警点视频信息，确保有关人员第一时间掌握报警点情况。在报警情况下，监狱分控室和主控室同时联动电子地图，直接定位到发生报警的图层；同时调出报警视频图像，快捷响应以便民警快速处突。视频与报警联动如图4-18所示。

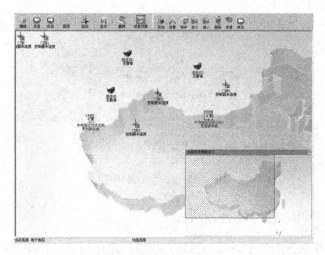

图 4-18 视频与报警联动

4.6 监狱应用实例

4.6.1 监舍打架事件

当监狱的监舍发生恶劣打架事件时,值班民警通过行为智能分析识别,接收到报警信息后,马上通知相关的监狱领导,由领导上报给省监管局指挥中心。

事件处理具体过程如下:

(1) 监舍内视频监控智能分析检测到有罪犯打架斗殴嫌疑,向值班室发出报警信息。

(2) 监区值班室及指挥中心通过监管信息化平台,接收到监室内打架的报警信息。

(3) 报警信息自动联动值班室以及指挥中心的电子地图的图层,并声光报警,显示发生警情的监室门号和 3D 地图位置,锁定事发地点。

(4) 报警信息自动联动弹出同一监舍的实时监控视频以及拾音器,由值班民警查看和监听现场情况;电子地图自动显示查看该监舍内罪犯的姓名、入狱时间、入狱表现等相关的信息,通过监管软件把该路图像切换到指挥中心的大屏上给各位领导查看,并监听监舍的声音。

(5) 值班民警得知警情后,通过视频了解现场情况,并迅速到现场处理警情。

(6) 调出回放录像信息,查询出前一小时的录像视频,锁定涉案人员,分析打架原因,并进行案情记录和处理。事件处理流程如图4-19所示。

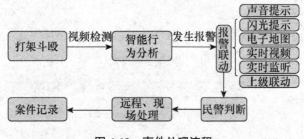

图4-19　事件处理流程

4.6.2　罪犯挟持民警事件

当监狱罪犯在生产中,得到工具并带回到监舍时,他使用对讲呼叫民警,称生病需要去医院治疗,到通道后用工具挟持民警打开监狱的监区大门,并抢夺民警门禁卡及让民警说出开门的密码,民警说出反胁迫密码。

事件具体处理过程如下:

(1) 在监区走廊罪犯用工具挟持民警,欲越狱出逃。

(2) 民警被迫用反胁迫密码打开监区的通道门,门禁系统检测到反胁迫密码发生报警。

(3) 监区值班室通过监管信息化平台接收到门禁反胁迫报警信息。

(4) 监狱值班室接收到报警,但由于另一位民警不在值班室,软件自动上传到监狱的指挥中心,指挥中心的电子地图上弹出门禁的报警信息及联动小窗口显示,并发出声音、灯光报警,并弹出关联的视频图像。

(5) 或者在监狱的通道上,设置了视频的移动侦测功能,在民警被挟持过程中,同时触发视频移动侦测报警,发出报警信息,在指挥中心的电子地图上弹出视频的移动侦测的报警信息,其余同上。

(6) 监狱指挥中心收到报警后,通过监狱信息化平台对讲功能与省监狱管理局联系,立即启动罪犯越狱的应急预案。

(7) 预案内容为:①通过平台立即给武警值班室发出报警信息,调动警力,让武警值班人员立即前往支援。②联动大门门锁启动突发锁死功能,防止罪犯再次通过反胁迫密码开门。③通过应急预案显示出该监区的详细信息并清点监区罪犯人数。④通过监狱的球机控制功能,实现实时跟踪罪犯的逃跑路线,民警与武警合作进行全方位布控与抓捕罪犯。

事件处理流程如图4-20所示。

第4章 监狱视频监控系统

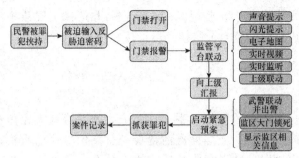

图 4-20 事件处理流程

4.6.3 网络巡查

在省监控管理局监控中心对各个监狱的工作情况进行网络巡查,查看各个监狱的值班情况。指挥中心通过电子地图查看各个监狱的值班室情况,查看是否存在擅自缺岗、离岗等情况,并通过对讲主机进行语音的交流与督促。指挥中心查询各个监狱的值班记录,查看值班民警的相关信息。

4.7 监狱视频监控系统方案

4.7.1 概述

监狱是关押和改造犯罪人员的重要场所也是社会的窗口,罪犯是特殊人群,不容易管理,监狱安全是监狱工作的重中之重。既要保障社会的安全,也要保障民警与罪犯的人身安全。针对这样特殊的场所,安防系统处于最为重要的地位,用好监控安防设施可有效地加强对罪犯的管理,直观及时地反映重要部位的现场情况,增强安全设施是监狱现代化管理的需要。

视频监控与报警系统是监狱安防系统的重要组成部分,也是监狱安全、智能化管理的集中体现,对于维护司法公正,保护执法人员的人身安全具有重要意义。同时,监狱安防系统还应具有较高的可靠性、先进性、稳定性和安全性。

4.7.2 设备选型

(1) 在监狱出入口、监区围墙、监房外走廊、车间和监舍等重要区域。依据现场环境,摄像机选用自带红外照明、广角镜头、安装支架和防护罩的品牌摄像机或一体化高速球机。对光线较暗的监房,摄像机需要具有低照度和红外照明的能力。

(2) 在枪械室、档案室、机要室、财务室和计算机中心等重要科室。安装半球式防暴网络摄像机,以有效防止盗窃破坏等行为的发生。

(3) 在岗亭、行政、综合、办公场所等其他监控点位。这些监控点的监视环境较好，光线变化小，监视范围固定，因此选择了安装小巧美观的半球摄像机，从而可有效避免对被监视人员形成心理压力。

4.7.3 防区设置

1. 监区部分

全方位监视罪犯在监区的一举一动，最大限度保证无死角和无盲区。监区的每个监舍内设置两个低照度高清摄像机，高信噪比监听头，对讲报警系统。在放风场内设置自动光圈彩色摄像机，并在对角设置一个同样的摄像头以弥补监控盲区，一个高信噪比监听头。视频、监听、对讲信号通过视频线路直接送到就近的分控室。

在监区通道、楼梯间、过道、室外活动场（草坪）分别设置摄像机。活动草坪设置高速一体化全方位摄像机，确保民警与罪犯谈话时的安全，监区通道、楼梯间、过道摄像机视频信号通过视频线路直接送到就近的分控室。

在每个监区内设置本地监控中心，设置视音频控制主机和录像设备、电视墙，对整个系统的音视频输入进行实时监控，在监控中心安装彩色半球摄像机，保障值班人员的安全。每幢监舍楼分别设立分控中心，监管各自区域内的监控信号，同时在分控中心也安装相应的彩色半球摄像机。而整个监区监控中心的信号需通过网络传至民警综合楼的监控中心，并与武警综合楼监控中心实现报警联动。

在监区的审讯室，设置定焦和带云台摄像机、脚踢突发报警按钮及传声器，将监区部分的提讯室的监控视频信号、控制信号及音频信号，还有报警信号传至监控中心。

在会见室，实现家属与罪犯在民警控制下进行定期会见。在会见室的休息大厅和会见厅，根据需要设置适当数量的彩色摄像机，视频信号送监区监控中心。在监区各大门设置智能快球一台，以便于观察大门附近的情况。

2. 民警综合楼部分

在民警综合楼安装一台高倍数智能球，实现对整个监狱活动区域及大门进行监视，并在枪库安装红外夜视摄像机和报警器，信号一并送至监区监控中心。民警综合楼监控中心可接收来自监区的报警信号和监视图像，除可调用本楼的监控信号外，还可从监区监控中心调用任意图像信号。

3. 武警综合楼部分

此部分的监控中心接收来自室外岗楼的视频信号和周界报警信号，同时也接收来自监区控制中心的报警信号。

4. 岗楼及周界部分

监狱周界的监控点以 4 个岗亭为中心，视频信号分别集中到 4 个岗亭，这些监控点需全方位控制。选择一体化高速球形摄像机，控制中心可以通过键盘控制云台、推拉镜头，能够清楚地查看周界的任何角落，清楚了解监控死角确保有效的视场和射场。同时，在相应的位置还各设了一个定点摄像机，以监控整个周界的情况，配合数字硬盘录像机的移动侦查功能，在周界有人员活动时，系统就会自动报警并联动录像。

根据监狱系统的特殊性，视频监控及录像尤其重要，要做到事后有据可查，要确保基层的图像存储尽量少受外界因素影响，尤其是网络方面的不确定因素。在设计以下三种应用方案时，均是前端模拟信号直接接入数字硬盘录像机（DVR）进行本地录像存储以确保视频信息的安全性和可靠性。

4.7.4 三种应用解决方案

根据监狱不同的网络结构、点位布局和防范需求，结合应用项目现场情况，推荐以下三种应用方案：一是分控＋总控数模结合方案；二是本地存储＋中心数字方案；三是本地DVR录像＋中心数字方案。三种方案分别描述如下：

1. 分控＋总控数模结合方案

1）结构说明

（1）总控中心：总控中心设立于监狱内，配置多台液晶监视器（或DLP大屏）作为监视屏，用于实时显示监区及其他监看区域的画面和调用录像资料；配置存储系统＋控制系统，并内含综合管理联网控制软件，可与分控中心实现以太网方式联网，实现对整个系统的监看与控制。

（2）分控中心：在各监区室设立二级分控中心，调度各自监管区域的摄像机或调用相关录像资料；同样配置存储系统＋控制系统，并内含综合管理联网控制软件，可与总控中心实现以太网方式联网。

（3）前端接入：所有监区、审讯室、会见室和大门等摄像机和监听头采用模拟线缆接入，确保图像传输的速度及图像质量。

2）智能视频报警联动方案—系统示意图

如图4-21所示，因每个监区内设置一个分控中心，距离相对较近，该监区内所有监舍、放风场的视频信号和监听音频信号直接通过电缆接到监区分控中心的存储控制系统上，其中控制部分负责图像的切换控制，实现本辖区内视频监看；存储部分负责图像的记录存储，通过数字编码上传网络，供网络用户视频浏览及控制；控制部分自带专用视频排线环接口，与存储部分的排线接口实现无缝连接，减少分控中心的视音频电缆。存储控制系统自带软件管理平台，具有对所有控制部分、存储部分和报警部分的统一设置及管理，支持网络视频浏览与控制，网络图像回放、电子地图和日志管理等功能。

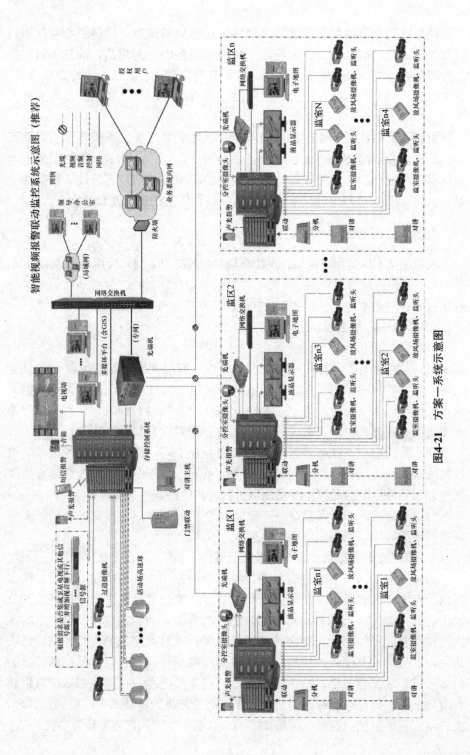

图4-21 方案一系统示意图

分控中心的存储控制系统自带报警输入接口，监区内的报警信号可通过电缆直接连接到存储控制系统上，实现报警后，联动视频图像、声光报警、手机短信报警、电子地图报警等，使值班人员及时处理报警事件，减少事故的发生。

总控中心配置一套存储控制系统，结构基本与监区的分控中心相同。存储控制系统自带 Web Server 服务管理平台，实现以太网联网，系统内所有设备统一设置与管理，由各监区的分控中心上传视频图像至总控中心，为了保证总控中心图像的实时性，中间传输通过光端机传输信号。

3) 优缺点分析

本方案是以数模结合方式为主，系统有以下优点：

(1) 图像实时性。由控制设备产生的图像和控制延迟微乎其微，系统联网中视频采用的是光传输，一般都是毫秒级，用户通过主观基本无法察觉。

(2) 图像清晰度高。本地及总控中心均为非压缩模拟图像，清晰度高。

(3) 录像的稳定性。模拟信号直接接入存储部分录像，不受其他因素影响，并且监控中心的存储控制系统支持存储热备份功能，当其中有一块存储模块出现故障，可自动启用备用存储模块，真正确保视频录像的不间断。

(4) 具有高可靠性。系统采用的中心设备可支持内置双 CPU、双电源热备功能，达到电信级的设计，确保控制中心系统的可靠运行。

(5) 管理的安全性。编解码、存储、矩阵、报警、摄像机、监视器等设备采用统一界面管理和参数设置及用户权限管理，且键盘和软件采用统一的用户进行登录和日志记录，不会出现每种设备采用不同的软件进行管理和用不同的用户进行登录。

(6) 操作方便性。控制系统的操作界面一般是专用控制键盘，以各种功能键、热键或其组合来完成常规的操作和编程，手感比较好，而且对操作人员的技术要求不高。系统还支持统一的虚拟摄像机号设置，在日常操作中不需了解详细的线路路径，直接通过虚拟号切换控制。

(7) 操作的统一性。硬盘录像回放、矩阵（普通球机）切换操作摄像机采用同一个键盘或软件平台进行控制，在同一键盘或软件上即可完成对多种设备的统一控制。

(8) 完善的系统兼容性。可对每一个接口进行自定义，兼容不同厂商视音频矩阵、摄像机、报警主机、存储器、编解码器等设备的接入，包括以后未知设备的接入，并能提供开放的接口协议，供其他系统接入。

缺点：

(1) 造价相对偏高。

(2) 各分控中心与总控中心需铺设光缆作为传输干线。

2. 本地存储＋中心数字结构方案

1) 结构说明

(1) 总控中心：总控中心设立于监狱内，本地配置一台管理服务器，用于对整个监狱内的监区分控中心进行管理、控制，配套网络解码器，用于解码各监区分控的视频图像，显示监区及其他监看区域的画面和调用录像资料；配置网络磁盘阵列，用于对整个系统内的视频进行录像备分。

(2) 分控中心：在各监区和会见室设立二级分控中心，本地不配置视频矩阵，只配置一台存储机柜，内含多块存储模块，用于本地视频录像，调度各监管区域的摄像机或调用相关录像资料。配置一台网络键盘，用于切换及控制本地视频图像。

(3) 前端接入：所有监区、审讯室、会见室和大门等摄像机和监听头采用模拟线缆接入，确保图像传输的速度及图像质量。

2) 智能视频报警联动方案二系统示意图

如图 4-22 所示，每个监区内设置一个分控中心，分控中心只配置存储设备，不再配置切换控制设备。该监区内所有监舍、放风场的视频信号、监听音频信号直接通过电缆接到监区分控中心的存储机柜上，实现图像的记录存储，存储机柜内的每个存储模块均通过一路 BNC 或 VGA 输出到液晶显示器上，实现图像的观看，并通过数字编码上传网络，供网络用户视频浏览及控制。

监控分中心存储机柜内的每个存储模块自带报警输入接口，本监区内的报警信号可通过电缆连接到存储机柜上；实现报警后，联动视频图像、声光报警、手机短信报警、电子地图报警等，使值班人员及时处理报警事件，减少事故的发生。

总控中心采用全数字平台，配置一台管理服务器，自带 Web Server 服务管理平台，用于对整个监狱内监区分控中心的存储机柜、报警、前端视音频信号进行管理、控制，配套网络解码器，用于解码各监区存储机柜上传的网络图像及音频信号，显示监区及其他监看区域的画面和调用录像资料；配置网络磁盘阵列，用于对整个系统内的视频进行录像备分，防止前端存储机柜出现故障，可查看到备份的录像资料。

3) 优缺点分析

本方案是以前端模拟接入，传输及联网采用数字方式为主，系统有以下优点：

第4章 监狱视频监控系统

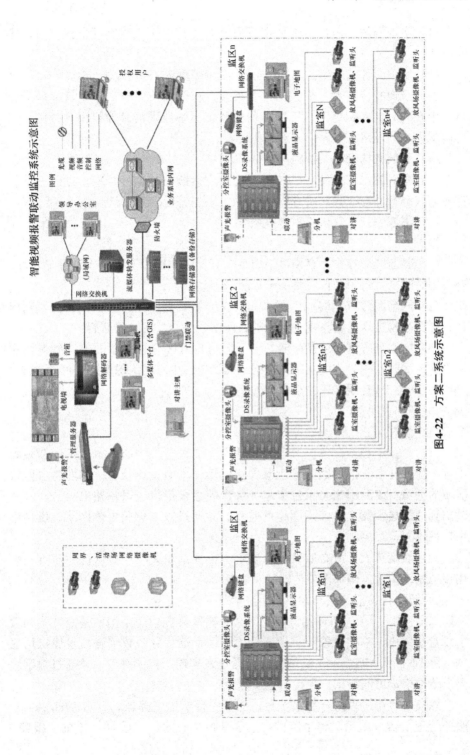

图4-22 方案二系统示意图

· 111 ·

(1) 本地图像实时性。本地视频通过电缆直接接入数字硬盘录像机，实时显示。

(2) 本地图像清晰度。本地为非压缩模拟图像，清晰度高。

(3) 录像的稳定性。模拟信号直接接入存储部分录像，不受其他因素影响，中心同时支持网络磁盘阵列备份模式，当本地硬盘录像机出现故障，还可以从中心的网络磁盘阵上查看录像资料。

(4) 系统架构简单，线路简洁。

(5) 相对的操作的统一性。存储机柜支持统一的软件管理，在同一个软件界面或键盘上可实现对所有监区分控中心的视频浏览及设置。

(6) 集成门禁、对讲、报警等系统。

缺点：

(1) 各监区分控中心存储机柜内每个存储模块输出对应一个液晶显示器，查看图像时需了解该图像在哪一台显示器上显示。

(2) 网络图像有延时。由于以太网受网络带宽所限，画面质量得不到保证，画面容易出现马赛克现象。另外，网络延时会造成一些滞后。

(3) 中心具有网络磁盘存储备份，但是当监区分控中心的数字硬盘录像机本身故障时，则对应的视频无网络编码设备，中心网络磁盘备份形同虚设。

3. 本地 DVR 录像＋中心数字方案

1) 结构说明

(1) 总控中心：同第二种方案。

(2) 分控中心：在各监区和会见室设立二级分控中心，本地不配置视频矩阵，配置几台分散的数字硬盘录像机，用于本地视频录像。调度各自监管区域的摄像机或调用相关录像资料。每台硬盘录像机通过一路 BNC 或 VGA 输出到液晶显示器上，实现图像的监看，并通过数字编码上传网络，供网络用户视频浏览及控制。

(3) 前端接入：所有监区、审讯室、会见室和大门等摄像机和监听头采用模拟线缆接入，确保图像传输的速度及图像质量。

2) 智能视频报警联动方案三系统示意图

如图 4-23 所示，总体结构同方案二，监区分控中心采用的是分散式的数字硬盘录像机，单独录像，实现图像的记录存储。每台数字硬盘录像机均通过一路 BNC 或 VGA 输出到液晶显示器上，实现图像的观看，并通过数字编码上传网络，供网络用户视频浏览及控制。

总控中心还是采用全数字平台，配置一台管理服务器，自带 Web Server 服务管理平台，用于对整个监狱内监区分控中心的数字硬盘录像机、报警、

第 4 章 监狱视频监控系统

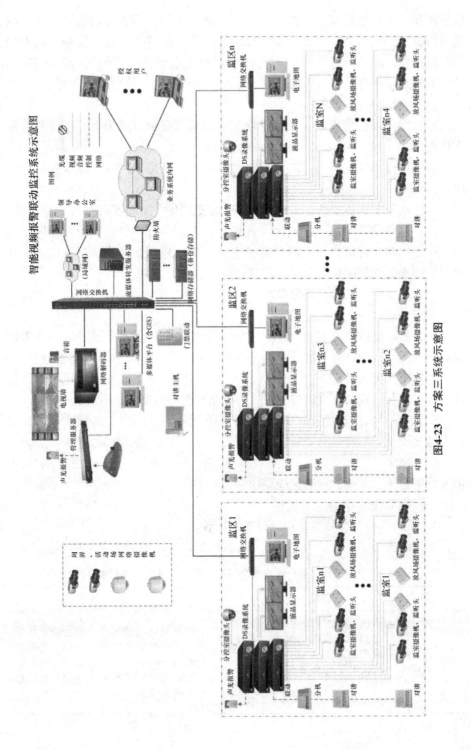

图 4-23 方案三系统示意图

前端视音频信号进行管理、控制，配套网络解码器；用于解码各监区数字硬盘录像机上传的网络图像及音频信号，显示监区及其他监看区域的画面和调用录像资料；配置网络磁盘阵列，用于对整个系统内的视频进行录像备份，防止前端数字硬盘录像机出现故障，可在这里查看到备份的录像资料。

3）优缺点分析

本方案是以前端模拟接入，传输及联网采用数字方式为主，系统具有以下优点：

（1）本地图像实时性。本地视频通过电缆直接接入数字硬盘录像机，实时显示。

（2）本地图像清晰度。本地为非压缩模拟图像，清晰度高。

（3）录像的稳定性。模拟信号直接接入存储部分录像，不受其他因素影响，中心同时支持网络磁盘阵列备份模式，当本地硬盘录像机出现故障，还可以从中心的网络磁盘阵上查看录像资料。

（4）系统架构简单，线路简洁。

缺点：

（1）监区分控中心的每台数字硬盘录像机对应一个液晶显示器，查看图像时需了解该图像在哪一台显示器上显示。

（2）网络图像有延时。由于以太网受网络带宽所限，画面质量得不到保证，画面容易出现马赛克现象。另外，网络延时会造成一些滞后。

（3）中心具有网络磁盘存储备份，但是当监区分控中心的数字硬盘录像机本身故障时，则对应的视频无网络编码设备，中心网络磁盘备份形同虚设。

（4）每个分控中心数字硬盘录像机较为分散，管理不便，切换控制时更需要了解每一个前端设备的详细路径。

（5）集成性低。

4. 数模结构与全数字结构进行性能比较

数模结构与全数字结构方案性能进行比较，对比结果如表 4-1 所述。

表 4-1 数模结构（第一种方案存储控制系统）与全数字系统对比表

序	比较项目	存储控制系统	全数字监控系统
1	设备的可靠性	系统选用的产品都是主流的并已得到广泛应用的国内知名监控品牌产品，产品采用嵌入式操作系统，不受网络病毒的影响，即在PC（软件平台）关机的情况下，键盘也可正常操作所有功能	数字系统的功能绝大多数都是由管理平台的软件提供，一旦设备瘫痪或软件故障将使整个系统功能瘫痪，计算机系统固有的一些缺陷往往影响到软件的运行

第4章 监狱视频监控系统

续表

序	比较项目	存储控制系统	全数字监控系统
2	管理的安全性	编解码、存储、矩阵、报警、摄像机、监视器等设备采用统一界面管理和参数设置及用户权限管理,且键盘和软件采用统一的用户进行登录和日志记录,不会出现每种设备采用不同的软件进行管理和用不同的用户进行登录	全数字监控系统是一个基于网络的开放性系统,使用功能基本都是由软件来实现,不安全因素很大,因此被侵入的可能性更大
3	传输信号的延迟	由控制设备产生的图像和控制延迟微乎其微,一般都是 ms 级,是用户通过主观基本无法察觉的	数字网络化控制系统需要依赖已经建设好的网络系统,无论是 LAN,还是 WAN,网络设备固有的延迟会累加到数字化监控系统中。另外,压缩方式如果使用的是数据包的方式,那么在接收端接收的数据包肯定是若干时间以前的现场图像信息,25 帧/秒只是说明了图像的连续性达到要求,并不是解决了实际的实时监控问题,对于实时监控要求较高的场合是不适合的
4	图像清晰度	非压缩模拟图像,清晰度高	数字化监控系统中,摄像机的视频信号输出后要输入到视频网络服务器上,从技术上讲,信号经过一级变换就会存在不同程度的损伤,都属于有损压缩,尤其是非运动图像部分的信息会大幅度减少甚至丢弃,因此在图像还原时得到的已经不是能够真正反映现场情况的图像
5	操作方便性	控制系统的操作界面一般是专用控制键盘,以各种功能键、热键或其组合来完成常规的操作和编程,手感比较好,而且对操作人员的技术要求不高	在计算机不断普及的今天,数字化产品对用户的操作使用来说更易接受,但前提是操作人员必须熟练掌握计算机技术
6	操作的统一性	硬盘录像回放、矩阵(普通球机)切换操作摄像机采用同一个键盘或软件平台进行控制,在同一键盘或软件上即可完成对多种设备的统一控制	无法实现
7	界面设计的人性化	软件控制平台界面可根据用户的需要进行自定义设计,不同设备的控制模块可任意组合,满足不同操作员的需要	无法比拟

续表

序号	比较项目	存储控制系统	全数字监控系统
8	完善的系统兼容性	可对每一个接口进行自定义，兼容不同厂商视音频矩阵、摄像机、报警主机、存储器、编解码器等设备的接入，包括以后未知设备的接入	无法实现，目前主要以控制编解码器为主
9	完善的报警联动性	该系统不仅可实现报警画面的联动切换，硬盘录像机的联动录像，并在软件平台上进行电子地图方位指示和跟踪	无法比拟
10	维护管理的方便性	系统可进行远程系统升级和网络管理（网管）功能（各种设备的工作状态的监测和远程维护功能）	无法比拟

4.8 监狱高清视频监控系统

4.8.1 项目需求

1. 前端采集要求

（1）以固定摄像机与快球相结合的方式覆盖防范区域。

（2）执行夜间监控的点位选取带红外功能的摄像机或者增设补光设施，并且能实现自动或远程手动开启补光设施。

（3）图像的采集部分主要由 IP 高清网络摄像机来完成，图像更清晰、数据量更大、色彩还原度更高。

（4）前端采用 H.264 的编码格式。

（5）前端的预览分辨率高达 720P（1280×720 分辨率）/1080P（1920×1080 分辨率），全实时广播级图像画质，录像与回放分辨率均达到 4CIF，帧率达到 25 帧。

（6）前端能针对不同环境调节合适的图像参数，以实现理想的图像质量，比如白平衡、背光补偿等。

（7）部分监控区域要求摄像机达到防暴、防水等级。

（8）前端的安装方式要多样化，比如吊装、壁装、吸顶式等。

2. 存储要求

（1）要求存储以网络存储服务器，即所谓的 NVR 的方式为监控点提供存储服务。

（2）存储系统能为每个监控点提供 15 天至 1 个月时间的存储空间，并保有扩容能力。

(3) 要求存储设备能随时检索、回放存储系统中的视频数据；数据可经过软解压或硬解压呈现在 PC 或各监控中心的电视墙上。

3. 解码设备要求

(1) 解码设备能输出标准的模拟信号，支持标准的显示设备。

(2) 能解码 H.264 编码格式的码流，能解码 4CIF@25fps 码流。

(3) 提供高清解码服务，支持解码 1280×720 或者 1920×1080 分辨率、25 帧的码流。

(4) 能解码来自摄像机的实时码流和来自存储系统的回放码流，可以对解码的实时性与流畅性进行调节。

4. 软件功能要求

(1) 软件平台以分布式系统方式进行搭建，以提高系统的性能和容错性。

(2) 软件平台以管理服务器实现集中管理功能，以分级监控中心实现多级监控功能。

(3) 软件平台能检测系统中各种监控设备的工作状态。

(4) 软件平台提供统一的用户入口，利于权限的管理。

5. 高清监控

(1) 高清监控优点。看的更宽，视场角大；看的更细，放大后仍清晰。

(2) 高清图像格式。720P 为高清格式，100 万像素，P 为逐行扫描，i 隔行扫描；1080P 为全高清格式，200 万像素。

(3) 高清监控代价。传输通道和存储系统也要相适宜，因此，实现高清监控是一项系统工程。

4.8.2 需求分析

(1) 监狱管理中心可通过浏览视频图像的方式对下属监区内罪犯、环境等进行日常监管。

(2) 在监狱内各监区的监控点采用相应不同的录像模式，使视频资料可被长时间、完整地保存，管理人员可随时查看录像文件。

(3) 保存各中队监管的罪犯生活和改造信息，领导可监督带班民警的工作情况。

(4) 通过专网建设联网监控系统，监狱总控中心可对各监控点和各中队监控中心进行统一管理。

(5) 当出现突发事件时，监狱总控中心能够了解现场情况，并及时启动应急预案，达到有效控制事态进一步蔓延的目的。

总之，要建立一套可在监狱内进行全系统联网，实现实时监控、预览、回放、互通互联、信息共享和远程控制等功能的视频监控系统。

4.8.3 方案设计

经过分析实际需求，将系统建设方案理解为：
(1) 建立分布式视频监控系统，完成所需硬件选型，安装与调试。
(2) 在监控中心完成日常监控操作与维护检测等工作。
(3) 能及时有效地利用图像资源，包括实时图像和录像数据。
(4) 能及时有效地了解系统运行状态，对故障点能实现及时排查。
(5) 通过分布式视频监控系统来保障监狱内外的安全，发生突发事件时能快速反应，应对与处置事件。

4.8.4 监控平台设计

1. 系统结构

监狱网络视频监控系统内容主要包括各级监控中心（监控平台）、网络传输平台和前端监控点等部分。

(1) 监控平台

监控平台分为三个等级管理：一级监控中心——省厅监狱管理局集中监控管理中心；二级监控中心——市级指挥监控管理中心；三级监控中心——前端各大队视频采集点本地监控中心。即三级监控模式。三级监控平台架构如图4-24所示。

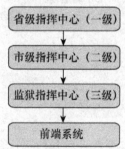

图4-24 三级监控平台示意图

各分控中心机房部署存储设备，可为大容量磁盘阵列或嵌入式NVR，为高清摄像机提供存储服务；可部署流媒体服务器，将实时数据流转发给分控中心和总控中心的客户端/解码器。分控中心监控室设置客户端，对管辖区域内的高清摄像机施行实时监控和远程控制。

总控中心机房部署管理服务器，对监控专网内的高清摄像机、存储设备、解码设备、流媒体转发服务器实行集中管理，监测设备的运行状态；对总控中心、分控中心和其他部门的客户端进行帐户、密码、使用权限的集中分配和管理,对客户端登录监控系统进行验证。总控中心监控室设置客户端对全网的高清摄像机施行实时监控和远程控制。

(2) 网络传输平台

监狱视频监控系统的网络传输平台是系统的核心组成部分,系统中图像、语音、控制、业务数据均能在该传输平台中运行。

(3) 前端监控点

它是系统的主要图像信息采集源,包括摄像机、云台、支撑物、传输设备、电源等内容。高清摄像机实时采集现场图像,图像信息接入监控专用网络;若附近有报警信息点,可借助高清摄像机将报警信号传回监控中心。

2. 系统架构特点

(1) 网络安全性。分级管理模式的网络结构可适用于星型网络拓扑、扩展星型网络拓扑结构,各机构视频点独立接入到监控中心,某一个机构发生故障不会影响其他的视频点正常工作,不易造成网络带宽瓶颈,发生网络堵塞。数据传输可靠性、安全性更高。

(2) 高效可靠性。监控报警实现集中管理,虽然增加了日常工作的责任和重要性,但所有接入机构视频点均等同接受集中监控中心、分监控中心的集中统一调度指挥和备份,不仅便于对重要视频数据安全统一存储管理,为各类警情案件提供必要的录像资料备份作为法律依据,而且能及时处各种突发险情,不会因级别过多请示而影响处理各种突发事件的时机,更好地提高了安全防范的工作效率,同时省了更多的人力、物力和财力,集中精力管理好全辖视频点的安全防范工作。

(3) 性价比高。由于本系统具有强大的软硬件兼容性,只要根据联网监控的需求,配置必要的硬件和统一软件平台,即可无缝接入整个监控系统进行远程管理。在降低成本的同时,又实现了在原来功能基础上更多功能的扩展。

3. 系统拓扑图

本监控系统采用光纤传输方式建立专网,实现系统的联网,由省厅监狱管理局、各看守所监控中心和各大队本地监控中心组成。

4.8.5 系统设计

1. 系统组成部分

1) 视频监控子系统

网络视频监控系统将计算机技术、多媒体技术、网络技术与监控技术有机地结合起来。它能将监控系统和计算机网络系统连接起来，使两个相互独立的系统开始走向融合，在理念和方式上取得了较大突破。利用计算机网络技术，将封装成 IP 包的监控信息传送到网络上，与现有的信息管理系统融为一体，使网络中的每一台多媒体计算机上均可实现对监控信息的管理和调用，提高管理水平和管理效率。

本监控系统采用分布式系统架构，具有成熟可靠、画质清晰、流控分离和维护便捷等特点，通过全中文界面、智能化的管理平台将管理、控制、存储、流转发、解码等服务进行独立的模块设计，实现系统级业务均衡，各模块能更有效地完成自有功能，并提供了强大的网络 SDK 开发包，方便用户进行二次开发和系统融合。

其中管理模块可对系统中的设备进行集中管理，最大可管理 200 台 NVR，超过 1000 个视频通道，并负责用户的权限分配与登录验证，用户数量无限制。NVR 采用分布式存储，集中管理的模式，保证存储可靠性，录像数据也不因网络故障而丢失。控制中心客户端能实现远程图像预览、PTZ 控制、录像回放、参数配置、远程升级等功能。网传的实时预览、录像回放的图像质量均可达到 720P 画质，帧率 30fps。网传 PTZ 控制延时小于 300ms。

综上所述，本系统满足监狱各项监控需求，同时考虑未来发展需求，避免追求系统的超前性，以减少不必要的投资，以科技的手段降低监狱管理部门的工作强度，保证监狱安全，提高对罪犯的监督和改造效果。

各监控点通过视频线缆将视频图像传送到大队监控室的网络设备间，网络硬盘录像机通过专网将数据流上传至各看守所监控中心，各中队专网将数据流上传至省厅监狱管理局监控中心，整个系统以光纤传输方式建立专网。三级联网视频监控系统拓扑图如图 4-25 所示。

2) 报警控制子系统

报警子系统由探测器、传输系统、控制器和输出模块构成。报警控制器通过加载不同模块组成报警子系统；报警管理服务器通过网络线缆接入专用网络，与监控子系统的管理服务器进行交互；报警管理服务器将报警信息发送给管理服务器，管理服务器再将其转发给对应防区的监控中心，实现相应视频联动动作。

(1) 加载总线驱动器，总线上可挂接各式模块，由 4/8 防区扩展模块实现上百路防区；可挂接无线接收器以接收无线探测器的信号。模块提供常开和常闭两类接口供不同探测器接入。探测器可为红外对射、微波传感器、各式双鉴探测器等。总线采用优质非屏蔽非双绞护套线（RVV），主干线可采用 RVV 2×1.5mm 线缆，总线距离控制在 1.6km 以内。

第 4 章 监狱视频监控系统

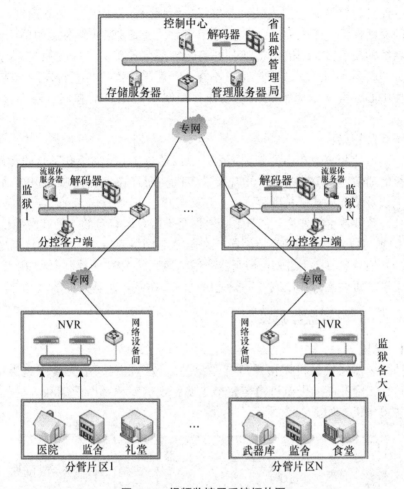

图 4-25 视频监控子系统拓扑图

（2）采用 LCD/LED 键盘对报警控制器进行本地或远程的布防、撤防操作。

（3）报警输出有两种方式：一是控制器直接与 8 路继电器输出板连接，以控制器防区报警作为输出条件，无需软件管理，该方式配置简单，实现功能也相对简单。二是控制器挂接 RS232 模块与 PC（管理软件）相连，32 路继电器输出板也挂接于 PC。联动输出由管理软件来设定和实现。该方式可提供更多的报警输出点和更复杂的功能。

3）出入口控制子系统

采用 TCP/IP 联网方式，门禁控制器和门禁管理服务器均通过网络线缆接入专用网络。优点是门禁控制器与管理服务器是通过局域网传递数据的，管理服务器位置可以随时变更，不需重新布线，很容易实现网络控制或异地控制，而且门禁控制器接入数量，与门禁管理服务器的信令交互速度，部署位置的灵活性都优于 RS485 方式。适用于大系统或安装位置分散的单位使用。这类系统的缺点是系统的通信部分的稳定需要依赖于局域网的稳定。门禁管理服务器将异常信息发送给管理服务器，管理服务器再将其转发给对应防区的监控中心，实现相应视频联动动作，如视频图像自动弹出、触发声音报警等。

子系统特点：

（1）通信距离。在小型局域网内，可以通过 HUB 的级联延长通信距离，每一级的通信距离达 100m，可以级联多级。而且在大型局域网可以通过光纤、无线等多种方式延长到很远，甚至数公里。

（2）负载数量。理论上，TCP 控制器是不限系统容量的，局域网能分配多少个 IP 就可以接多少台门禁控制器，这是 TCP 网络型门禁控制器的优点之一。

（3）通信速度。TCP/IP 控制器的通信速度是 RS485 控制器的 10 倍，甚至数十倍。每秒上传权限或者下载记录达一百多条，甚至数百条。

4.8.6 前端监控点设计

1. 监区

监舍内监控摄像机需覆盖所有罪犯的床位；走廊两端安装固定摄像机，并通过带云台控制的摄像机覆盖整个走廊；盥洗室内每个洗漱和淋浴位置都需安装摄像机。如图 4-26 所示。

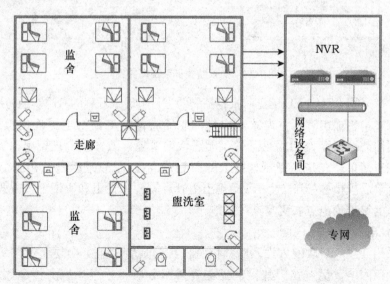

图 4-26　监区摄像机安装示意图

监舍内光线较差，可选用 130 万高清红外防暴半球网络摄像机，走廊和盥洗室内监控摄像摄像机选用 130 万高清日夜型超高解枪式网络摄像机或者高清半球网络摄像机。安装示意图如图 4-26 所示。

2. 食堂

根据监狱食堂内部建筑风格与各区域分布情况的不同，选取并安装符合需要的摄像机可使看守人员通过实时预览掌控食堂内就餐和其他区域人员活动情况。食堂安装如图 4-27 所示，选用 130 万高清日夜型超高解枪式网络摄像机或者高清半球网络摄像机，摄取固定场景，当室内照度受室外光线影响较大时建议采用自动光圈镜头，有利于摄像机清晰成像。选用 6 英寸室内高速球机可使看守人员环视食堂内部环境，在有突发事件时，通过远程控制球机完成调用预置点或启动巡航等操作。若有夜间长时间定时录像需求，可选用 130 万高清红外一体化网络摄像机。

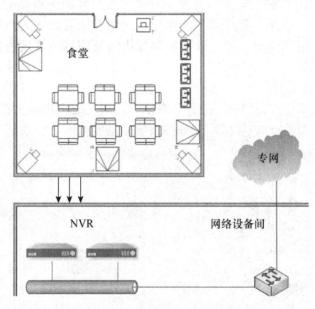

图 4-27 食堂摄像机安装示意图

3. 接见室

亲情会见是对罪犯教育改造的重要手段，加强对常规会见的管理是非常重要的。监狱视频监控系统全程监控会见情况并全程录像存储。会见室内需在每个探监位置安装固定摄像机，并以有云台控制的摄像机或球机视频覆盖整个会见室内部环境，会见室安装示意图如图 4-28 所示。

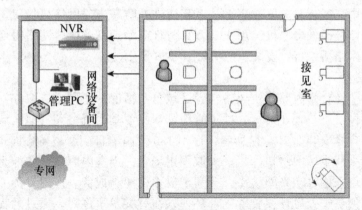

图 4-28 会见室摄像机安装示意图

监控摄像机选用 130 万高清红外防暴半球网络摄像机对应每个探监位置,当室内照度受室外光线影响较大时建议采用自动光圈镜头,有利于摄像机清晰成像。选用 6 英寸室内高速球机可使看守人员环视会见室内部环境,并在有突发事件时,通过远程控制球机完成调用预置点或启动巡航等操作。

4. 审讯室

安装固定摄像机分别摄取罪犯和审讯人员的图像,并通过带云台控制的摄像机或球机覆盖审讯室内部,审讯室安装示意图如图 4-29 所示。

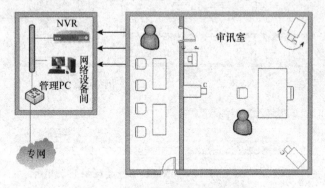

图 4-29 审讯室摄像机安装示意图

审讯室内监控摄像机选用 130 万高清红外防暴半球网络摄像机。

5. 禁闭室

在禁闭室内安装的带云台控制的摄像机,使值班民警通过预览和云台控制等操作查看禁闭室内的视频图像,了解被单独囚禁的罪犯的一举一动。禁闭室安装示意图如图 4-30 所示。

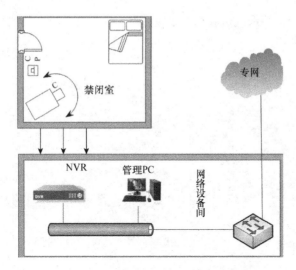

图 4-30 禁闭室摄像机安装示意图

监控摄像机选用 130 万高清红外防暴半球网络摄像机。

6. 礼堂

根据具体环境在礼堂四周安装固定摄像机和高速球机,用于摄取固定场景和对整个礼堂内的环境进行巡视。礼堂安装示意图如图 4-31 所示。

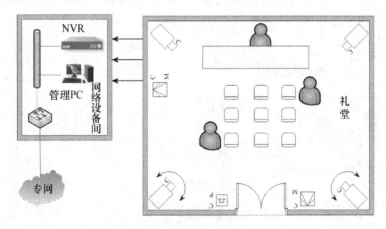

图 4-31 礼堂摄像机安装示意图

监控摄像机选用 130 万高清红外防暴半球网络摄像机和 6 英寸室内高速球机。

7. 周界

在监狱围墙内外周界安装视频监控,一旦有人试图靠近围墙,可通过监狱视频监控系统调出实时画面,这样可以有效地预防罪犯逃脱和内外勾结实施劫狱。

在监狱外安装高速球机,覆盖监狱围墙四周,实现无监控死角。各出入口安装固定摄像机，摄取人员和车辆出入情况。周界安装示意图如图 4-32 所示。

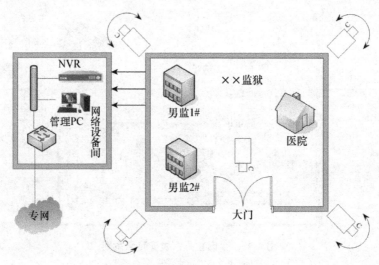

图 4-32　周界摄像机安装示意图

选用点阵式 130 万高清红外一体化网络摄像机和 6 英寸室外高速球机。

8. 武器库

安装多个固定摄像机摄取武器架和弹药柜的实时图像，通过室内球机覆盖武器库内整体环境。武器库安装示意图如图 4-33 所示。

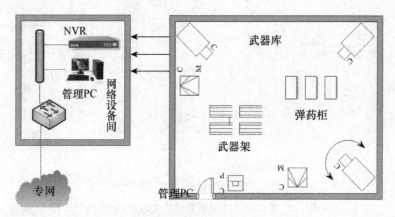

图 4-33　武器库摄像机安装示意图

武器库的监控摄像机选用 130 万高清红外防暴半球网络摄像机和 6 英寸室内高速球机。采用全天移动侦测和报警触发录像与定时录像结合的方式。当有人员全天在武器库内看守时，采取全天定时录像；当无人员看守或看守力度较小时，采取移动侦测和报警触发录像。

第4章 监狱视频监控系统

前端监控摄像机和存储设备 NVR，以非屏蔽双绞线接入网络设备间的交换机，组成本地局域网。前端采用高清 IP 摄像机采集现场视音频信号，通过本地网络传输至本地 NVR 进行本地存储。NVR 提供本地显示、控制功能，可以显示 IP 摄像机实时图像，控制 IP 摄像机云台镜头，接收报警信息，对 IP 摄像机进行参数配置。

总之，监区、食堂、会见室（规定探监日期）、审讯室（提审罪犯）、礼堂（对罪犯进行集中教育）和武器库（无人看守时）采用移动侦测和报警触发录像；NVR 可接入 4 路 720p 高清视频流输入，最大码流 5Mbps/每路，支持 VGA、HDMI 本地高清显示，分辨率高达 1280×1024（HDMI 输出为可选配置），支持 1/4 画面预览；720P 单路回放，硬盘最大可支持 4 个，完全满足录像保存 3 个月的要求。

禁闭室、周界和武器库（全天有人员看守时）采用全天定时录像；NVR 可接入 8 路 720p 高清视频流输入，最大码流 5Mbps/每路，支持 VGA、HDMI 本地高清显示，分辨率高达 1280×1024（HDMI 输出为可选配置），支持 1/8 画面预览；720P 单路回放，硬盘最大可支持 8 个，完全满足录像保存 3 个月的要求。

4.8.7 省局监控中心

由省厅监狱管理局监控中心的管理服务器、存储服务器和控制中心客户端，监狱监控中心的流媒体服务器和控制中心客户端组成省局管理平台。

如图 4-34 所示，监狱总控中心部署管理服务器，管辖监狱所有的监控设备和用户使用权限，完成权限上移，其下属监管人员不具有参数配置、硬盘管理等权限，仅具有预览和回放录像的权限。参数均在设备安装时设置完毕后，仅总控中心可修改。总控中心可按需要部署高清网络视频解码器，对视频流解码上墙显示；并可部署存储服务器，对显示在电视墙上的视频图像进行备份。

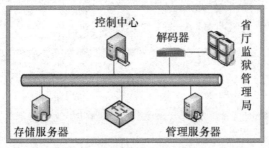

图 4-34 省厅监狱管理局监控中心示意图

管理服务器由服务器和管理软件组成，负责系统的集中权限管理，提供对前端设备的巡查和定期校时功能。服务器建议配置：CPU 主频 1.5GB 以上，内存 512MB 以上，可用硬盘 20GB 以上，操作系统 Win2K/XP。性能：

控制中心三级,可管理前端 IP 数量 200 个,即可添加 200 台 DVR。

存储服务器由服务器和存储管理软件组成,实现对监控录像数据的统一保存,同时内置 VOD 服务器,并提供录像数据的远程查询接口,实现录像数据的远程点播。服务器建议配置:CPU 主频 1.8GB 以上,内存 1GB 以上,操作系统 Win2K/XP,Access2003。

为了防止无关人员修改 NVR 参数导致录像丢失等事故,NVR 的配置权限上移至监狱总控中心。各分监区不再具有参数配置权限,只能实现日常监视监听、录像回放等功能。监狱总控中心配置管理服务器管辖监狱所有 NVR 和网络摄像机,由控制中心主机通过管理平台对监狱内所有网络摄像机和 NVR 进行统一参数配置、远程升级等。

4.8.8 系统工作流程

各监控点的监控摄像机将模拟视频流通过视频线缆传输到各大队监控室网络设备间的 DVR 上,DVR 通过专网将已经过编码压缩的视频流传输到看守所监控中心的流媒体服务器。流媒体服务器将视频流进行复制后,转发给本中心的解码器和控制中心客户端的同时也转发给省厅监狱管理局中心的存储服务器、控制中心客户端和解码器。

实现了由省厅监狱管理局的管理服务器分配权限,大队监控室和看守所监控中心可通过客户端软件实时浏览图像并上墙显示的功能。系统工作流程图如图 4-35 所示。

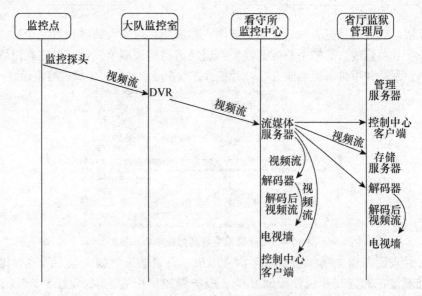

图 4-35 系统工作流程图

4.8.9 软件平台设计

1. 软件平台架构

视频安防监控系统软件基于C/S架构设计，对系统的功能模块进行抽象处理。

视频安防监控系统软件分为管理中心（Server Control）、监控中心（Control Center）和控制中心三部分。监控中心提供视频安放监控系统的功能服务，包含集中存储服务、电视墙服务和流媒体服务等。控制中心是一个用户进行监控交互的客户端软件。管理中心包含一个服务程序和一个数据库，对各监控中心服务模块、控制中心用户、前端设备（硬盘录像机、视频编码器）实施有效管理，管理数据记录在数据库中。软件结构示意图如图4-36所示。

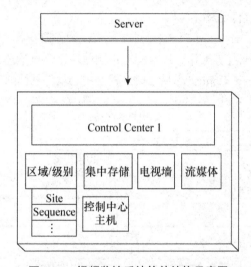

图4-36 视频监控系统软件结构示意图

视频监控系统软件支持分布式组网，可组建多个监控中心，监控中心之间可形成一个树形结构，最高级别的监控中心可以管理各个分监控中心，上级监控中心可以按权限实时监看下级监控中心管理的监控点。根据监控的具体情况，系统在中心控制室配置一个管理中心、一个监控中心和一个控制中心。

2. 管理中心软件结构

图4-37所示为管理中心模块示意图。其中，用户管理对每个控制中心的操作用户做添加、删除和配置等管理。用户管理分为管理员、超级用户和普通用户三个级别。控制中心管理负责对所有控制中心的添加、删除和配置。网络传输接收控制中心发送过来的验证请求，网络报文以及通过这个模块与各个控制中心保持联系。日志管理记录用户对管理中心的操作日志等。

服务器管理：对电视墙服务器、集中存储服务器、流媒体服务器等各类功能服务器的添加、删除和配置。设备管理：对所有前端设备（硬盘录像机、视频编码器等编码设备）的添加、删除和配置。数据库：读写用户以及控制中心等数据。

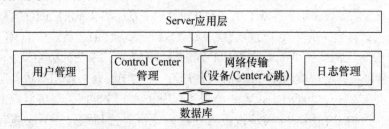

图 4-37　管理中心模块图

3. 控制中心软件结构

控制中心（Control Center）主要是在前端设置做直接操作交互，包括预览、录像、回放和远程配置等操作，以及配置控制区域、预览通道、日志管理以及电子地图，同时与 Server Control 保持心跳。控制中心软件结构图如图 4-38 所示。

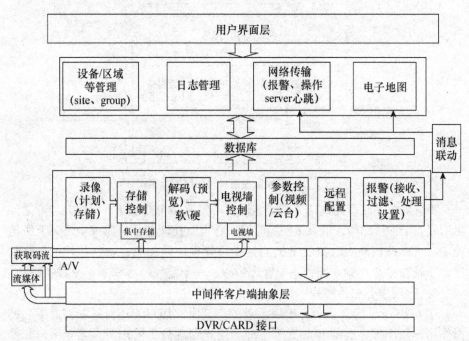

图 4-38　控制中心软件结构图

图 4-38 中，中间件客户端抽象层是中间件抽象出来的与视频编码设备交互的接口，应用层通过这一层控制设备。获取码流主要有两种模式：一种是直连，另一种是通过流媒体。录像应用实现管理的所有通道的录像计划，调

用集中存储中间件提供的接口,给存储服务器发命令,并控制集中存储服务器以及硬盘录像机的录像。

解码包括预览模块的软解码和硬解码两种模式,其中硬解码上电视墙调用电视墙抽象层封装的接口控制前端的电视墙服务器。参数控制设置预览的视频参数(亮度、对比度等)以及控制预览画面前端的云台(包括聚焦等)。远程配置调用客户端抽象层接口配置设备的所有参数(包括网络、通道、串口、报警和用户等)。报警在控制中心启动监听被动接收前端服务器上传的所有报警信息,并且在这个模块中将所有的报警信息做脉冲过滤处理。

消息联动对过滤过的报警信息建立联动关系,并且触发所有相关的联动动作启动。设备管理负责编码设备通道的添加、删除及配置的管理,包括各种组合的配置(组的画面分割、组中通道的添加等)。日志管理记录、查询控制中心所有的操作和报警日志。网络传输向上级控制中心或服务器发送报警、操作信息,并且上传该控制中心的运行情况。

4.8.10 平台系统

1. 功能概述

系统功能主要由功能服务模块来实现,主要包括系统管理、电视墙功能、录像功能、报警联动和流媒体服务。

2. 系统管理

1) 系统管理概述

系统管理由管理中心实现。管理中心是整个系统的核心,各监控中心必须得到管理中心的授权才可以接入系统,同时管理中心还对监控中心的各类服务器(电视墙服务器、存储服务器和流媒体服务器)、接入的前端编码设备(硬盘录像机、视频编码器)、控制中心的操作用户进行管理。图4-39为管理中心主界面。

图4-39 管理中心主界面

管理中心负责对设备的工作状态进行监控，在出现设备掉线或死机的情况下会发出报警并通知相关的监控中心进行处理；管理中心负责接收前端设备的各种报警信号（移动报警/遮蔽报警/IO报警/系统报警等），对这些报警进行过滤后，发送给相关的监控中心进行处理。

2）接入与状态管理

图4-40是监控中心各类服务器接入系统（系统登录）及保活（工作状态管理）流程图。

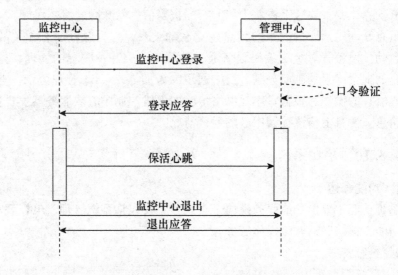

图4-40　监控中心登录及保活流程图

3）监控中心信息查询

图4-41是监控中心信息查询流程图。

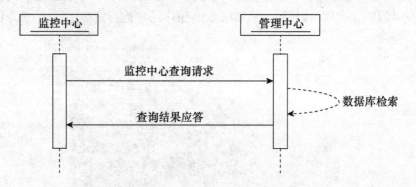

图4-41　监控中心信息查询流程图

查询信息主要包括操作、报警等日志信息，编码设备、摄像机等状态信息。

4）巡查及事故通知

对前端编码设备（硬盘录像机、视频编码器）进行巡查，若发现设备故障，管理中心进行事故通知，由监控中心对事故进行处理。图 4-42 是巡查及事故通知流程图。

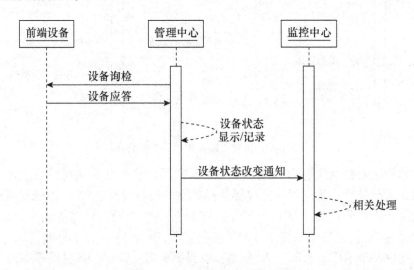

图 4-42 巡查及事故通知流程图

当监控中心收到事故通知时，如硬盘录像机故障，那么监控中心启动存储备份任务，及时将故障硬盘录像机的监控点图像热切换到视频编码器进行传输，集中存储服务器启动这些监控点的录像。如故障硬盘录像机修复，当管理中心获取其状态改变，即通知监控中心停止备份录像。

5）报警布防及报警通知

图 4-43 是报警布防及报警通知流程图。

报警源来自前端编码设备（视频编码器），管理中心负责对报警信息进行过滤处理，以减少操作人员的工作量，同时避免报警信息占用网络带宽资源、管理中心服务器系统资源。管理中心只负责接警，处警由监控中心完成。

3．电视墙功能

1）功能概述

电视墙功能由管理中心、视频解码器、视频解码服务器、控制中心共同完成，PTZ 控制可以由控制中心完成，也可以选择控制键盘完成。

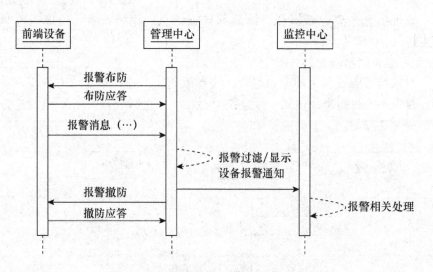

图 4-43 报警布防及报警通知流程图

本系统电视墙规模为 20 个 42 英寸监视器，鉴于电视墙规模较大，为便于值班人员进行有效监视，监视器选择单画面显示方式。20 个监视器通过自动轮巡的方式分别显示 350 个图像，18 次为一个周期。轮巡周期可以设置，如果设为 30s，则每个图像 9 分钟可巡到一次。

电视墙显示图像来源于 IP 前端和解码服务器。其中，预览图像来源于单路的嵌入式视频解码器，回放图像来源于两台 8 路的 PC 架构的解码服务器。所以，要进行正常工作，首先要启动相关解码器。管理中心添加解码器，控制中心从管理中心获取服务器列表，确认解码器启动后，控制中心就可通过网络对解码器发送配置、控制等命令。

在预览模式（显示实时图像）下，控制中心通过网络向解码器发送命令，控制某个解码通道到设备获取图像数据，并且显示指定的监控点实时图像；在回放模式（回放历史图像）下，控制中心将指定监控点的视频图像数据发送至解码器并显示图像。控制中心可发送命令，控制电视墙在视频图像上显示关联解码通道的序号，方便使用者灵活地进行手动切换控制。

2）启动解码器

控制中心将显示已添加的解码器及当前选中解码器的解码通道数。图 4-44 是启动解码器工作流程图。

3）显示实时图像

由控制中心进行实时图像的显示控制。图 4-45 是控制中心的主界面。

第 4 章 监狱视频监控系统

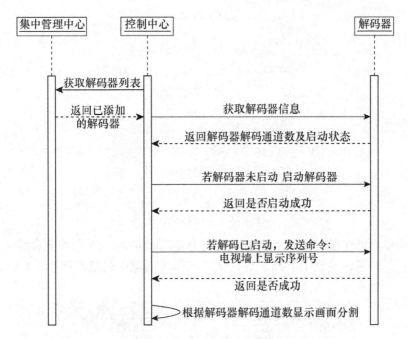

图 4-44 启动解码器工作流程图

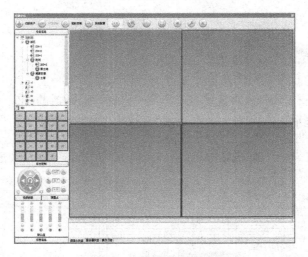

图 4-45 控制中心的主界面

在主界面上弹出解码服务器配置窗口,显示当前选中解码服务器的解码路数,如图 4-46 所示。通过拖动主界面树上的监控点、组、序列、组序列至电视墙界面的窗口,指定电视墙对应窗口显示的监控点实时图像及切换模式。

切换模式包括:拖动通道到电视墙的详细配置界面的通道中显示该通道图像。拖动组,播放组中配置的所有通道图像。拖动序列,实现序列中配置

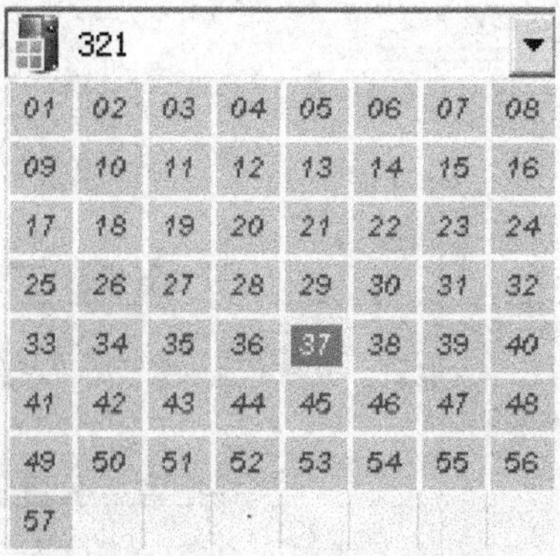

图 4-46 解码输出通道

的通道单画面轮循。拖动组列表，实现列表按照轮巡时间循环显示列表下的组。此外，通过控制中心或控制键盘可控制当前选中通道的前端云台。切换模式选择如图 4-47 所示。

组编号	组名称	切换间隔
01	G1	10（秒）
02	G2	11（秒）
03	G3	12（秒）

图 4-47 切换模式选择

4）视频编码器故障处理

当管理中心巡查到视频编码器故障，通知监控中心，监控中心将通过相应的 DVR（硬盘录像机）视频通道代替故障视频编码器的相应通道，从而不影响电视墙显示图像。图 4-48 是视频编码器故障处理流程。

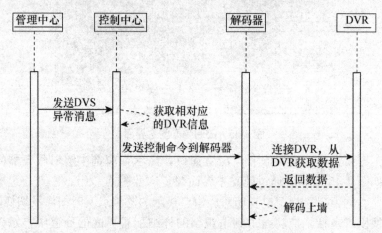

图 4-48 视频编码器故障处理流程

5) 回放历史图像

回放是控制中心模块对存储服务器或硬盘录像机上获取符合查询条件的视频数据进行播放，可以在计算机屏幕播放，也可以上电视墙。

在控制中心主界面中拖动历史图像至电视墙界面的某个窗口，若该窗口正在预览将停止预览，但不影响其他窗口的图像显示及切换。图 4-49 是回放历史图像的工作流程图。

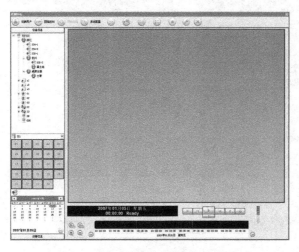

图 4-49　电视墙回放历史图像控制界面

4. 录像功能

1) 录像功能概述

采用各弱电间分散存储和中心控制室集中存储同时进行的备份录像模式。前端弱电间所有 NVR 采用 7×24 小时定时录像，录像资料保存周期为三个月（按 30 天/月计）；中心控制室的集中存储服务器进行报警联动录像、电视墙显示图像的录像（按 57 路计）、前端硬盘录像机故障时的备份录像。所有录像采用循环覆盖方式。

硬盘录像机的分散存储主要记录所有监控点的录像，中心控制室的集中存储主要记录报警等事件的录像，实际是通过网络实现录像的备份，且通过网络实现存储数据的回放功能。

在软件中有一个存储服务器模块，所有的数据都是通过网络发命令给存储服务器，服务器接收到命令，通过解析后由网络去视频编码器或者硬盘录像机上获取视频数据并进行存储。在存储的同时存储服务器会建立相关的索引文件，以及在数据库中保存相关的录像记录。图 4-50 是存储服务器模块软件框架图。

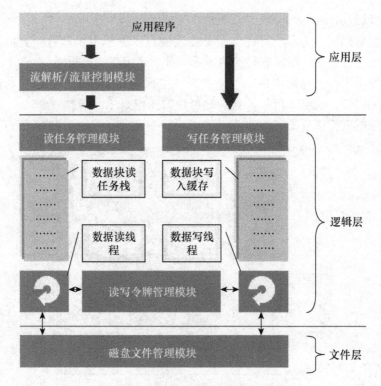

图 4-50　存储服务器模块软件框架图

存储服务器的基本功能包括：

（1）支持对磁盘分区进行分组，采用磁盘预分配技术对录像数据进行管理。

（2）支持对服务器的基本运行参数进行调整。

（3）支持以半小时为单位设置录像计划。

（4）提供完整录像计划管理界面。

（5）内建 VOD 服务器，支持录像数据的远程查询和点播功能。

（6）支持远程设置录像计划、启动服务器、停止服务器、实时启停录像等。

整个软件主要的存储功能包括计划录像、电视墙图像录像、报警联动录像、硬盘录像机故障时的热备份录像、回放历史图像。

2）计划录像

在控制中心上，可以设置对前端的任一通道做存储服务器上的计划录像，并且可以配置其录像计划。图 4-51 是录像计划配置界面。

启动了存储服务器后，服务器就会根据设置好的计划去前端的网络摄像机（IPC）获取实时码流，将码流存储到当前存储服务器上。

第 4 章 监狱视频监控系统

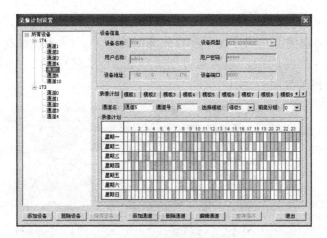

图 4-51 录像计划配置界面

3）电视墙图像录像

在控制中心切换图像时给配置好的存储服务器也发相应的开始对该监控点进行远程网络存储的命令，存储服务器则会去远程的视频编码器上获取实时码流做存储。图 4-52 是电视墙图像录像的工作流程。

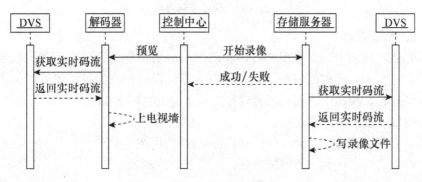

图 4-52 电视墙图像录像的工作流程

4）报警联动录像

当控制中心收到来自管理中心通知的报警时，控制中心就从前端视频编码器获取联动通道的实时码流，发送命令给存储服务器启动该通道的录像。

5）硬盘录像机故障时的热备份录像

当控制中心收到硬盘录像机故障等类似报警后，控制中心就开始查找其对应的视频编码器信息，并且立即发送命令给存储服务器要求存储服务器对相应视频编码器的通道图像做远程网络存储。

6）回放历史图像

控制中心可以根据时间检索条件自动去存储服务器或前端硬盘录像机上

获取历史图像进行回放,并且可以将图像数据推给解码器控制回放上电视墙。通过拖动主界面树上的监控点至回放界面的窗口来显示该监控点在指定时间内有录像文件的时间段,并可通过回放状态条来定位回放录像的时间。图4-53是回放控制界面。

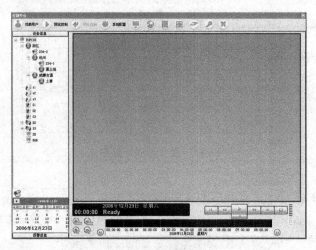

图 4-53　回放控制界面

5. 报警联动

在系统软件中,由管理中心接收前端所有的报警,管理中心在接收到报警后发送给相应的控制中心,在控制中心可以设置相应的报警需要做的报警联动的动作,控制中心收到报警后对报警做相应的联动处理。

可以联动的动作主要有:

(1) 弹出相关视频窗口,计算机屏幕或/与电视墙显示。

(2) 发出不同类型的报警声音。

(3) 电子地图相关热点闪烁。

(4) 控制前端 DVS 的报警输出状态。

(5) 触发录像。

思考题

1. 什么是监狱视频监控系统?由哪几部分组成?
2. 监狱视频监控系统的架构有几种?各有什么特点?
3. 监狱对视频资料保存时间有何规定?
4. 什么是集中式和分布式的视频存储方法?
5. 什么是视频智能分析技术?其关键技术是什么?
6. 目前,监狱可应用哪几种视频分析功能模块?

7. 简述视频监控系统与报警、门禁系统的联动功能。
8. 简述监狱智能视频报警联动系统的组成。
9. 比较监狱智能视频报警联动系统两个方案（模数结构与全数字结构）的异同点。
10. 简述监狱三级监控管理平台架构。
11. 简述监狱三级监控管理工作流程。
12. 监狱视频监控系统软件的组成是什么？
13. 简述监狱视频监控系统的管理中心的功能。
14. 什么是软解码和硬解码？
15. 简述视频编码器故障处理流程。
16. 画出视频系统电视墙图像录像的工作流程。

第 5 章 监狱无线定位系统

5.1 概 述

随着社会的发展和科技的进步，特别是信息技术的突飞猛进，为监狱工作提供了广阔的发展空间。监狱罪犯成分和犯罪类型日趋复杂，罪犯的报复性、隐蔽性、狡诈性和残忍性，导致他们稍有不慎就会铤而走险，伺机狭持人质、脱逃、自杀，给监狱安全带来极其不利的影响，监狱管理需要寻求新思路、新手段应对这种现状。特别是目前监狱警囚比偏低，警力普遍不够，如何管理与布控每个罪犯，是监狱需要思考的重要问题。监狱作为国家的刑罚执行机关，担负着维护社会安宁和稳定、预防和减少犯罪的重要职能，需要积极借鉴、吸收新的科技成果，运用现代科技手段来保证职能的履行。为了使监狱民警随时掌控每位罪犯的活动情况，让罪犯配带有源电子融合，进行实时跟踪，后台记录罪犯活动轨迹，这就是监狱无线定位系统的基本功能。

所谓监狱无线定位系统能实现监狱民警对罪犯、危险品和违禁品的精细化、智能化管理系统，采用"点对面"的布控模式，智能自动清点功能，以及对罪犯实时跟踪功能，也是物联网技术在监狱具体应用。系统特点能解决监狱警力不足，以及难以实现精细化管理的问题；应用科技手段提高工作效率，针对罪犯类型的不同，工具危险性的不同，可以实现分级分类管理方式，以无线信号覆盖监狱一定区域，实现"人、物、系统"三者的无线链接，能对重点罪犯和重点工具进行定位与跟踪管理，及时掌控重点管理对象的活动情况，因此，无线定位系统对保障监狱安全意义重大。

5.2 电子巡查系统

5.2.1 系统组成

电子巡查管理系统需要在巡查路线上安装一系列巡查点卡，巡查人员巡查到各点时用手持巡查机读卡,由此将自己巡查到该地点的时间记录到巡查机里。

巡查工作结束后,通过通信器把巡查机里的记录传给专用计算机软件进行处理,就可以得到对巡查情况(巡查的时间、地点、人物、事件)的考核结果,从而有效地防止了人员对巡查工作的逃避。电子巡查系统的组成包括巡查机、通信器、巡查点、巡查人员身份卡、巡查事件记录本(卡)、巡查管理专用软件。

5.2.2 配置说明

对电子巡查管理系统进行配置简单,一个监狱安装多个巡查点,具体安装在需要巡查人员留意的关键部位、点位和巡查路线,需要多张人员卡,数目与巡查人数一致,可以适当预备多配几张人员卡;需要数台巡查棒,根据预先规定多少条巡查路线和巡查班次的要求选取,要配一台通信座和一台用于管理的计算机,配置相关软件和电子地图即可。

电子巡查管理系统的配套要求仅为一套计算机,安装 Windows 操作系统,最好是 Winxp 系统;计算机的 CPU 主频最好在 2.6GHz 以上;内存至少 256MB 以上,一般应达到 512MB;硬盘在 80GB 以上,带光驱或带 Modem。

5.2.3 安装说明

电子巡查管理系统的施工非常简便,仅为安装巡查点。因为每个巡查点都是无源的,体积大小如药丸,能轻易地嵌入到冲击钻击打出的墙孔里,所以一般安装一套小区用的电子巡查管理系统只需要半天的时间,平均到每个巡查点的安装时间只有 5~10 分钟。

电子巡查管理系统的施工工具包括冲击电钻一台,8mm 钻头一个,膨胀螺丝及膨胀塑料胶管若干(安装标示牌),50m 或更长的电源线(用于附近拉电)。一般施工由一个人就可以完成。

系统软件设置:本系统需要在软件上将每个巡查点与其安装地点一一注册,在此基础上确定每条巡查路线的包含范围,以及巡查时间要求。对计算机稍微熟悉的人即可自行设置软件,对计算机不太了解的人可以在制造商技术人员的电话引导下于 20 分钟内完成软件设置工作。

5.2.4 系统结构

常见的电子巡查管理系统由数据记录、数据传输和数据处理这三个部分组成。三种电子巡查模式如图 5-1 所示。

第一种模式:在公共安全领域,一般采用中层那种模式,即离线式电子巡查系统，其采集信息在巡查棒上，信息钮记录地理信息，由通讯座将巡查棒上信息传递至电脑，系统自动生成考勤报表，统计小区安保人员巡查路线、点位和时间等，适用于近距离监控中心的管理。

第二种模式：即上层那种采用电话线传输方式，实现监控中心远程管理功能，可收集多个较远定点值班室信息，管理大范围、多点位安保人员的固定巡查工作，适用于安保人员值班室距离监控中心较远的场合。

第三种模式：即下层那种采用手机公网传输方式，实现监控中心无线远程管理，灵活性好，配置GSM或3G通信模块，可管理移动的安保人员巡查工作，适用于移动值班室的场合。

以上三种电子巡查模式区别是通讯座与电脑的传输方式，数据信息由电脑汇集后，经局域网传输，实现更大范围的管理与监控的目的。

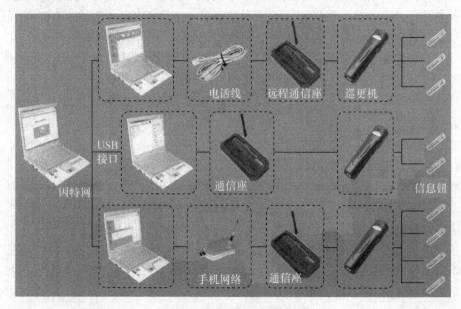

图5-1 常见巡查管理系统模式

5.2.5 巡查系统配置

1. 巡查管理软件

在监狱巡查管理需求中，一般只需要配置一套巡查管理软件，这套软件可以是单机版，也可以是网络版。蓝卡巡查管理软件具备良好的使用便利性与安全性。具体特点如下：

（1）软件达到智能化、人性化设计，实现了傻瓜化操作。自动完成巡查机通信、时钟校验、数据上传、数据下载、智能数据识别、计划核查、统计分析、异常处理等功能。稍懂计算机的人不用培训就可使用，从来没接触过计算机的人稍加培训也会使用。

（2）软件具备智能排班功能。巡查管理最麻烦的工作是排班。独创智能排班功能，自动识别周期和人员，而且只需一次排班便可长期使用，非常巧妙地解决了这一难题。而一般的巡查管理软件大部分没有排班功能，有的虽然有但无法核查，有的需要反复排班，使用起来非常烦琐。

（3）软件具备自动核查功能。软件自动对巡查数据进行处理，可以非常方便地查询排班计划的执行情况，如准时、早到、迟到、未巡、漏巡、顺序错误，有没有事件等；可以统计巡查次数、漏巡次数、顺序错次数、事件次数；还可以把数据输出给其他软件处理。

（4）软件具备灵活方便的发卡功能。巡查机和通信座可以兼作读卡机，不必手工输入长达 10 位卡号，也不用担心卡埋入墙内后忘了记卡号。

（5）软件具备数据高度安全。无论数据还是程序都严格加密，无法更改。巡查机上不需带电永久保存近 3 万条巡查记录，可以重新上传。

（6）软件免维护。能自动完成数据月备份、周备份和即时备份，自动清除过期数据。

（7）网络化软件可通过局域网、电话拨号进行数据传输，集中处理及查询巡查结果。适合大型的巡查管理需要。

（8）软件可连接远程通信座进行数据传输及管理远程巡查机。

（9）软件的信息传输安全。由于数据是通过专门软件实现传输，而非文件方式传输，不需要开放系统共享权限，信息安全性有保证，不会造成信息威胁，不会造成病毒传播。

（10）软件的数据可靠。数据在通信和存储中都进行加密和校验，无法更改，保证数据真实性。可靠的数据自动多重备份，其中有每日备份、每月备份，而且每天数据库都有导出备份，同时对巡查结果记录自动导出文件进行备份。

2．巡查棒

在一个项目里需要配多少台巡查棒，要根据这个项目的地理范围大小，使用频率高低，使用人员多少来决定。

电子巡查棒实物图如图 5-2 所示，其特性如下：

（1）能够承受 6m 高度的自由落体摔击。

（2）能够承受长时间的水中浸泡而不进水。

（3）能够抵御 100 万伏的警棒电击。

（4）能够在 $-40℃\sim70℃$ 的大温度范围内工作。

（5）具有防爆安全性，能在石化和煤矿行业中可能发生爆炸的环境下使用。

图 5-2　巡查棒实物

（6）能够在靠近巡查点的时候自动采集数据。

（7）能够滚动反复存储 3 万多条巡查记录。

（8）能够在通信的时候自动响应通信座呼叫传出数据。

（9）能够靠一节数码相机通用电池（电池通用型号 CR123A）在每天读卡 200 次的频率下使用 2 年，且支持使用者用普通的尖嘴钳自行更换电池，避免返厂更换电池带来的使用中断。

（10）冲击记录功能。受到撞击的时候发出一声鸣叫，闪光一次，并产生电子记录。"冲击"电子记录随正常巡查记录一起上传到软件上，让不当使用行为不容否认。冲击记录图如图 5-3 所示。

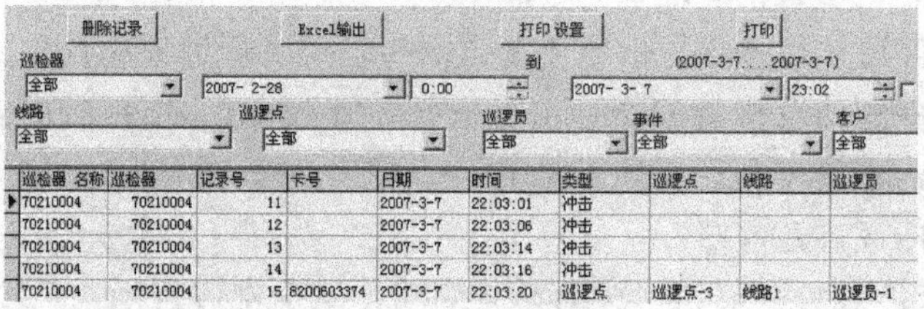

图 5-3　巡查棒冲击记录图

冲击电子记录真实反映巡查棒被摔的时间和次数，直观有效地说明了巡查棒损坏的原因，能使用户爱护使用巡查棒。利用冲击电子记录，可以免除厂家、工程商、使用者之间有关巡查棒损坏原因的争议。

3. 通信器

通信器 USB 接口的专用通信器，连接计算机与巡查机。与巡查机无线通信，传输数据及指令。通信器主要的性能介绍如下：

（1）提供无线传输方式，让巡查棒设计达到完全无接口，防止破坏。

（2）无须外部供电，采集数据时不消耗巡查棒内的储电。

（3）4 个 LED 指示灯，有助于识别数据传输状态。

（4）全塑压制，可靠性高，外型高档。

(5)高通信速度,每秒可传30条记录。

4. 巡查点卡

推荐使用管状卡(特制),该卡形如小胶囊,直径约为6.5mm,长27mm,感应距离为45~55mm左右。完全防水,可以轻松钻孔埋入墙内或其他物体内(离开金属物体1cm以上),以防破坏。墙外安装标识牌贴、发光标签或其他发光标识,便于夜晚使用。或者使用圆片状的卡。

圆片状形如小纽扣,直径从22mm到40mm不等,其中40mm的圆片卡中间带螺丝孔,便于用膨胀螺丝安装在墙体表面。圆片卡,完全防水,可以粘在墙上,也可以埋入墙内或其他物体内(需要离开金属物体1mm以上,以避免干扰),以防破坏。外部安装标识牌、贴发光标签或其他发光标识,便于夜晚使用。墙外标识牌实物图如图5-4所示。

图5-4 墙外标识牌

5. 其他配件(如人员卡、事件本)

建议配置人员卡,便于将巡查记录归属到人,型号BLC-35。推荐使用EMID异形卡(配钥匙环),外型美观,携带方便。使用人员卡可以借此实现多人共用一台巡查机,最主要的是把巡查记录归属到具体的人。

5.3 在线式巡查系统

5.3.1 概述

监狱单位有专门负责巡查的人员,巡查工作作为这类工作人员的主要工作,却一直难以考勤和管理。监狱管理部门希望能有适当的管理工具帮助真实方便地记录巡查工作,并支持巡查数据的电子化存储、汇总、处理、查询。由于监狱内部多个级别及多个方面的管理部门需要了解巡查工作的具体情况,因此该管理工具应该支持多方对数据进行方便的查询。

为了加强监狱监区各监房、厂房、公共活动区域的监管巡查工作，以及对民警值班工作的管理，设计值班民警巡查方案。民警巡查管理系统用于对民警巡查进行有效的签到管理。通过本系统促使民警加强对监区的管理规定，以及对各楼层进行定时的巡查，以便发现隐患并及时解决。这种巡查方式能加强值班民警监管工作，对值班人员的巡查工作进行有效的监督和管理。

随着监狱管理要求更加严格，巡查工作暴露出许多问题，如传统巡查管理模式问题、管理工作难以整合、管理流程效率低。为解决上述问题，应该建立整个监狱巡查的中心对整个监狱巡查系统实施集中监控、报警调度。

在民警巡查过程中发现有特殊情况，巡查人员按下报警按键，可以立刻进行报警操作，监狱管理人员可以迅速作出必要的反应。系统可以把每一时刻民警的具体位置反映到指挥中心或者控制室，结合电子地图显示，可以形象地体现民警巡查情况。

监狱在线巡查系统可以有效地解决安全死角问题。民警必须按照规定的巡查计划和路线按时按量完成，巡查情况实时的显示在管理中心的服务器中，巡查数据实时更新，保证巡查工作质量，从而加强民警巡查力度，使监狱安全工作在很大程度上得到加强。

5.3.2 系统设计

1. 设计目标

定位追踪管理系统可以对民警的巡查工作起到督促作用。民警必须到达指定区域进行定时、定点巡查，具体的巡查信息将直观显示，检查人员可以随时查看。使用新一代监狱管理的在线巡查人员定位追踪管理系统，可以使巡查人员的安全系数大幅度增加。

在监狱中，罪犯越狱时往往会胁持民警，开门逃跑。为了解决这个安全隐患，面向监狱管理的新一代在线巡查及人员物品定位追踪管理系统设计了"报警按键"功能。民警在遭到挟持时按动随身携带射频卡的报警按钮，值班民警准确判断警情，并及时出警。民警在遭受挟持的过程中，没有机会按动报警按钮，当民警在某一个位置停留超过所设定的时间后，巡查系统会自动启动报警系统，为保证民警生命争取时间。

由于此读卡器属于远距离全向读卡，因此巡查民警可以不必居于一点巡查，到达巡查附近5~10m内即可读卡，罪犯就不能依靠巡查点摸索出民警的巡查规律，不给罪犯有机可乘，从而保证了民警的安全。

2. 系统实现

基于 RFID 射频识别技术，系统自动对远距离移动目标进行非接触式信息采集处理，实现对人员或物品在不同状态（移动、静止）下的自动识别，从而实现目标的自动化管理。

2.4G 有源射频卡发射功率极低，且射频卡抗干扰能力较高，在环境恶劣的情况下，仍可以正常使用。2.4G 射频卡感应方向变化不明显，角度关系几乎不受影响，具体实际安装方便。

5.3.3 系统功能

在线巡查管理系统的基本功能如下：

（1）结合射频智能标签管理系统，使定位管理实时、有序、规范、智能。射频卡具有高保密度、防水、防磁、防静电、一卡多用等特点。

（2）远距离自动读卡，操作方便，工作效率高。

（3）读卡器可实现特定区域内联网，并可在半球形范围内（距离可调）对进入读卡范围的人员进行识别并确认人员身份。建议在识别区域布满读卡器，这样当人员在任何一个地方活动都可以被读卡器读到，通过读卡器的安装位置得出人员所在的活动位置。

（4）读卡器实时传输接收到的卡号（采用唯一性的识别编码），发送至上位机，从而实现上位机与读卡器共同定位及人员行动轨迹，实现完全智能化管理。

（5）良好的安全性、抗干扰性和可靠性。

（6）权限管理保证系统的安全。

5.3.4 系统特性

在线巡查管理系统的目标是构建一套可靠性高、功能完备、操作直观简便、能满足不同级别的用户需求，具有良好的、可扩展性的在线巡查管理平台。系统具有以下特性：

（1）高效性。

远距离读卡器实时在线巡查管理系统，主要采用 2.4G 射频识别技术，识别有效距离可调，抗干扰能力强、防伪性能好。配备射频卡的人员拥有一个具有唯一且不能被更改的序列号的 ID 卡，使用时无机械接触动作，自动读卡，射频卡可以在短时间内被系统确认，方便使用。

（2）数据处理可靠。

采用了计算机控制和数据处理技术，自动化程度高，控制准确。

（3）模块化设计。

可根据用户的不同要求组织不同系统配置，方便灵活。管理系统硬件和软件都由若干功能模式块组成,这样可以根据用户的不同要求灵活地组成不同的系统。

(4) 抗干扰性。

射频卡内有电池,为卡内集成电路正常工作和发射提供足够的能量,卡的功耗非常低,每张射频卡的有效寿命为 1 年左右。

5.3.5 系统组成

系统组成包括软件和硬件两部分。在线巡查管理系统软件、数据库支撑平台、电子地图平台等。硬件包括以下几部分:

(1) 服务器平台:处理系统传来的数据;
(2) 客户端平台:提供丰富的图形操作界面;
(3) 读卡器:定位采集身份识别电子标签信息;
(4) 身份识别电子标签:巡查人员携带。

1. 系统拓扑图

在线巡查系统拓扑图如图 5-5 所示。

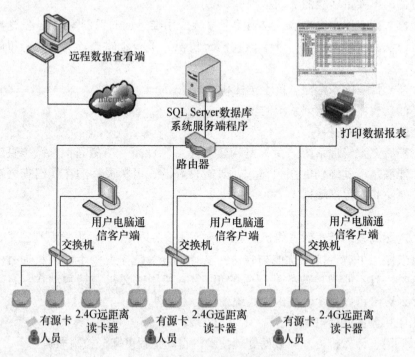

图 5-5 在线巡查系统拓扑图

2. 工作原理

按间隔区域设置不同地点的读卡器,人员在读卡器区域内活动的时候,把代表该人员信息的"卡号"记录下来。实时通过通信模块把数据传给计算机软件处理,就可以对信息情况(地点、时间等)进行实时记录。当带有智能卡的巡查人员进入读卡区域内部时,读卡器读取卡上的信息并通过 TCP/IP 网络协议上传给上位机,并验证该卡的合法性。对于合法卡,读卡器记录卡号,并实时发送至控制上位机,实现人员的实时定位。

3. 室外监控拓扑结构

在娱乐区,运动场,工人通道,办公楼区域各安装远距离读卡器,人员进入定位区域都可以在后台体现,对所有人员进出的信息(个人信息、数量、出入时间),系统会自动记录并在电子地图上实时显示人员位置。室外监控拓扑图如图 5-6 所示。

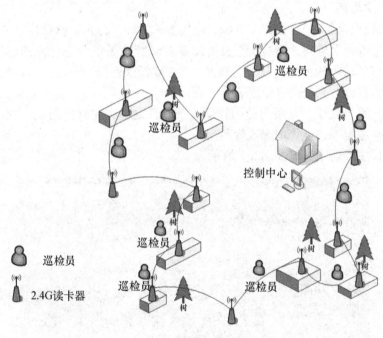

图 5-6 室外监控拓扑图

5.3.6 系统软件

1. 简介

在线巡查管理系统是一套面向人员安全的管理软件,实现对人员的档案信息、工作线路的记录及安全/报警的管理与查询。软件包括部门、人员的管理、区域及读卡器设备的设置，卡的管理，人员行进路线的跟踪，人员报警及人员当前所有位置的存储及查询等。

2. 运行环境

在线巡查管理系统运行的软硬件环境配置如表 5-1 所示。

表 5-1 系统运行软硬件环境配置

硬件环境	
最低配置	推荐配置
主频 1.5GHz 以上，内存 256MB 以上，硬盘 40GHz 以上，带光驱，至少一个 USB 接口	主频 2GHz 以上，内存 512MB 以上，硬盘 80GB 以上，带光驱，至少三个 USB 接口
软件环境	
操作系统	Win2000、WinXP，或更高版本的 Windows 系统
数据库	Microsoft SQL Server 2000

3. 主界面

登录软件后，打开软件主界面，可以操作软件进行相应设置等操作了。

（1）操作员管理。系统管理员对需要登录管理系统并进行操作的工作人员所拥有的权限的设定。只有管理员组的管理员可以对所有人进行修改，其他用户只能修改自身的登录密码。

（2）系统设置。在用户使用管理系统软件之前，对软件的显示内容进行设置和对数据库的连接情况进行测试。

软件主界面示意图如图 5-7 所示。

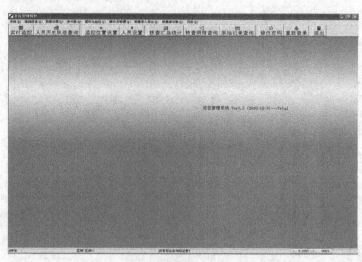

图 5-7 主界面示意图

4. 监控位置

在文件菜单中可以更换当前底图,在左侧呼叫到的读卡器中双击其中的一个,出现设置的页面,监控点就显示在图中左上角的位置,可以通过鼠标拖曳点的位置。在添加完成一个监控点之后,可以清楚地看到左侧的列表中少了刚刚设置的读卡器名称,而在右侧的列表中显示出了设置好的读卡器监控点。监控位置设置如图 5-8 所示。

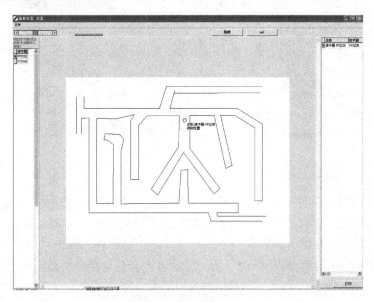

图 5-8 监控位置设置

在界面内某读卡器点上单击右键,也可以选中当前读卡器,进行修改及删除的操作。在界面上选择一个读卡器进行拖动,可以修改上面监控点的位置。

5. 卡管理

在卡管理的页面中显示出来的都是通过读卡器读取的记录中所有的卡号和当前的状态。在这里可以对卡进行挂失、解挂、更改为新卡的操作。卡管理界面如图 5-9 所示。

6. 通信设置

可以选择硬件设置与 PC 的连接方式,本软件采用的是默认方式 TCP/IP。

通信模块开启后会自动进行硬件连接 PC 的操作。当硬件连接成功后开始读卡。界面退出后将会停止上传记录的操作,记录会暂时存在于硬件设备中保存。

7. 图形化监控

包括实时监控、实时列表、巡查员历史轨迹查询、原始记录查询等功能模块。

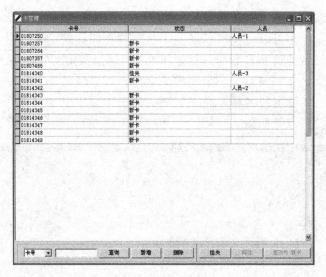

图 5-9 卡管理界面

8. 实时监控

在所有基本设置已经设置完成后，可以进行通信及监控功能的使用。

当前时间如果有人员卡被某读卡器读到，则会显示在实时监控的界面上；如果有报警，则在读卡器边有一个报警图标闪烁报警。双击某一读卡器，可以看到当前读卡器范围内的所有人员列表。实时监控操作界面如图 5-10 所示。

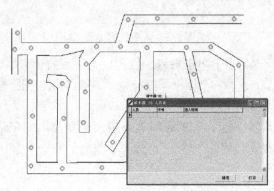

图 5-10 实时监控操作界面

9. 历史轨迹

选择一个时间段、某一巡查员，可以按一定速率回放该人员在这段时间内的巡查轨迹。回放的速率及轨迹显示的颜色都可以由用户进行设定。

根据人员、读卡器、级别、工种、区域类别及报警类型等条件，可以进行查询、打印、排序和删除等操作。

传统方式与电子方式的比较如表 5-2 所示。

表 5-2 传统方式与电子方式的比较

功能＼传统方式	人工管理	传统呼叫系统	视频监控	人员定位管理方案
人员管理	工作量大	无	无	数字化管理
人员查找	过程长	无	过程长，有死角	及时、方便
防走失	人工识别有差错	无	人工监控，有差错，劳动强度大	智能判断，准确可靠
夜间查房	劳动强度大，时效性不高	无	无	成员离床系统自动智能提醒，可配合各种传感器对特定成员进行生命体征无线监控
突发事件	发现慢	全靠有行为能力的成员手动告警，不适用无行为能力人群	人工监控，发现慢，有死角	覆盖面大，全面检测突发状况，发现快，响应快

综上所述，定位管理系统无论是在真实性、可靠性，还是在传送的安全性与便捷性方面均是前两者所无法比拟的。在历史数据的处理与分析上定位管理系统的优点尤为突出，定位管理系统软件中可以实现运动轨迹查询显示，使历史数据与计划数据进行比较，可以自动生成各种功能报表，使管理者一目了然地清楚人员的位置。

5.4 室内无线定位技术

5.4.1 简述

所谓无线定位技术，是指利用无线电波信号确定移动设备在某一参考坐标系中的位置。主要有室内无线定位技术和室外无线定位技术两大类。室内无线定位技术主要有红外线、超声波、蓝牙、射频识别、超宽带、ZigBee 和无线局域网等定位技术。室外无线定位技术主要有 GPS 卫星定位系统，GSM 和 3G 手机定位系统，以及 4G 手机定位系统。

（1）基于临近关系的定位。根据待定位物体与一个或多个已知位置的临近关系来定位。这种定位方法通常需要标识系统的辅助，以唯一的标识来确定已知的各个位置。

（2）基于场景分析的定位。对定位的特定环境进行抽象和形式化，用一些具体的、量化的参数描述定位环境中的各个位置，并用一个数据库将这些信息集成在一起。基于场景分析的定位技术可以细分为两种：基于经验模型（Empirical Model）的场景分析定位技术和基于确定模型（Deterministic Model）的场景分析定位技术。

（3）基于信号强度（RSS）的定位。这是最常用的基于场景分析的定位方式。RSS 技术利用了信号的衰减规律，即接收端离信号源越近，收到的信号强度越强；反之，信号越弱。

（4）基于三角关系的定位。基于信号到达时间（TOA）；基于信号到达时间差（TDOA）；基于信号到达角度（AOA）。

5.4.2 Wi-Fi 技术

Wi-Fi 俗称无线宽带，其实就是 IEEE 802.11b 的别称，是由一个名为"无线以太网相容联盟（Wireless Ethernet Compatibility Alliance，WECA）"的组织所发布的业界术语，中文译为"无线相容认证"。它是一种短程无线传输技术，能够在数百英尺范围内支持因特网接入的无线电信号，因此是一种十分重要的 WLAN 技术。

WiFi 有很多优点：一是无线电波的覆盖范围广；二是传输速度非常快，可以达到 54Mbps；三是布线简单，成本低廉。因此，用 WiFi 实现定位是 WLAN 中定位技术的重要组成部分。

基于无线网络 WiFi 的实时定位系统（RTLS）是业界最精确、最简便可行、最具成本效益的实时定位系统，它也是一种基于信号强度的定位系统。

5.4.3 雷达（Radar）定位系统

Radar 是微软雷德蒙研究院于 2000 年提出的基于射频的室内定位跟踪系统，目的是补足射频无线局域网数据网络的定位能力和跟踪能力。系统是使用移动设备接收到的射频信号强度来进行定位。并用了经验信号强度测量值和电波传播模型两种方法对用户进行定位，即传播模型法和位置指纹法。

（1）传播模型法。利用无线电信号传播的数学模型把在用户端测得的信号强度转化为距离，由此估计用户的位置，这种定位方法即为传播模型法。该种方法利用室内信号的传播衰减规律，通过传播模型将实测得到的接收信号强度转换为距离，然后结合一定数量位置已知的 AP（信息接入点）利用三角测量原理完成定位。

（2）位置指纹法。位置指纹（Location Fingerprint）是指特定的位置与某个可测物理量之间的特殊关系。位置指纹法工作在两个阶段：离线采样阶段和在线定位阶段。在离线阶段，采集环境内各个测试点的信号强度，建立信号强度指纹分布图。在线阶段是利用离线阶段建立的信号强度分布图,根据实时在线阶段采集的各个 AP 的信号强度估计移动设备的位置。具体表述如下:

● 离线采样。就是在需定位区域内的若干个测量点位置进行接收信号强度测量,连同这些测量点的位置信息一同保存到数据库,即得到位置指纹。

● 在线定位。就是将实时测量的信号强度信息与位置指纹数据库中的信息进行比较,采取匹配算法将信号强度最接近点的位置作为估计位置。当位置指纹数据库建立完成后,RADAR 系统在进行实时室内定位过程中,首先待定位节点对周围 AP 的 RSSI 进行采集,形成一组 AP 的 RSSI 观测值,然后通过在位置指纹数据库中进行搜索匹配,搜索匹配采用信号空间最近距离邻居法(NNSS),即信号空间中欧几里德距离,并取差异值最小的位置指纹的位置作为估计的位置。

5.4.4 其他 WLAN 定位技术

● Horus:玛丽兰大学正在研究中的一个基于 WLAN 的定位系统。同样采用 RSS 作为构成信号空间的基本元素,Horus 在信号空间的建立中引入了概率模型。Horus 系统在预先选定的参考点上采集并记录下 AP 的 RSS 数值。但 Horus 不对全部采样值进行平均或者中位数处理,而是形成每个 AP 的 RSS 值在该点上的直方分布图,并将直方分布数据存储在 Radio Map 射频指纹库中。Horus 还特别提出了一种对信号图的位置集进行分簇的方法,对整个信号空间进行分簇,并在有效的簇中进行搜索,从而实现快速定位计算。

● Nibble:Nibble 是加利福尼亚大学洛杉矶分校(UCLA)提出的一个 WLAN 定位系统,它和 RADAR、Horus 的显著区别是采用信噪比作为信号空间的样本,而不是采用 RSS。

● Weyes:Weyes 是由北京航空航天大学研究的基于无线局域网的定位系统,采用 RSS 作为信号空间的基本采样值。Weyes 的信号分布图采用差值模型对 RSS 预先进行处理,形成 RSS 差值,然后在 RadioMap 中保存差值模型处理后的 RSS 差值序列作为信号空间的参照量。

5.4.5 室内定位技术

● 红外线定位。在待定位的物体上附上标识,标识使用红外线发射机定期发送自身唯一的 ID 识别码,同时在室内定位区域的每一个房间里固定放置红外线接收机,用于提取红外信号携带的数据,并通过有线网络上报给控制中心数据库。由于墙壁对红外线的屏蔽作用,确保接收机只能接收到同一房间中的标识信号,从而实现对物体的准确定位。

● 超宽带（UWB）定位技术。超宽带通信系统利用持续时间为纳秒或亚纳秒级的窄脉冲作为载体进行数据传输，使得信号可以占有数 GH 的带宽，超宽带通信信道容量大、穿透能力强、辐射功率谱密度低、对信道衰落不敏感、抗多径干扰和电磁干扰能力强等。特别适合应用于室内环境下的高速通信，精确定位与跟踪。常采用基于 TOA、TDOA 的定位方法实现定位。

● 射频识别（RFID）技术。RFID 系统包括 Reader、Tag、主机（host）及数据库。当系统要进行物体辨识工作时，主机通过有线或无线方式下达控制命令给 Reader，Reader 接收到控制命令后，其内部的控制器会通过 RF 收发器发送出某一频率的无线电波能量，当 Tag 内的天线感应到无线电波能量时会传回一系列的辨识资料给 Reader，最后传回主机进行物件的辨识与管理。

● ZigBee 技术。ZigBee 是一种新兴的短距离、低速率无线网络技术，它介于射频识别和蓝牙之间，也可以用于室内定位。它有自己的无线电标准，在数千个微小的传感器之间相互协调通信以实现定位。这些传感器只需要很少的能量，以接力的方式通过无线电波将数据从一个传感器传到另一个传感器，所以它们的通信效率非常高。ZigBee 最显著的技术特点是它的低功耗和低成本。

● Wi-Fi 技术。无线局域网络（WLAN）是一种全新的信息获取平台，可以在广泛的应用领域内实现复杂的大范围定位、监测和追踪任务，而网络节点自身定位是大多数应用的基础和前提。当前比较流行的 Wi-Fi 定位是无线局域网络系列标准之 IEEE802.11 的一种定位解决方案。

● CSS 定位技术。Nanotron 公司推出 2.4GHz ISM 频段的射频收发器模块及 NA5TR1（NanoLoc）芯片，该产品为具有远距离定位能力的低功耗、高精度无线射频器件，定位精度达 1～3 米（95% 数据精度在 2 米以内），点对点测距最远支持 1 公里以上（需要加功放）；适用于智能物流（RTLS 实时物流供应/有源 RFID）、工业监测和控制，智慧医疗和监管人员定位网络。

nanoLOC 采用了该公司的宽带线性调频扩频（CSS）全球专利技术，由于采用 Chirp 信号的自相关性提取信号，CSS 系统具有较好的抗多径衰落和多普勒频移的能力，可灵活地提供 31.25Kbps-2Mbps 范围的数据传输率，其片上点对点测距精度优于 1 至 2 米，同时提供具有极佳传输范围的可靠数据通信，以及较好的安全性。

除以上无线定位技术外，还有基于计算机视觉、光跟踪定位、基于图像分析、磁场以及信标定位等；还有基于图像分析的定位技术、信标定位、三角定位等。目前，很多技术还处于研究与试验阶段，如基于磁场压力感应进行定位的技术。

5.5 监狱人员无线定位系统

监狱人员定位系统是一种无线定位技术应用系统,它将监狱民警、罪犯以及外来人员的位置信息映射到电子地图上,从而通过人员的实时位置信息、历史移动轨迹对相关人员进行定位管理的信息化系统。系统可以通过射频识别技术对监狱内的罪犯、民警、外来人员进行自动身份辨认,能够定位到特定区域,也能够定位到建筑物,并进行有效的报警管理;同时一切人员活动信息自动记载到计算机数据库,并在计算机终端上实时显现;也可以实现特定区域人数的自动清点与识别功能,形成"点对面"的管理模式。

监狱人员定位系统一般由识别、接入、传输和管理 4 个部分组成,包括射频标签(电子腕带、卡片)、精确定位器、射频信号接收基站、手持式射频信号接收基站、RFID 通信网关、管理平台软件等。定位系统架构图如图 5-11 所示。

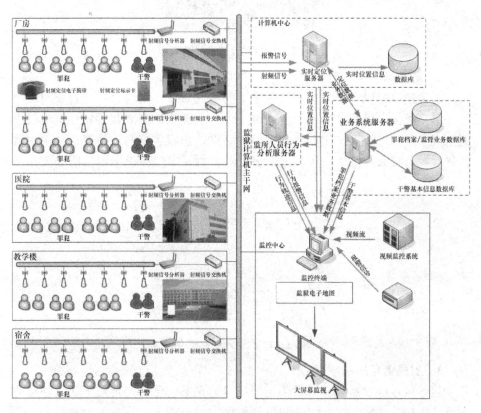

图 5-11 定位系统架构图

5.5.1 系统组成

1. 射频电子腕带

射频定位电子腕带是佩戴在罪犯手腕上的无线射频发射装置，通过定时发出唯一编号来标识罪犯个体。此外，电子腕带还发送无线射频信号用来分析电子腕带所在的位置，报告腕带的状态，例如电池状态、是否被拆卸状态等。电子腕带实物图如图 5-12 所示。

图 5-12　射频定位电子腕带

2. 射频标识卡

射频定位标识卡是佩戴在民警身上的无线射频发射装置，通过定时发出唯一编号来标识民警个体。除此之外，卡片上提供隐蔽式报警按钮，当民警碰到突发事件时按下按钮，移动报警卡会发送出报警信号。报警信号由射频信号接收器接收并传送到实时定位服务器。射频定位标识卡实物图如图 5-13 所示。

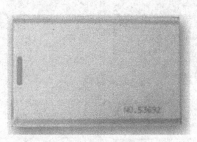

图 5-13　射频定位标识卡

3. 射频信号接收器（AP）

射频信号接收器实现对射频定位信号的采集、分析与传送。该设备接收射频定位标签（射频定位电子腕带和射频定位标识卡）发出的定位信号，验证信号来源，自动进行分析，并将分析结果通过网络送出以进行标签位置计算。

设备采用专用嵌入式计算和通信芯片,具备强大的信号分析和网络通信能力。其特有的大容量设计,保证在高密度人员环境中对大量信号的实时接收、计算和转发。射频信号接收器实物图如图 5-14 所示。

图 5-14 射频信号接收器

4. 实时定位服务器

实时定位服务器是安装在监狱中心机房的高性能计算机,通过接收来自信息网络的射频定位信号和报警信号数据包对数据包进行整理,根据数据包内容采用特定算法计算出每个射频定位标签的实时位置,并将报警信号立即发送给监控终端。实时定位服务器还提供实时位置存储、回放、行为分析和预警、报警,与罪犯、民警信息管理系统的接口等功能。

5. 人员行为分析器

监狱人员行为分析服务器是安装在监狱中心机房的高性能计算机,通过对监狱人员长期行为进行对比分析,形成特定参数与模型;针对监狱人员的一些违规、危险行为,或者反映特定心理特征的行为进行实时监测;如狱内罪犯非法聚众、结伙、自杀等行为或者民警违规监管行为时,及时向监控中心发出预警或报警,以达到预防和及时处置监狱内重大事故发生的目的,从而保障监狱的安全稳定。

6. 电子地图

监狱电子地图能够接收来自实时定位服务器的实时位置、报警等各类信息,并在电子地图上实时显示每个民警和罪犯的实时位置和运动轨迹,并用声音、图像的方式向民警显示各类预警、报警信息。监狱电子地图还提供与视频监控、固定报警系统的接口,以实现视频、报警联动的功能。民警可以在仿真平台上进行场景漫游、切换、人员选择、轨迹回放、人员检索、信息调阅、报警处置等管理、监控和应急处置功能。

5.5.2 主要功能

1. 自动点名

根据监管业务的需要和实际场所环境,将整个监管场所划分成不同区域,根据对罪犯在进出某个区域内的位置,统计实现罪犯点名的自动化管理。比如,罪犯进出厂区、教学楼、监舍等区域时,系统定期与不定期自动点名,对监舍每个独立区域的人员实时计数,厂区的人员实时计数等。系统支持树状分级区域设置,并自动统计每个区域的人员数量。

2. 人员定位

主要统计监管工作要掌控的"何时、何人、何地"管理要素,实现重点罪犯的定位与跟踪功能。根据监狱业务的需要和系统部署,可以有两种选择方案:

(1) 精确定位。

若此人正好在某一个房间定位器、关键点定位器等下面,应立刻感知其精确位置。监狱需要实时了解罪犯任何时刻所在位置,位置的精度要能够满足如下要求:当罪犯发生脱逃、脱管、非法进出特定区域、非法靠近关键设施等行为时,系统能够自动检测,在监控中心能以醒目方式进行报警,且立即定位报警所在位置,调阅现场视频图像以供监控民警进一步分析处理。

(2) 区域定位。

通过部署在不同区域边界的进出通道管理模块和周界管理模块,采集某时某人在某区域的进出相关信息,结合通过射频信号接收基站接收到的某人所佩戴的射频标签信号能量值,初步判断某人在哪个区域的大致方位。

根据监狱工作需要,要实时了解民警所在位置,可以粗略定位,但其定位精度要能满足多种应用。例如通过民警所在位置自动寻找附近的视频监控,通过系统联动调出视频图像,找到并确认民警位置。

3. 外出管理与监控

当罪犯需要外出就诊、押送、出所辨认时需佩戴腕带,同时民警携带一只手持机。系统将二者做绑定,罪犯离开民警距离超过规定距离(如 10m 时)或该腕带被破坏时,民警手持机发出声音报警,提醒民警注意。手持机配有定向天线,可以快速锁定目标。

如果手持机选配 GPRS、3G 和 GPS 模块,则整个外出过程中路径、轨迹、时间一目了然,同时报警信息也会传递到监管场所的总值班室。

4. 实时报警

根据事先设置的规则,对不符合规则的情形立即报警,提高对相应事件处理的及时性。如设置特定区域,有人非法入侵时,系统会立即报警。

5. 查询与统计

统计查询模块提供对系统中的定位报警和区域进出等情况进行统计,为管理提供量化的数据。根据设定区域、时间、人员类别,甚至某个人进行查询,也可以任意组合查询。

6. 对接监管业务平台

系统与监狱监管场所管理信息系统进行数据获取和数据服务双向接口,主要包括从现有监管场所管理信息系统获取射频电子标签关联的民警、罪犯的姓名、性别、像片等基本信息数据,罪犯的等级等管理数据。

当发生异常情况时,在定位系统界面中如弹出某位监管人员的姓名或编号,只要点击此人姓名或编号便能自动从监管场所管理信息系统中调取此罪犯的照片及基本信息,便于及时动态掌握更多信息。同时,监管场所管理信息系统能够获知身份、位置、方向和报警等信息。监狱区域管理系统示意图如图 5-15 所示。

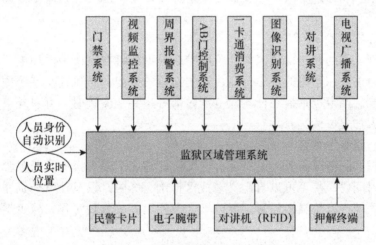

图 5-15 监狱区域管理系统示意图

7. 整合门禁、巡查和一卡通系统

在罪犯腕带和民警卡片式射频标签中,集成了 13.56MHz 的频段,可以用来做门禁或一卡通消费,实现多卡合一功能,即兼容性较好。

同时,罪犯电子腕带也能实现与罪犯亲属会见、零花钱消费等系统的集成,让罪犯可以直接通过电子腕带进行会见登记刷卡和监管场所日常消费刷卡,使电子腕带成为罪犯服刑过程中需日常使用的卡,降低罪犯佩戴的抵触情绪,避免罪犯故意损坏电子腕带。

民警卡可以作为现有门禁卡和巡查卡,避免携带多张卡片的麻烦;有利于鼓励民警随身携带此卡,更加有利于对民警的考核与管理。

8. 联动视频监控

系统能够对实时定位的民警或罪犯实现与视频监控的联动,迅速调阅现场环境、设施、设备、人员和视频图像信息,以评估事态严重程度及其发展范围,同时能迅速调集周边警力对事件进行处置。

9. 系统管理

(1) 定位标签管理

①低电压告警。

定位标签电量不足时,系统自动产生低电压告警,同时显示该定位标签的详细信息,即相应佩戴人员的信息,方便民警及时更换新的定位标签给当事人。

②标签自动检测。

系统自动检测所有使用中的定位标签状态,发现异常情况,例如突然或长时间未接收到某个定位标签信号,系统告警提示民警检查该定位标签是否损坏。

③标签增删。

对新入监的罪犯发放佩戴电子腕带后,民警可在系统中添加电子腕带编号并同时关联该罪犯的详细信息;对于出监的罪犯,删除其在系统中的电子腕带编号。当定位系统在全监狱范围内部署达到全覆盖时,可对外来人员发放临时添加定位标签。

(2) 报警规则管理

根据实际情况需要,用户可自定义设置警戒区闯入报警及罪犯脱离报警的激活时间段,甚至可以自定义警戒区范围、界限,以及针对个别罪犯的脱离报警区域。系统灵活设置,可以极大方便民警的管理工作,减少误报警的发生。

(3) 人员出入授权

对特定罪犯进行临时授权操作,允许其出入警戒区或管制区域。授权操作必须包含罪犯信息、授权时间,授权区域范围,责任民警信息等。

当定位系统在全监狱范围内部署全覆盖时,可对外来人员发放临时定位标签,并对其授权到达范围进行授权,外来人员进入非授权地带时,系统自动告警。

(4) 用户权限管理

可以根据不同用户业务工作的需要进行系统操作权限的设置。用户可以根据自己的权限对登录用户信息、罪犯信息、民警人员信息以及 Rfid 卡片信息进行添加、查询、修改及删除操作。

①用户管理

可以对登录用户信息进行添加、查询、修改及删除等一系列操作。

②罪犯信息管理

可以对罪犯信息进行添加、查询、修改及删除等一系列操作。

③民警人员管理

可以对民警人员信息进行添加、查询、修改及删除等一系列操作。

(5) 系统参数设置

用户可以进行分辨率设置、是否全屏显示选中，以及是否显示小地图功能等。

(6) 开放系统接口

监狱人员实时定位系统接口方式应为自动处理，不需人工干预和处理。系统应可利用 Web Service 协议对外提供服务和访问第三方系统提供的服务。系统应支持二进制专用协议对外提供服务和访问第三方系统提供的服务，并能在最短时间内输出系统的预/报警信息，且能够实现大量移动目标的位置信息的高速交换能力。

通过系统开放的接口，实现与监狱业务信息系统之间的信息互联互通，与监狱安防以及应急指挥平台系统的无缝集成。

5.5.3 与业务系统整合

系统还可与监管场所现有系统进行双向数据对接，结合监管场所的实际业务和原有监管系统的功能，更能够有效地帮助监管场所提升管理水平。

1. 整合功能

(1) 确保监管业务管理规范

罪犯在监管场所生活、劳动、教育、仓储、提讯和会见等活动时，系统事先结合地图和区域设置基础情况，设置了相应的路径和许可时间；同时系统自动采集与统计该罪犯活动轨迹，如何时经过了哪些区域边界（包括方向）、房间、关键点等信息。二者之间进行比较和分析，可以立即得知是否符合规范。例如，对罪犯在厂区或仓储中心进行劳动的时间进行自动采集及统计；对罪犯在教学楼进行教育学习的时间进行自动采集及统计。同时将这些统计的劳动和教育时间提供给对应业务系统，以作为对罪犯劳动和教育情况进行考核分析的基础数据。又如，在家属会见、检察院提讯过程中，系统能够准确对民警和罪犯身份进行确认，并实时记录整个过程中民警与罪犯的行动轨迹；能准确知道罪犯与律师、检察人员见面的路径、时间和地点等信息。

(2) 就医和超市一卡通

罪犯在医务室或者医院看病时以及超市购物时，其腕带可以作为一卡通使用，避免了额外携带一张磁卡的麻烦。

(3) 特殊人员（耳目）主动报警。

腕带的主动报警功能为监狱耳目提供了一个更方便的报告和提醒手段。

2. 系统特点

(1) 信息安全性

考虑到监管场所的信息比较敏感，信息安全非常重要，整个系统采用专用的无线射频协议和专门的加密算法，避免采用 Wi-Fi 等通用协议的无线方案，从而大大降低了通过无线射频通信网络接入监管场所内部数据网络的可能性。

(2) 人体安全性

射频信号接收基站本身只接收信号，不发出任何信号，而射频标签所产生的射频信号对人体影响完全符合国家电磁辐射防护规定（GB9175-88/GB8702-88），同时腕带式电子腕带采用了特殊的防皮肤过敏材料，并通过国家的相关检测，确保了佩戴不会产生皮肤过敏的情况。同时，由于材料比较柔软，以及特殊形状的腕带设计，促进水、汗的及时排出，使佩戴处始终可以保持干燥状态，从而保证长期佩戴基本上不会发生皮肤损伤的情况。

(3) 产品稳定性、可靠性

这是目前最大的问题，经常出现漏报和误报等情况都是绝对不允许的。只有通过选择优质的总体，以及坚固耐用的外形设计，优化定位算法，组成有效的定位系统，才能实现此目标。

(4) 基站部署冗余设计

为了提高系统的可靠性，在进行射频信号接收基站部署时，尽量考虑冗余，确保任意一个射频标签发出的信号都能够被多个射频信号接收基站同时接收，从而保证在发生个别射频信号接收基站故障的情况下，依然可以保证射频标签发出的一切信号如心跳、定位、报警、电量不足信号能够可靠传输。

(5) 密集人员不遗漏

主通信频率采用 433MHz 通信频率，绕射和穿透能力比较强，保证了射频标签不管是放在人的任何位置、任何方向，或者被罪犯有意识用身体挡住，都能够被可靠地读取。同时，很好地解决了远距离、大流量、超低功耗的难题，从根本上提升了产品的性能，从而保证系统可以在高密度定位射频标签聚集情况下，有效降低射频定位信号在空中的冲突率，大大降低了射频信号接收丢失情况发生的概率。此功能主要依赖于无线传输信号的速率，只有采用无线宽带位置,才能解决漏卡的问题。

在大量射频标签聚集的情况下,可以实现可靠接收每个定位标签的信号,确保民警、罪犯点名和报警等关键信号传输的可靠性,充分满足监管场所安全的关键需求。

(6) 电子腕带防水和防拆

电子腕带进行合理的结构设计和一次性塑封,实现防雷、防水、防霉、防冲击,满足工业环境要求。腕带卡扣设计,安装非常方便,要特殊工具才能拆卸,同时腕带内部电流回路可以保证当腕带受到破坏(如剪断、扣子破坏等),腕带能够向系统发信号报警。避免了像卡片那样发生罪犯之间私下换腕带情况,真正保证了身份准确,唯一确认。

(7) 可扩展性

未来更多应用如资产管理、车辆管理和械具管理等可在现有平台上直接快速部署。与安防、办公、应用业务等系统预留好接口,可快速整合,形成合力。

5.5.4 相关技术标准

- GB 4943—2001 信息技术设备的安全;
- GB/T 91—2008 包装储运图示标志;
- GB/T 2828.1—2003 计数抽样检验程序第 1 部分,按接收质量限 (AQL) 检索的逐批检验抽样计划(适用于过程稳定性的检验);
- GB/T 4857.5—1992 包装运输包装件 跌落试验方法;
- GB/T 5080.1—1986 设备可靠性试验总要求;
- GB/T 5080.7—1986 设备可靠性试验恒定失效率假设下的失效率与平均无故障时间的验证试验方案;
- GB/T 8566—2007 信息技术软件生存周期过程;
- GB 9254—2008 信息技术设备的无线电骚扰限值和测量方法;
- G14—1995 移动通信设备安全要求和试验方法 B258;
- YD/T 926.3—2009 大楼通信综合布线系统,第 3 部分:连接硬件和接插软线技术要求。

5.6 监狱车间人员工具清点系统

5.6.1 项目背景

在监狱的日常管理过程中,对罪犯的人数清点是相当重要的一个管理环节。执勤民警需要清楚地知道罪犯在监区的人数分布情况，国家司法部对这方面要求执勤民警须每隔半小时对所管区域进行一次人员清点并记录在册。目前，我国大多数的监狱通过人工点名并手工记录，也有监狱采用条码识别技术，这对执勤民警来说工作量非常大，且手工记录方式存在人为的失误比较高。

在监狱的生产车间内，罪犯劳动时需配备各种劳动工具，如剪刀、扳手、钳子和针等。这些工具都具有高危险性，一旦被罪犯带出车间或私藏，将容易发生自杀，罪犯间的械斗，谋杀管理人员等事件，为监狱的管理带来了很大的困难，也给监狱管理人员的安全带来了很大的威胁，随之引出的案件时有发生，简直就是监狱里面埋下的定时炸弹，后患无穷。据统计，监狱发案较多的场所是车间，因为车间到处是工具，工具一旦被罪犯拿到就成了凶器，特别是刀片。

只有对劳动工具严格规范管理，才能彻底排除这一安全隐患，杜绝由此而引发的案件。而单纯靠手工清点工具，不但效率低，也易出错而使罪犯有机可乘，故只有使用智能清点系统才能弥补手工清点工具的缺点。

5.6.2 概述

基于RFID技术的人员与工具清点系统采用无线射频自动识别技术，结合计算机技术、网络技术、无线通信技术等多种技术手段加以整合，对人员流动、工具领用及归还进行管理；能有效防止工具漏管和人员点错等问题，并形成数据统计报表；可以减轻民警的管理工作量和工作压力，提高工作效率，给监狱管理部门提供实时数据，为进一步制定管理制度和有效控制事件的发生提供依据。

5.6.3 系统解决方案

1. 系统实现

基于RFID技术的人员及工具清点管理系统是通过给每个人员和工具分配电子标签，该电子标签具有全球唯一的识别代码，在标签中写入相对应的人员信息（比如姓名、所属监区、刑期等）或劳动工具信息（名称、使用场合等）。执勤民警配备一台手持式阅读器或移动终端，通过阅读器采集人员电子标签、工具电子标签信息，统计信息进行对比，知道是否有人员不在区域里面或工具未归还等问题。

（1）人员管理

采用基于RFID技术的电子点名，是通过给每个罪犯在视线明显的位置佩戴一张无源电子标签卡,该电子标签卡的芯片中储存着罪犯的相关信息(姓名、所属监区、罪犯编号、刑期等),在电子标签卡的表面还可以印刷上罪犯的照片。

给执勤民警配备一台手持式读卡器,通过数据初始化工作后,民警拿着手持式读卡器在管辖区域内清点罪犯。读卡器对每张电子标签中的罪犯信息数据进行采集并做好统计,民警在清点工作完成后,可以直观地在手持机中看到哪些罪犯在管辖区域内,哪些罪犯不在管辖区域内。通过数据线将手持式读卡器中的数据导入到计算机中,经过系统软件的处理,形成完善的数据报表。人员清点系统界面如图 5-16 所示。

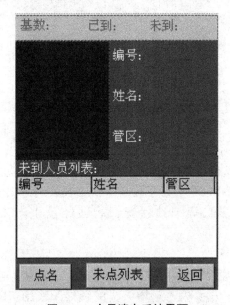

图 5-16　人员清点系统界面

(2) 工具管理

基于 RFID 技术的监狱生产工具清点管理是通过给每样工具或工具包上安装上无源电子标签,使每样工具都有自己的身份识别码。

当罪犯领取工具时,执勤民警用手持式读卡器先扫描罪犯佩戴的电子标签,系统记录下领用人员的信息,然后用读卡器扫描工具上的电子标签,系统记录下领用工具的信息,经过系统软件的处理,领用人员的数据信息和领用工具的数据信息形成一一对应存储在数据库中。数据库界面如图 5-17 所示。

当罪犯归还工具时,民警用读卡器扫描领用人电子标签和工具电子标签,如果领用人少归还了某些工具,系统会自动列出没有归还的工具清单。当归

图 5-17 数据库界面截图

还的工具超出了领用工具的时候,系统也会自动做出提示,哪些工具不是该人员领用的。生产工具电子化管理,便于民警实时控制罪犯的活动状况和劳动工具的运用状态,实现了监控随时随地的可视化管理。

有的监狱采用条码工具管理,能对工具的收发状况和运用状态进行显现,但条码扫描不耐湿润、易污损。生产工具实行芯片管理后,工具的领用、回收、库存和形状等细致状况,能够经过生产工具管理系统实时查看。

(3) 软件功能

采用 IE 软件开发结构,添加工具种类,上传图像直观显示;支持导入原监狱系统人员资料,省去输入新增人员的烦恼。采用 RFID 无线射频技术,保证卡号的唯一性,严格管控罪犯与工具的一一对应工具发放,实时显示工具发出状态信息,具体关联到工具发放或领用人员,保障监管安全。

当回收工具时,实时监控回收工具,并对未回收工具进行报警提示,系统可提示到罪犯姓名。当清点工具时,设置清点盘查,防止工具遗漏,对发放回收数量进行监管。

5.6.4 硬件产品

1. 硬件产品

(1) 手持式读写器(实物图如图 5-18 所示)

处理器:ARM9,400MHz;

内存:64MB Flash,64MB RAM;

第 5 章 监狱无线定位系统

图 5-18 手持式读写器

存储扩展：最大支持 16GB MicroSD 卡；

操作系统：Windows CE 5.0；

时钟：电池后备实时钟；

工作频段：840~960MHz（UHF 频段）；

识别距离：大于 1.5m（UHF 频段）；

RF 输出：软件可调，符合国家对无线发射功率的标准规定；

空中接口标准：ISO/IEC 18000-6B/6C；

工作方式：定频或变频；

通信接口：USB，以及可选的 GPRS、WiFi 无线网络；

可选功能模块：HF RFID、GPS、条形码、Camera 摄像头；

应用软件接口：SDK 开发包、Demo 软件；

待机时间：大于 100 小时；

工作时间：大于 8 小时（按照特定的使用率）；

工作电源：锂电池，可外接电源适配器；

工作温度：$-20℃\sim+55℃$，湿度：$20\%\sim90\%$，储存温度：$-35℃\sim+70℃$；

防护等级：IP64；

尺寸：193mm×80mm×43mm，重量：400g；

显示屏：3.2 英寸，高亮度 QVGA（240×320 像素）TFT、多点触摸屏。

(2) 人员电子标签

采用 840~960MHz 频段；一个用于防伪和认证的 64 位不可更改和唯一的 TID；ISO-18000-6C 标准，符合 EPCglobal Class 1 Gen 2（版本 1.2.0）标准。

用户存储区可以按 64 位分块并使用读取口令保护，禁止意外的没有口令的读取；支持所有强制和可选的 Gen2 命令，包括单品级命令、为高速写入的定制指令；可用在封装流程中的高产量的大容量无胶/有背胶标签卷。

人员电子标签实物图如图 5-19 所示。

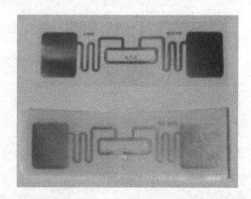

图 5-19　人员电子标签

(3) 工具电子标签（金属标签）

采用 860~960MHz 频段；一个 32 位不可更改的 TID；ISO-18000-6C 标准，符合 EPCglobal Class 1 Gen 2（版本 1.2.0）标准；一个用于防伪和认证的 64 位不可更改和唯一的 TID；一个可以从 96 位扩展到 480 位的 EPC 储存区；一个 512 位的用户储存区；支持所有强制和可选命令，包括单品级命令、定制命令包括隐藏数据。

2. 系统特点（根据业务定制）

(1) 取代用扫描机逐个读取条码，可以批量卡读取，提高清点效率。

(2) RFID 手持机可以远距离读取，识别距离可以达到 1~2m，单个识别速度也会比读条码快。

(3) RFID 标签不怕污染，当电子标签表面有磨损或被污后还可以读取。

(4) RFID 标签有效期长，数据可保存长达 10 年，可从头至尾跟踪一个资产。

(5) 在扫描过程中可修改资产信息，从而更新资产使用情况。

(6) 可多个手持机同时工作，结果合并成一个扫描记录。

(7) 其他特性：

①灵活性。采用可定制化"原原模型"体系结构，实现可定制、可描述、可扩充的管理系统。

②协同联动。使用业务流程定制，使各功能、各系统之间实现协同工作。例如移动报警定位和监控及广播系统联动。

③创新应用。合理利用 RFID 技术、WIFI 技术、创新物联网应用，如动态感应、自动采集和实时数据等。

④多种接入。Web 网络、APP 应用程序等多种接入手段，减低系统对用

⑤超大容量设计。面向数字化安防管理需求，采用 SQL 数据库，同时兼容 Oracle 大型数据库。

⑥可更改页面。采用流行的页面风格，简洁明畅，更可根据用户的喜好随时更改页面风格。有 Office 2003、Windows 2000 以及 Windows XP 等多种风格可供选择。可以隐藏/显示一个信息栏，或者任意拖动，更改它在窗体中的位置。

⑦智能报表。可定制的智能报表，使客户查询、系统管理和领导决策数据的获取更加灵活生动。

⑧电子地图。电子地图功能，使管理更加生动形象。

5.7 监狱应用实例

5.7.1 概述

系统能使管理人员实时掌握监狱各个区域罪犯的详细信息及数目，有效防止罪犯的出逃，减少罪犯结党闹事的几率，以及秘密监控高危罪犯，追查及跟进暴力事件的发生，最大限度地保障管理人员和罪犯的人身安全。此外，系统还能实现自动点算指定区域内人数及周边执勤民警信息，对外出人员进行全程动态监控，大大降低监狱管理人员的工作强度，在遇到突发事件时，能够迅速定位执勤民警的所在位置。

监狱管理系统还可以与人脸识别系统、智能门禁系统、视频采集系统结合使用，为监狱对罪犯的各项管理工作提供便捷、高效的现代化技术手段。

5.7.2 硬件说明

系统包括三个部分：智能卡（罪犯腕带、民警卡），读写器以及与读写器相连的控制计算机。智能卡和读写器都是由高度集成的微功率单芯片无线收发机和单片机制成，它们的体积都非常小，单芯片收发机具有一个全世界独一无二的厂家编号（刻录在芯片中）。这个单芯片收发机还具有接收信号强度指示功能（RSSI）。系统的智能卡和读写器使用的是无需申请的 2.4GHz 免费频段，且满足国家对 2.4GHz 频道无线产品的相关规定。

1. 罪犯腕带

采用高强度防水耐磨 ABS 塑料，防止暴力拆卸，定义多种颜色以区分罪犯属性。手带内置防爆回路设计，如剪短或暴力破坏，腕带会发送暴力破坏告警信息。将封条内部与手带孔位调整到合适大小，施封后联通手带内置防爆回路，非授权开启即发送报警信号。主要为重复使用方便设计，也可设计为一次性调节封条。自动定时回报状态信息，通信距离最大 100m。电池低压告警，电池容量低压时主动上报低压信息，提示监狱管理人员更换电池。罪犯腕带实物图如图 5-20 所示。

图 5-20　智能腕带

2. 民警卡

采用高强度防水耐磨 ABS 塑料，防止磨损。设置报告求助按钮，可随时向中心报告突发事件。可添加声光报警功能，在系统告警后系统可向指定民警卡发送信息，卡进行声光提示事件发生。通信距离最大 200m，电池低压告警，电池容量低压时主动上报低压信息，提示监狱管理人员更换电池。民警卡实物图如图 5-21 所示。

图 5-21　民警卡

3. 身份识别定位读写器（双频）

采用 DT8836AA＋DT8836BA 双频工作模式。采用高强度防水耐磨 ABS 塑料或铸铝材料的外壳。DT8836AA 负责确定定位范围及通过变频精确定位，DT8836BA 负责接收身份卡上传信息，以及转发信息至骨干中心模块。定位覆盖可达 100m，与中心通信可达 1 000m，可室内外安装，也可作为手持设备。可根据实际应用区域调节信号覆盖范围，自动定时回报状态信息。身份识别定位读写器间可采用无线自组网，数据接力传递，无需布设有线电缆或光纤。

4. 中心基站

中心基站在监狱范围内组建无线定位监控系统骨干无线数传网络。采用高强度防水铸铝材料，自动定时回报状态信息；覆盖范围可达 3 000m，可根据实际应用区域调节信号覆盖范围；中心基站间可采用无线自组网，数据接力传递，无需埋设有线电缆或光缆。

5. 控制中心软件功能模块

功能模块有系统功能、管理功能、违规报警功能、民警管理、罪犯定位管理、基站管理、电子地图管理等。通过这些功能模块实现监狱常态化管理和非常态化管理，以及相关设施维护工作。软件功能模块示意图如图 5-22 所示。

图 5-22　功能模块示意图

6. 系统组网

通过监狱内机关防范区域，布设定位读写器（AP），可以结合门禁系统，经无线信号连接基站，并对接监狱内网数据库，实时更新相关人员信息资料；联动系统平台各子系统，实现视频信号的复核功能，门禁系统联动响应，周界报警系统联动响应，动态统计罪犯数，电子巡查等功能。系统组网图如图5-23 所示。

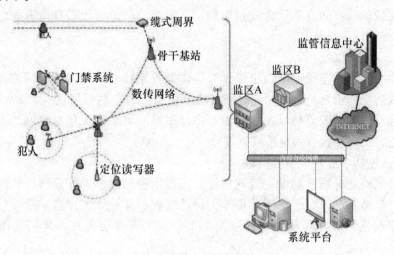

图 5-23　系统组网图

5.7.3　功能模块

1. 罪犯出入管理

在监狱大门、二道（AB）门、监舍大门、监区门、医院和会见室等进出区域安装定位读写器。当被监控人员经过时，系统立刻记录通过罪犯信息及时间，可指定时段、指定对象进行出入管理。例1：21:00～6:00 不允许任何人出入监区，一旦有人进入该区域，系统立刻告警并显示告警位置及违规人员信息。例2：安排100人进入煤场劳动，其中1人不属于本次安排劳动人员，通过门口时系统立即告警，并显示告警位置及违规人员信息。例3：罪犯劳动返回，有1人未随队列返回，系统立即告警并显示违规人员信息及最后定位系统定位位置。车间人员定位示意图如图5-24 所示。

2. 实时监控管理

在室内外劳动场所、重点监舍、医院病房、卫生间、广场等区域，进行无线信号覆盖，系统每隔2～30s（可设定）对区域内罪犯进行点名。当罪犯脱离指定区域时，系统立即告警，并显示告警位置及违规人员信息。

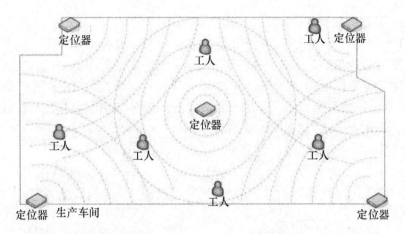

图 5-24 车间人员定位示意图

3. 周界警戒管理

沿围墙每隔 50m 区域放置定位器（AP）。根据现场环境计算配置泄露缆式天线，沿墙壁布设，可浅埋于地表下，也可挂在墙上，或埋入墙壁。当罪犯靠近墙壁（1~2m）电子警戒线区域，系统告警并显示告警区域及违规人员信息。

4. 外出劳动管理

罪犯在农田和矿场等开阔区域进行劳动改造，可快速搭建无线监控定位系统，对罪犯进行全程监控，防止罪犯逃脱事件发生。监狱监控中心可以通过监控终端随时了解罪犯情况，出现异常情况可即时采取措施。安装方式：按间隔区域设置定位器；定位器采用电池供电，可移动灵活的配置；劳动改造人员在设定区域内工作，定时回报位置信息；劳动改造人员接近周界时，系统告警。农场劳动改造定位示意图如图 5-25 所示。

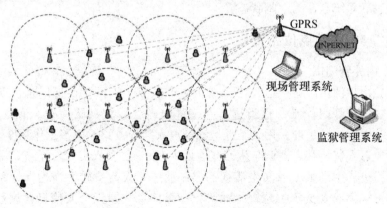

图 5-25 农场劳动改造定位示意图

5. 外出押运管理

对监狱罪犯外出就医、提审、出庭、转监等需要外出时，除了对车辆进行 GPS 定位管理外，还对车辆内部罪犯及押车民警进行全程监控，监控中心可随时了解在押运途中车辆及车内人员情况。车辆配置 GPS 定位系统＋GPRS 数据传输系统，监狱管理人员可随时了解车辆动态，并显示在电子地图中。外出押运定位示意图如图 5-26 所示。

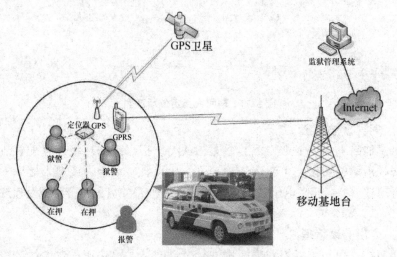

图 5-26　外出押运定位示意图

车辆内配置定位器，定位器覆盖范围设定在车辆内部通信，押运民警及罪犯佩戴身份卡，系统预制外出授权人员信息（时间段信息、人员信息），实现民警与罪犯的无线绑定功能。当车内人员在途中离开车辆，系统告警，监狱监控中心即可及时获取信息。车辆驶出监狱门岗，系统自动为监控状态，安全抵达后系统自动为空闲状态。

5.7.4　区域点位布置

1. 内外管门岗

罪犯由生活区至生产区出工，或由生产区收工返回生活区时都由队长带队，经过内外管门岗唯一通道进行登记进出需要罪犯列队检查，清点人数，办理交接手续等。目前采用人工登记和清点人数的方式，民警工作强度较大。

定位点安装：在生活区与生产区通道安装 1～2 套人员定位系统，因该通道是罪犯进入生产区或返回生活区的唯一通道，人流量较大，为保证系统可靠性，可采用双人员定位系统。对罪犯进出信息（罪犯个人信息、数量、出入时间），系统都会自动记录，并与后台系统规则自动匹配，当不符合通过规则的罪犯通过时立刻声光报警，并对违规事件进行记录。相关记录信息由内网传至监控中心，并在大屏上能及时显示交换过程和罪犯人数。内外管门岗点位示意图如图 5-27 所示。

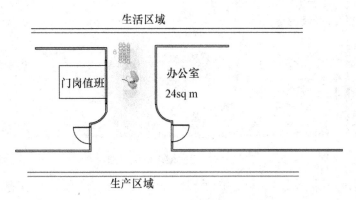

图 5-27　内外管门岗点位示意图

2. 民警办公楼

民警办公楼出入口安装定位读写器，进出人员信息（个人信息、进出时间）都将被系统记录，除固定负责办公楼勤务的罪犯外，其他罪犯未经允许进入民警办公区域，系统立即告警，并在系统中显示报警位置、违规人员信息，实现特定罪犯活动区域的管理功能。办公楼点位示意图如图 5-28 所示。

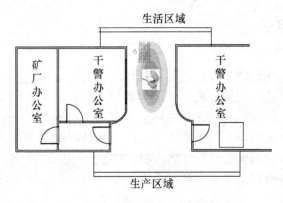

图 5-28　办公楼点位示意图

3. 监舍楼层

监舍楼层采用楼层监控，安装两个定位读写器，对整个楼层进行覆盖，该楼层进入的罪犯信息和时间都会被系统记录下来。当进入管制时间（比如夜间休息时间），有人离开楼层系统时即可告警，并显示违规人员信息和所在监区、楼层，提示民警及时处理。宿舍楼点位示意图如图 5-29 所示。

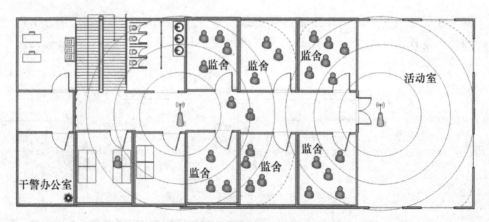

图 5-29 宿舍楼点位示意图

在监舍一层正门出入口，餐厅入口安装人员定位系统，所有进出人员信息（个人信息、进出时间）都将被系统记录。对于不属于本监区的罪犯，进入监区立刻报警，并在后台系统显示告警区域和违规人员信息。受限时间（例如 21:00~6:00）罪犯不得进出监区，如有违规系统立即告警，实现监管区域的分区、分时的精细化管理功能。

5.8 监狱移动终端系统

5.8.1 概述

1. 概况

为了实现对罪犯的劳动改造和有效监管，有人认为，监狱管得好不好关键看监控，但是监控如果不能很好地与其他子系统联动，则减弱其对监狱管理所起的作用。因此如何才能实现将监控距离进一步延伸，能在第一时间得到突发信息并作出响应？这就迫切需要一个随处随时可在的平台，它集成有视频监控功能，有周界防范及报警功能，巡查、人员定位功能。

民警通过平台可以实时了解狱中罪犯具体位置，具体在做何事，是否有暴力冲突事件发生，是否有罪犯意欲逃离，是否有民警遭受罪犯的劫持。当这些情况不幸发生时，即使值班人员在眼球疏忽的情况下，也能通过其他方式被告知现场情况如何。在监狱这种需要对任何人都时时进行监控的地方，由于担心相关工作人员进出权限以及本身的管理制度等问题，对工作人员的监控也有必要，因此，移动终端综合管理平台就在这种背景下应运而生。

2. 系统功能

监狱智能移动终端主要有三大功能：通用型、业务型、报警型。通用型主要是指在智能终端上通用功能，包括通信、移动办公和应用程序扩展等。业务型就是指能在智能终端上实现监狱的相关业务，包括人员清点、电子巡查和视频查看等。报警型就是指能在智能终端上接收相关警情信息和发出相关报警信息。

5.8.2 设计目标与原则

1. 设计目标

系统设计意图是应用先进的通信技术，结合监管业务需求的设计理念，构造一个移动视频智能综合管理平台，方便民警及时得到告警信息，并做出相应处置措施，实现科技手段与监管实务的有机结合，构成一个对监狱罪犯进行全方位、智能化管理平台。平台采用移动视频监控技术、3G 无线通信传输技术、无线射频识别技术、语音播报技术、混合联网传输技术、电子地图可视化定位技术，形成一个对监狱罪犯进行管理的综合监控平台。

2. 设计原则

- 先进性

本系统设计遵循系统工程的设计准则，通过科学合理的设计，系统整体满足移动终端视频监控和管理的需要，采用无线视频监控技术、3G 移动通信技术、电子地图信息技术、开放式平台架构技术等一系列成熟、可继承、具备广阔发展前景的先进技术。

- 可靠性

系统可靠性是系统长期稳定运行的基石，从系统设计理念到系统架构的设计，到产品选型都将持续秉承系统可靠性原则。结合多年终端设备开发积累的经验，吸取精华部分，为系统高可靠性的总体设计提供坚实基础。

- 安全性

系统数据安全性是不容忽视的关键环节。在构建系统平台时，将借鉴运营商多年来的设计思想，全面实现系统防入侵和数据防泄漏，确保信息的安全性。

- 开放性

系统设计将采用标准化设计，遵循相关技术的国际和国内和行业标准，确保系统之间的透明性和互通互联，并充分考虑与其他系统的连接。在设计和设备选型时，将科学预测未来扩容需求，进行余量设计。

5.8.3 方案设计

1. 系统设计

移动智能终端平台架构分为三层结构：无线接入层、有线传输层和核心层。系统拓扑图如图 5-30 所示。

监狱安防系统

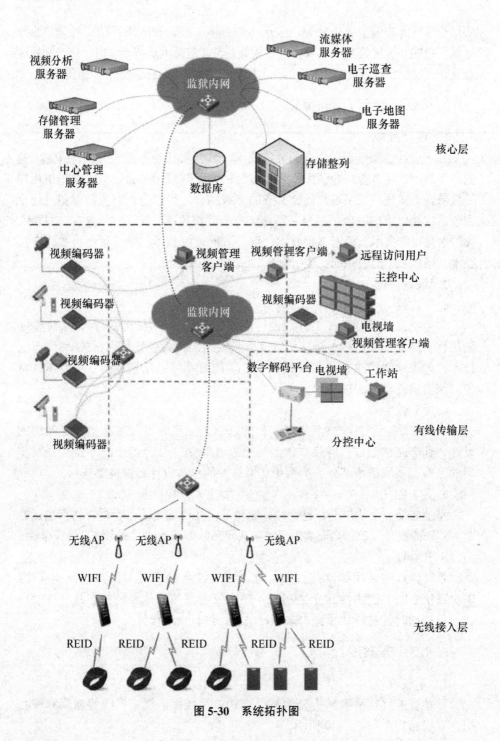

图 5-30 系统拓扑图

(1) 无线接入层

无线接入层主要有两层含义：一是依托电信运营商的网络上网，收发电子邮件、语音电话和短信等业务，有关无线信号还需加密处理。二是利用 WiFi 技术接入监狱内网，实现监狱综合管理平台的应用服务，包括前端 RFID 信息的采集，经 WiFi 信息传到信号接入点（AP）。

(2) 有线传输层

有线传输是指现有有线网络，移动终端通过无线接收器 AP 接入信号后，需要经过有线网络，实现跟监控平台和已有系统的互联互通，以及对接监狱内网数据库。

(3) 核心层

核心层是指数据的汇集中心，负责汇集所有网络数据的处理、转发和存储；包括监狱三大数据库、罪犯信息库、民警信息库和管理信息库，确保数据及时更新，并能对接至无线网络；电子地图显示定位结果，发现异常时，发出声光报警，通知指挥中心，采取措施。

2. 系统功能

(1) 支持 RFID。

在移动终端设备内置超高频 RFID 读头，利用非接触式的自动识别技术，通过射频信号自动识别目标对象并获取相关数据，识别工作无需人工干预，也可工作于各种恶劣环境。RFID 技术可识别高速运动物体并可同时识别多个标签，操作快捷方便。RFID 技术还具有安全性高，存储容量大，读取数据距离远的优点。

(2) 通信功能。

支持 3G 网络，实现语音、短信和视频通话。

(3) 蓝牙、WiFi 接入。

移动终端通过 WiFi 接入监狱内网实现跟网络平台的互联互通。

(4) 移动办公。

民警人员可在任何时间、任何地点处理与业务相关的任何事情。可以让办公人员摆脱时间和空间的束缚。单位信息可以随时随地通畅地进行交互流动，工作将更加轻松有效，整体运作更加协调。主要包括个人信息管理、日程记事、任务安排、多媒体应用、浏览网页、Office 办公及电子邮件收发。

(5) 录像和录音。

移动终端设备配备摄像头，具备录音、录像和拍照以及相关的文件管理的功能，用于现场取证，方便事后有据可查，有利于公正执法。

(6) 开放性操作系统。

终端采用 Android 4.0 操作系统，可以安装更多的应用程序，从而使智能终端的功能可以得到无限的扩充，如语音合成软件 TTS 等。

(7) 硬件扩展口。

预留标准的外部接口，通过 MINI USB 实现机器的功能扩展，能够进行多种自动化数据采集功能，以便终端用户利用终端进行自动化作业，如条码标签读写、第二代居民身份证读取、银行卡刷卡等。

(8) 生物特征识别。

通过摄像机采集人脸的图像，经过对采集的人脸数据做人脸定位、人脸识别处理、记忆存储和对比辨识的处理，从而实现人脸识别的功能。

(9) 视音频实时预览。

视音频实时预览主要指实时图像查看。

①支持预览时画面分割。

②支持电子缩放，可以对鼠标选中局部区域进行放大，可以拖动选中框漫游，可以通过鼠标滚轮放大或缩小选中区域。

③支持即时回放，对正在预览的视频保存当前时间前若干时间的数据可以立即回放。电子回放图像如图 5-31 所示。

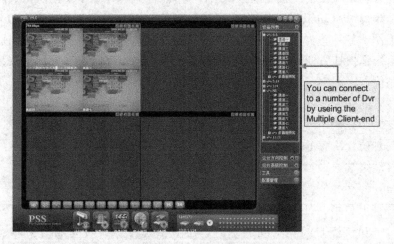

图 5-31　电子回放图像

(10) 无线巡查。

在固定的巡查线路上安装一系列代表不同点的射频卡，巡查到各点时巡查人员用监狱智能终端读卡，把代表该点的"卡号"和"读卡时间"同时记录下来。智能终端能将数据实时传给中心平台处理，可以对巡查情况（地点、时间等）进行记录和考核。中心平台软件采用智能排班、自动数据处理及核

第 5 章　监狱无线定位系统

查，一目了然地显示巡查人员是否按照要求的时间、路线巡查，有没有未巡、漏巡、迟到、早到、顺序走错等情况。无线巡查示意图如图 5-32 所示。

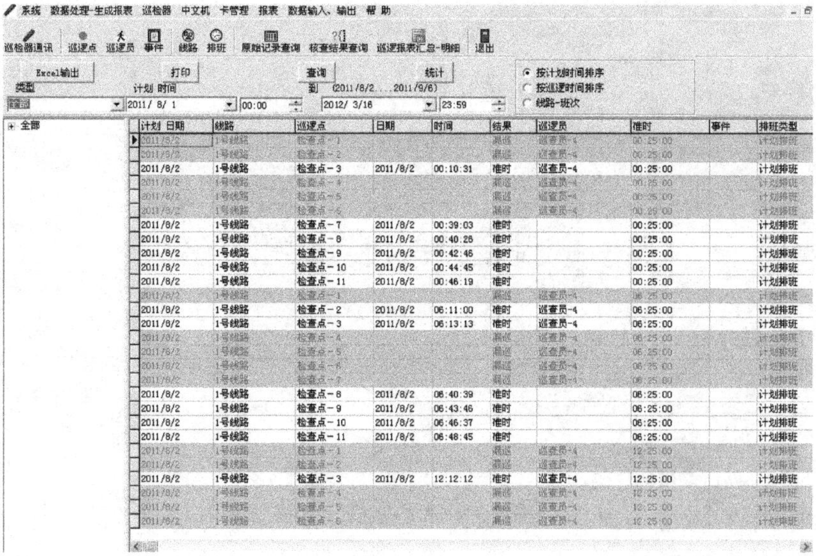

图 5-32　无线巡查示意图

(11) 语音播报（TTS）。

民警用监狱智能终端读取罪犯卡信息，根据读取到的卡号信息向管理平台申请查询此人的相关信息，在获取到相关信息后同时通过语音的方式播报出来，这样民警就可以核实相关信息是否有误，实现人数清点方式为"电子识别＋人工复核"。

(12) 电子地图和人员定位。

每一个罪犯在手腕上佩戴一个"身份手表"，即电子标签。在电子标签内记录该罪犯的身份信息，包括姓名、年龄、性别、身高及体貌特征，犯罪记录等。在活动的所有通道、大门、报到处等关键位置上设立电子标签读取设备，罪犯一旦经过所设位置，读取设备即自动记录。系统接收器通过网络传输信号到管理平台，并与管理数据库中的信息核对，同时对事件进行处理。

系统软件利用这些数据计算出各个 RFID 电子标签的位置及状态，智能终端可以通过图形界面的人机接口方式供管理人员进行操作，并且保存所有操作人员名称及操作记录。该功能可有效防止罪犯的出逃，减少罪犯结党闹事的几率，秘密监控高危罪犯，追查及跟进暴力事件的发生，最大限度地保障管理人员和罪犯的人身安全。人员定位示意图如图 5-33 所示。

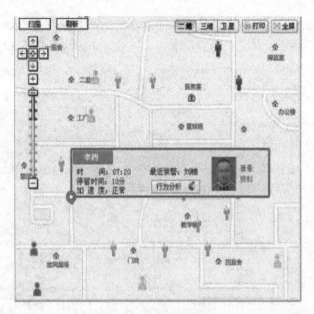

图 5-33　人员定位示意图

（13）数据同步。

通过移动终端登录到中心管理平台，民警在鉴定权限通过后，能够从管理平台同步所有的罪犯信息、民警信息、管理信息。可以保证在管理平台做过增加、修改、删除信息的操作后，移动终端都能在登录的第一时间同步相应的信息。

（14）应急报警。

在突发情况下，民警通过移动终端上定义的应急按钮触发报警，移动终端将消息传给中心管理平台，值班人员在获取警情后迅速做出响应。

（15）人员工具清点。

管理人员可以利用 RFID 每隔一段时间使用移动终端对监狱特定区域进行人员清点，每次清点的记录可以和前一次记录做比较，如果有发生不一致情况可以马上采取应急措施。

管理人员可以利用 RFID 在每一次入场前对所有工具盘点一次，在出场前再盘点一次，如果出场前和入场前的记录对比有不一致则可马上查找原因并解决，同时可以节省人力盘点带来的失误和时间浪费。

（16）告警联动。

支持自定义报警分类和报警级别，根据分类和级别定义相应的报警联动策略。报警源可以为门禁、红外、烟感和摄像头等。

第 5 章 监狱无线定位系统

3. 智能终端产品

移动终端设备是针对移动手持的专用监控产品，集成 3G 和无线通信模块，内置电池供电，附带线控，小型摄像头，麦克风，超高频 RFID 读头。采用标准的 H.264 编码，支持本地控制菜单，本地录像/回放等功能，支持抓图及图片浏览，支持标准播放器直接播放码流，支持平台集中监控。

移动终端的参数规格：MTK 6577 双核 1GHz（Crotex A9）；DDR3 1GB 内存；8GB 存储容量；Android 4.0 操作系统；7 英寸，最高分辨率 1024×600；多点触摸电容屏；全功能：3G，Wi-Fi，GPS，BT，FM Radio，HDMI，双摄像头；多国语言支持。移动终端实物图如图 5-34 所示。

图 5-34 移动终端实物

思考题

1. 什么叫电子巡查系统？
2. 什么叫在线式电子巡查系统？为什么监狱要应用它？
3. 为什么说电子巡查系统是人防与技防的有机结合？
4. 在线式电子巡查系统由哪几部分组成？特点是什么？
5. 什么叫漏巡、错巡和乱巡？
6. 比较传统方式与电子方式巡查的区别。
7. 总结电子巡查系统有几种方式。
8. 电子巡查系统是否可以嵌入到门禁系统中？
9. 有哪几种室内定位技术？各有何特点？

10. 常用定位算法有哪几种？
11. 简述监狱无线定位系统的功能与组成。
12. 什么叫无源和有源电子标签？
13. 精确定位与区域定位的区别是什么？
14. 监狱人员定位系统能实现哪些管理功能？
15. 监狱人数动态清点系统的优点是什么？
16. 简述基于 RFID 技术的人员与工具清点管理系统的工作原理。
17. 简述基于 Wi-Fi 技术的监狱人员定位系统的组成。
18. 监狱移动智能终端系统的功能是什么？

第6章 监狱电子监听系统

6.1 电子监听技术介绍

1. 概念

针对"监听"一词有多种称呼,如侦听、窃听、盗听、偷听、窥听或秘密监听等。我国有的学者称"秘密监听",有的学者称"电话监听",还有的称"窃听"。我们认为采用"监听"一词较好,原因有三点:一是监听从语意上来看,呈中性色彩,显得严谨和书面化,比较符合法律术语的要求;二是监听有监控、截取信息之意,有较强的目的性和针对性;三是监听一词容易让人感觉到这一行为是一种受法律规制的侦查手段。

电子监听是指刑事侦查机关在未经通话当事人许可的情况下,运用电子技术设备和手段对被调查人的通信或谈话内容进行监听的一种侦查手段。它作为一项现代刑事侦查措施,基本属性是"秘密性、技术性和强制性"。

根据各国的监听立法,对于监听的划分,根据监听内涵的大小可分为"狭义"和"广义"两种类型。"狭义"监听多仅指电话监听,"广义"监听多包括侦听、电话监听和电子监听等多种监听方法。我国监狱现行多采用"狭义"监听这种方式。德国监听法中则存在大监听和小监听的区别。大监听是指刑事侦查机关在住宅内进行的秘密听取犯罪嫌疑人谈话的措施,一般借助于所谓的声学转换器和微型窃听器来实施,通常又被称为"住宅内的监听";小监听则是指有卧底警员在场的窃听谈话行为,通常又称为"住宅外的监听"。

2. 电子监听类型

根据不同的标准,电子监听有多种分类。作为一种主要的监听分类方式,就是以监听对象的交流方式为标准,将其大致分为三种:有线通信监听(Interception of Wire Communications)、无线通信监听和口头谈话监听(Interception of Oral Communications)。严格来说,前两种监听都是利用通信工具交流的监听,而后者则是没有利用通信工具交流的监听。

(1) 有线通信监听。

有线通信监听是指通过有线方式进行的通话，通过各种方式在中途拦截其通话内容的监听方式。目前，通过有线方式进行通信交流的主要有网络通信和有线电话通信。网络电话日益普及，人们更多地选择这种方式进行交流，能否对这种通信方式进行监听目前还有一些争议。有线电话通信是一种传统的通信方式，也是以前人们主要的通信方式。因此针对这种通信方式的监听方法也比较多，除了一般的通话线上搭线截听外，还有常见的几种监听方式：

①利用电话副机进行监听；

②在电话机上装特殊装置，将通话内容都录下来；

③在电话机上安装电子装置，截听通话内容，可以监听单方或双方谈话内容；

④在公用电话亭内安装电子装置，对谈话者的会话内容进行监听；

⑤在电信机房内直接于交换机或同类性质的机器线路上截取通话内容，电信局负有协助执行的任务，各国侦查机关多采用这种方式截听嫌疑人的电话。

(2) 无线通信监听。

无线监听是指针对利用无线通信工具进行的交流而实施的监听，这种监听可细分为对移动电话的监听和广播监听。随着移动电话的普及，人们会大量使用这种通信工具，因此对这种通信的监听也就越来越多。广播监听也称为电台监听，指对私人非公开性的广播或无线电信号，监听私人广播内容，此时截获的对象为空中电波。

(3) 口头谈话监听。

口头谈话监听可分为口头会话和口头言论两种监听方式，前者指对当事人双方口头谈话的监听，监听对象为双方当事人；后者指对当事人一方发表的言论如演讲或自言自语的监听。口头会话监听方式除了一方当事人同意监听可采取录音方式进行监听外，一般采用电子监听（Electronic Eavesdropping）的方式进行。所谓电子监听是指利用电子装置来监听会话双方的谈话内容。

常用电子监听方法是将隐藏的扩音器、感应线圈等电子装置附于室内、墙上或屋顶等地方将声音传播到远处，通过接收器进行监听，甚至可以利用抛物线麦克风在距离会话者两三百米的地方监听其谈话内容。

3. 电子监听技术发展趋势

随着电子技术和通信技术的迅猛发展，监听技术也日新月异，各种高科技、新发明广泛运用于监听中，除了使用夹子中途截听电话线外，还有装置监听设施（Monitoring Devices），用侦听器（Detectaphone）、测听机（Dictograph）、感应线圈（Induction coil）、耳机收话器（Headset）、双生话筒（Twinphone）、耳机附着器（Attachment）、无线电发话器（Radio Transmitter）等器材实施监听，在网络监听中可利用各种监控软件对网络通信进行监听。

据介绍，在科技的帮助下，监听器变得非常小巧，使其易于隐藏。有一种高灵敏度的话筒尺寸只有火柴头大小甚至更小，它可以藏在任何你可以想象得到的地方，如家具、电话机、钟表、画框、灯罩和花瓶等地方都可以进行安装和监听。

新科技的发展也为远距离的监听提供了可能，手提式激光话筒可以发射出一种不可见的红外光束，这种光束可以通过很远的距离而不发散，只要从几公里之外的发射点将光束射在刑事调查人员事先安放在室内的一个反射调节器上，这个反射调节器可以将室内谈话的声波通过调制的反射光线传递到激光发射源的光线接收机中，通过接收机的光电放大器调查人员就可以听见正常的谈话声。如果室内监听不便，还可以使用先进的监听装置进行室外监听。有一种接触式传声器（称为"隔墙有耳"），它就像一只贴在墙上的耳朵，由说话产生的声波在墙壁上产生可测量的振动，使隔壁房间里的侦查人员可以准确地记录和收听谈话内容。

6.2 监狱会见监听系统

监狱会见管理系统包括基础信息、登记管理、会见监控、系统管理和录音管理这5大功能模块，各模块又包含若干功能。系统实现了罪犯与家属会见时，由民警监听和管理他们的谈话内容，做好语音信息的门卫功能。会见监听系统功能模块图如图6-1所示。

模块说明：
- 基础信息模块。其功能是对罪犯、亲属信息和会见卡等基础数据进行管理。此外，它还包括外部接口功能，通过它从外部系统（如管教系统）导入或同步基础数据。
- 登记管理模块。主要功能是会见登记和窗口分配。另外的宽见申请、宽见审批和停见设置，根据实际情况，作为可选的高级特性来使用。
- 会见监控模块。其功能是对会见过程进行管理和控制。根据使用的终端不同，功能特性可分为监听功能、插话功能、修改通话时长功能和拆线功能。
- 系统管理模块。主要完成系统设置、帐号权限管理和业务设置等配置功能，也包括数据转移，以及数据还原等维护功能。

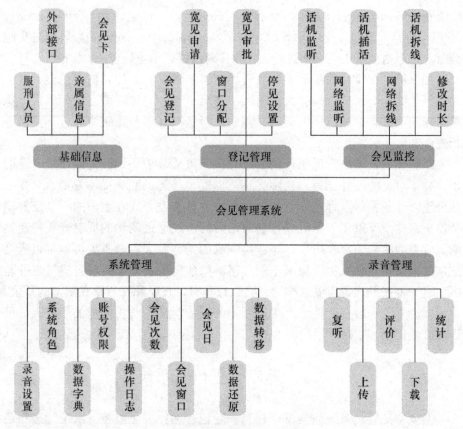

图 6-1 会见系统功能模块图

- 录音管理模块。其功能是对会见结束后生成的录音进行复听、评价、统计、上传和下载等。

6.2.1 基础信息模块

1. 罪犯信息管理

可以新建、修改和删除罪犯信息，罪犯信息包括罪犯编号、罪犯姓名、分监区号、罪犯级别号、罪犯备注和入监时间等。罪犯查找，可以根据各种条件组合查询，定位罪犯记录，提供模糊匹配功能；可以编辑罪犯级别表，罪犯级别包含信息罪犯级别号，级别说明。罪犯信息管理表如图 6-2 所示。

2. 亲属信息管理

可以新建、修改和删除罪犯信息，亲属信息包括亲属姓名、证件号码、会见卡号、联系电话、住址、罪犯姓名、罪犯编号、监区、分监区。如图 6-3 所示。

第6章 监狱电子监听系统

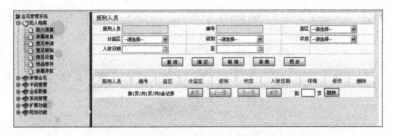

图 6-2 罪犯信息管理表

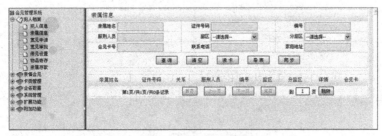

图 6-3 亲属信息管理表

3. 会见卡信息管理

1）发卡管理

通过卡管理平台可以生成电话卡。统计卡的数量、金额和卡的使用情况。电话卡上记录卡的基本信息：卡号，用户 ID，金额，发卡时间，作废标志，电话卡类型等。

2）会见卡维护

可以对会见卡进行回收，注销功能，暂停使用功能，开通使用功能，补办会见卡功能，修改会见卡的信息等，做到方便灵活的设置信息。如图 6-4 所示。

图 6-4 会见卡维护表

6.2.2 登记管理功能

1. 会见登记

会见登记是整个系统中最重要的功能之一，每次会见都必须登记，它包括 5 个部分（如图 6-5 中的 ABCDE 区块），完成的功能有查询、提示、罪犯信息展示、亲属信息展示、编辑亲属、会见信息展示、会见记录展示等。

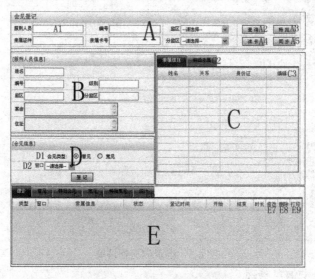

图 6-5　会见登记界面截图

2. 窗口分配

系统支持多种窗口分配方式，按照分配时间的不同分为预分配和后分配两种，按照分配方式不同分为手动分配和自动分配两种，根据操作数量的不同分为单个分配和批量分配两种。具体操作如图 6-6 和图 6-7 所示。

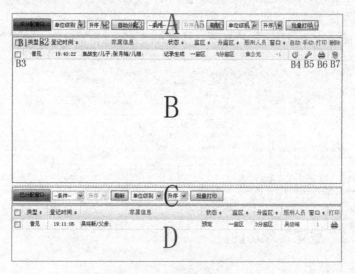

图 6-6　窗口分配界面截图

图 6-7　显示方式选择

预分配是指在会见登记功能中,在登记会见的同时分配窗口;后分配是指登记会见时不分配窗口,登记完成后,在窗口分配功能中再指定窗口。手动分配是指用户必须明确的指定某一具体窗口;自动分配是指用户不需要具体指定某一窗口,只需要执行一个自动分配操作,然后系统会负责指定一个具体窗口。单个分配是指每次只能分配一个窗口,批量分配是指一次可以分配多个窗口。

窗口分配成功后,系统通过 LED 大屏幕、液晶电视等显示工具把窗口分配信息显示出来,便于亲属及时了解自己的会见窗口。

3. 停见功能

停见功能是限定部分罪犯在一定的时段内没有会见权限,并记录停见原因,形成停见记录,包括停见新建、修改和删除等。

4. 宽见申请

针对罪犯提出宽见申请,由监区民警在系统上提出申请,申请信息由系统转交给相关领导。

5. 宽见审批

针对监区民警上报的宽见申请,相关领导在会见系统做出相应审批。

6. 登记查看

登记查看功能是向亲属和中队民警展示会见登记信息,方便他们了解会见登记情况。及时通知相应的罪犯准备会见。会见登记记录查询如图 6-8 所示。

6.2.3　通道管理

在监狱通道的 AB 门和会见室等罪犯及其家属必经区域均安装有人脸识别仪;在罪犯或其家属进出这些区域时,由人脸识别仪进行身份认证。认证信息将记录在会见管理系统后台和数据库中,与已有信息进行比对,通过信息比对无误后,方可进入会见流程进行正常会见。民警在会见管理后台可实

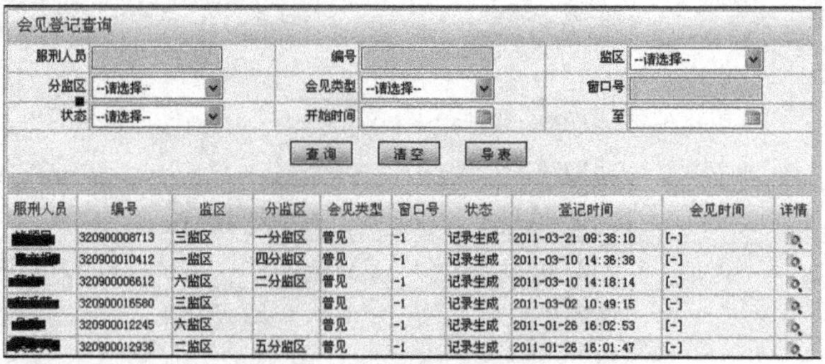

监狱安防系统

图 6-8 会见登记记录查询

时查看整个认证过程,若有身份认证出现异常,系统将会进行报警提示,方便民警即时处理。基本流程如图 6-9 所示。

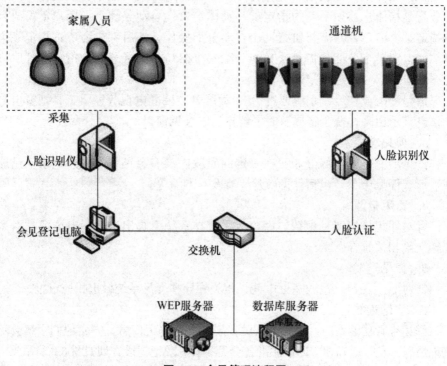

图 6-9 会见管理流程图

1. 人脸信息采集

将罪犯或其家属的人脸信息采集至人脸模板,保存在人员信息数据库中。若数据库中已有该人员信息,则将人脸信息与其基本信息进行关联;若数据库中并无其信息(比如其家属第一次来会见时的采集信息),则一并输入其他信息,并增加至数据库。

第6章 监狱电子监听系统

2. 通道实时认证

人脸信息通过人脸识别仪认证成功后,在系统管理后台将实时显示其对应的人员信息,一旦出现异常情况,可立即发出警报,进行相关处理。

6.2.4 会见监听

会见监控是系统最重要的功能之一,也是系统的特色功能。通过它可以对会见进行监听、插话、拆线、修改通话时长等操作。此外,系统还提供表格和图形两种显示方式,满足不同操作习惯的用户。

1. 板卡选择性监听

在系统附近安装监听话机,在话机按键操作,可以选择监听任何一路在通话的电话。

2. 网络监听

通过流媒体的方式将电话语音流传递到计算机中,在系统客户端通过计算机声卡直接监听。支持远程监听,接入同一局域网的计算机都可以很方便地实现监听。

软件界面截图分别如图 6-10 和图 6-11 所示。

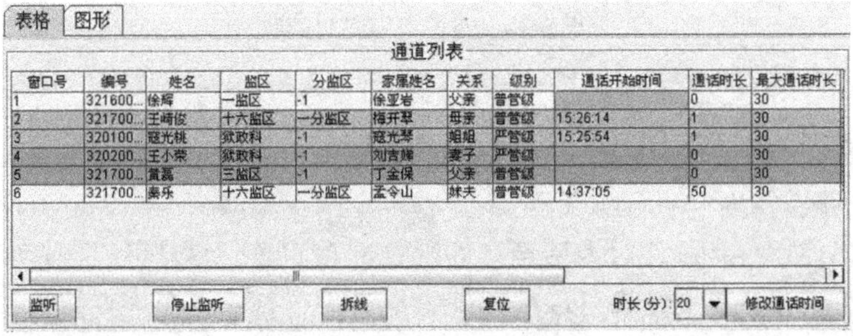

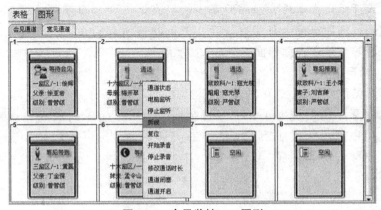

图 6-10 会见监控——表格

图 6-11 会见监控——图形

3. 修改时长

在某些会见过程中，考虑到罪犯的特殊情况，并且经过民警同意，可以通过控制界面延长罪犯的会见时间。延长会见时间操作界面如图 6-12 所示。

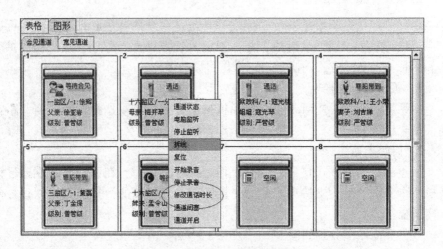

图 6-12 修改通话时长界面

6.2.5 录音管理

1. 录音查询

可以使用各种条件对会见录音进行查询和回放，并且可以任意条件进行组合查询，录音查询结果可以根据任意信息进行排序。允许直接选择一条录音，查询相关罪犯、会见人、民警的详细信息。提供多种快捷查询方式，不需要输入任何查询条件，只需要双击快捷查询，则立即查询出所有符合条件的记录，例如查询今日所有录音、查询昨日所有录音、查询某一分监区所有录音等。录音查询界面如图 6-13 所示。

2. 录音复听

提供类似媒体播放器的录音播放界面，可以开始、停止和暂停播放，实时显示播放进度条，可以直接拖拉进度条定位播放点。在播放过程中，可以显示当前播放录音的详细信息，同时可以对该录音进行会见编辑、删除、备份、锁定、导出、评价和备注等。录音复听界面如图 6-14 所示。

第6章 监狱电子监听系统

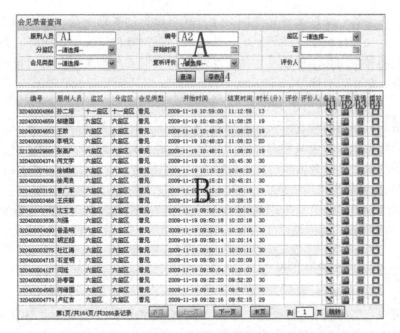

图 6-13 录音查询界面

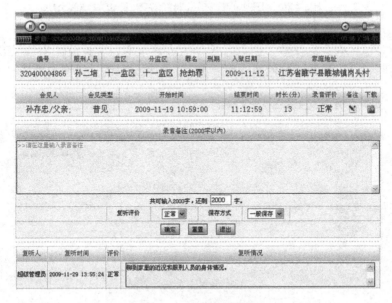

图 6-14 录音复听界面

3. 录音删除

对查询返回的录音素材，可以选择单条、多条或者全部进行删除，删除录音时也将录音记录和录音文件同时删除。可以自动清理磁盘，根据预先设置的条件，当磁盘剩余空间不足时，系统自动根据条件清除旧的录音。可以设置磁盘报警空间和停止录音空间，系统自动根据磁盘剩余空间进行报警和停止录音，防止系统崩溃。

4. 录音备份

对查询返回的录音素材，可以选择单条、多条或者全部进行备份，备份时将录音记录和录音文件都进行了备份。对备份的录音可以进行管理，可以对备份的录音进行查询和回放，根据需要可以将备份的录音上传到系统中。

5. 录音导出

对查询返回的录音可以选择单条、多条或者全部，将对应的录音文件直接保存到 U 盘或者磁盘。

6.2.6 会见查询统计

1. 会见记录查询

可以对会见记录进行查询，按照时间、会见卡卡号、用户编号、用户姓名、被叫号码和会见类型等作为查询条件进行查询。对录音记录进行查询，按照时间、会见卡卡号、用户ID、用户姓名、通话时长和通话记录等作为查询条件。

2. 会见记录统计

以各监区内会见次数、会见时长作为统计条件，对各监区内的录音文件记录进行统计，生成详细的统计图及报表。会见记录统计界面如图 6-15 所示。

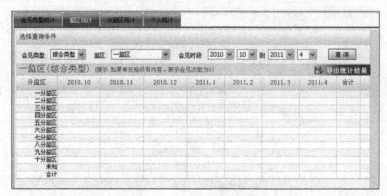

图 6-15　会见记录统计界面

6.2.7 远程视频会见

1. 视频会见登记

远程视频会见登记是为了对罪犯与其家属进行远程视频会见前对会见允

许时间长度等一系列信息进行配置和登记。当视频会见结束后，可以查看这次会见登记对应的视频信息及文本聊天信息，方便事后查询视频会见的相关信息。

2. 视频信息/文本聊天管理

管理员可以进入历史视频/文本聊天信息管理页面进行查询、删除等操作（视频信息可回放查看）。为了保证信息的原始性，不能被人为新建和修改。有效保证视频会见信息在后期能大致还原当时的大部分情况和信息，做到有据可查。

6.2.8 视频会见管理

1. 远程视频会见

罪犯或者家属登录成功，进入视频会见界面。当双方都在线时，可以互相请求视频。当视频成功连接后，开始计时，并向后台数据库写入视频记录相关信息。如果双方进行文本聊天，相应的文本聊天信息也会写入数据库。当会见时间达到会见登记设置的时间长度或者一方请求结束视频会见，则本次会见结束，相关信息更新到数据库。

2. 视频信息实时监控

管理员可以进入视频信息监控页面选择某个进行中的会见进行实时视频监控，以便对一些特殊情况或者需要重点掌控的罪犯的视频会见情况进行有效管控。

3. 文本聊天信息实时监控

管理员可以进入视频信息监控页面选择某个进行中的会见进行文本聊天信息监控，以便对一些特殊情况或者需要重点掌控的罪犯的视频会见情况进行有效管控。

4. 视频会见切断

管理员可以进入视频信息监控页面选择某个进行中的会见进行监控，发现异常情况时，可以单击"切断"按钮将本次会见切断。

6.2.9 系统管理

1. 用户账号管理

系统有严格的管理权限的设置，系统管理员有最高的管理权限，可以给各个功能模块安排相应的角色权限，通过权限管理登录 Web 页面，实现方便的管理和维护。

会见系统的使用者根据需要可以定义多个用户，每个用户根据权限的不同,可以使用的功能也不同。提供了详细的权限划分机制,多达十余种权限级别,各级别可以互相组合使用,方便了权限的灵活分配,同时也保证了数据的安全管理。系统角色设置功能便于批量设置用户。角色设置界面如图6-16所示。

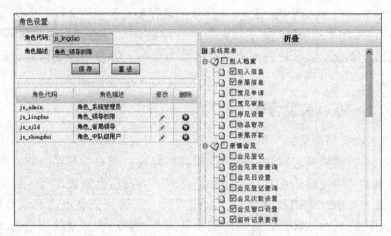

图 6-16 角色设置界面

2. 参数设置

系统参数设置可以对以下内容进行设置。设置会见次数:根据管教级别不同,设置单月最大会见次数。设置会见日:从监狱的实际工作需要出发,针对监区的会见日进行设置。例如,一监区的会见日为周一,设置后,一监区罪犯只能在周一进行会见,在其他时间无法进行会见登记。录音设置:自行设置录音保存的时长。系统默认为三个等级,一般保存为365天,长久保存为720天,永久保存为1 830天。录音设置界面如图6-17所示。

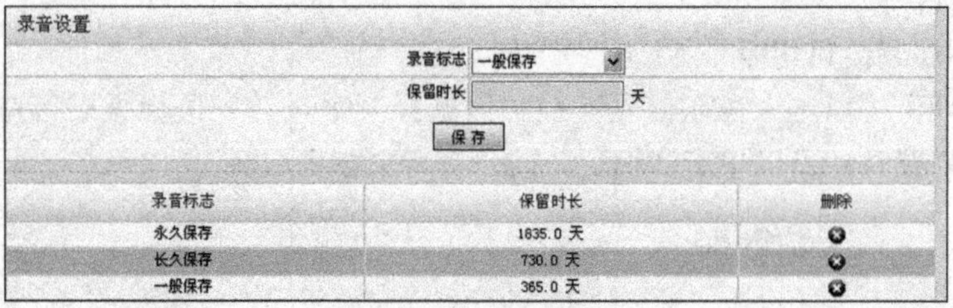

图 6-17 录音设置界面

3. 数据字典

数据字典是为系统管理员根据需要对系统内置的一些下拉选项进行配置,使系统内置的下拉选项更适合使用单位的实际情况。数据字典界面如图6-18

所示。

图 6-18　数据字典界面

4. 日志管理

日志管理实现对系统操作记录的管理，主要完成对一些比较重要的操作生成记录，以备以后查询。日志主要包括操作员日志、话单记录和录音记录等。

操作员日志记录操作员登录以及登录后对系统进行的操作。包括对系统的设置、帐号的管理、相应数据的操作等记录。日志管理界面如图 6-19 所示。

图 6-19　日志管理界面

5. 数据维护

可以将历史记录转移出当前使用的数据库表，保存到历史表中，从而提高系统运行速度。若有需要时还可以逆向操作，将历史表中的记录还原到系统中。

6.2.10　异常处理

在使用系统过程中，大多时候都是按照常规流程进行，但是有时难免会出现一些特殊情况,对它们的处理往往和常规的流程处理不同,这一节将它们专门列出。当然,异常处理不是一个独立的功能,而是为了突出和强调会见系统的设计是较为完善的。

4种常见情况如下:

(1) 特批会见。对于特殊会见,狱政科开票登记(一次性有效),登记窗口录入系统(不添加社会关系),后面的操作流程同普通会见登记。

(2) 异常挂机。会见过程中,如果会见时间未超过会见时限,亲属或罪犯进行挂机后,再次提机应该能继续通话,并且生成的录音接照上次的通话录音进行保存。

(3) 延长会见。在某些会见过程中,考虑到罪犯的特殊情况,并且经过民警的同意,可以通过控制界面延长罪犯的会见时间。

(4) 证件遗忘。对于某些亲属忘记携带身份证件的情况,如果上次已经登记过该亲属,那么民警可以通过亲属信息查询获得该亲属信息,经过核对,便可以进行正常的会见登记。

6.2.11 系统配置

1. 硬件配置

(1) 主机配置:工业控制计算机,ipc-8421/6114p12/400w/FSC1814V2NA/E5300/2G/500G×2(7200转)(双硬盘)/刻录光驱/键盘鼠标。

(2) 板卡配置:普见时,用16路的录音卡;宽见时,用8路的录音卡。

2. 系统参数

(1) 语音卡参数

外形尺寸:长×宽=310×115mm^2(不含固定片)。

重量:约400g。

环境要求:工作温度:0℃~55℃;储存温度:-20℃~85℃;湿度:8%~90%,无结露;储存湿度:8%~90%,无结露。

输入/输出接口:耳机插座:1个,φ3.5立体声插座;电话线插座:4个,RJ45,8芯。

录放音技术指标:录放音编解码格式:CCITT A/μ-Law 64kbps,IMA AD-PCM 32kbps;音频输出功率:≥50mW(耳机驱动);录放音失真度:≤3%。

频响:300~3 400Hz(±3dB);信噪比:≥38dB;放音回声抑制比:≥40dB。

系统最大容量:每个系统最多可容纳10块语音卡同时运行,每块语音卡最多16个通道。

电源要求:+5V DC:600mA,-12V DC:80mA,+12V DC:

300mA；最大消耗功率：≤12W（仅 PC 电源）。

（2）硬盘容量

硬盘容量：录音的语音采样频率为 8K，一分钟的数据为 480K。若一个小时需要占用硬盘空间 28.2M/路，则 1GB 的硬盘可以存放录音：1 024/28.2＝36 小时。

若录制成 MP3 格式，每小时录音文件大小为 2.82MB，则存储容量是 WAV 格式的 10 倍。具体录音容量计算如表 6-1 所示。

表 6-1　会见录音信息容量计算表

	录制成 WAV 格式	录制成 MP3 格式
1 小时存储容量	8×60×60/1 024＝28.2MB	28.2/10＝2.82MB
100GB 空间存放	100×1 024/28.2＝3 640 小时	36 400 小时
如果 30 路电话	3640/30＝121 小时	1 210 小时
每天通话 3 时	121/3＝40 天	400 天

由表 6-1 可知，若 100GB 的硬盘空间，录制成 MP3 格式，系统为 30 个窗口，每天通话 3 小时，则可以保存录音 400 天。系统可提供刻录工具，可以将录音文件定期刻录成光盘，以备存档。

（3）数据库负荷

考虑满负荷条件下，每个功能模块平均 4s 访问数据库一次，SQL Server 2000 在标准配置服务器的硬件环境下，事务处理能力为 300 次/秒。因此，在标准配置服务器配置下，预计系统最大容量为 64 个功能模块，此时数据库访问量为 16 次/秒，数据库工作负荷为 15%，保留出充分的负荷冗余以避免延迟等现象的发生。

6.3　监舍对讲监听系统

1. 概述

在信息技术与网络技术高速发展的今天，人们的思维、工作和生活方式正在改变，许多高科技产品和现代管理方式被公、检、法所采用。作为监狱监听、广播、对讲系统工程的建设，其系统方案必须遵循技术先进、安全可靠、经济实用、质量优良、扩展性能强的原则，能有效而简便地达到安全管理目的，符合相应的国内标准及行业规范。

根据公安部和司法部的有关规范和标准为基础，参照各级监狱的工程设计及施工经验，结合实际需求，因地制宜、统筹兼顾、精心设计，遵循"科技以人为本，科技服务于人"的原则，设计一套方便、实用、高效、成熟对讲监听系统。系统实现了监狱内部罪犯私下交谈信息的管理，民警可以根据此信息掌握罪犯的心理活动情况，有利于教育管理和布控罪犯；特别是监舍内罪犯交谈信息的管理尤为重要，相当于设置罪犯间交流信息的门卫。

2. 设计依据及标准

（1）《监狱智能化安全防范系统项目建设和管理（暂行）规定》；
（2）《监狱智能化安全防范系统配备标准》；
（3）《监狱安全防范工程设计规范》；
（4）《监狱智能化安全防范系统框图》；
（5）《监狱报警系统技术要求》；
（6）《监狱会见室智能监控系统技术要求》；
（7）《建筑电气设计手册》；
（8）《安全防范工程程序与要求》；
（9）建设单位提供点位统计表与设计要求。

3. 设计要求

本系统需要从产品选型、结构和功能上最大化满足改造扩容后某监狱的现代化管理需求，应具有如下要求：

（1）应用现代科技提高工作效率。

产品采用单片机（微处理器）构成的编译码器组成音频矩阵，可编程使产品组成网络，组成 4 个层次三级管理的模式，其组合与使用可以根据需求进行组网，实现统一的智能化管理目标。其中一级为监舍值班室（含两个层次），二级为监控中心，三级为省局指挥中心。

（2）产品采用全智能总线制设计，系统功能完善，集监听、对讲和广播、监视等功能于一身。

（3）人性化操作，操作直观、简单，按单一键即可完成。分机埋墙式，面板采用铝钢材防破坏设计。对讲不失真、监听清晰，广播声音宏大，达到现场对话和管理效果。

（4）总控主机通过网络线与上级设备连接，可跨区域广域网组网。

采用全智能总线网络控制系统，实现总控中心和分控中心对监舍呼叫、对讲、广播、监听的功能。当监舍呼叫到分控中心时，若无人处警，呼叫信号将在设定的时间内（1～999s）上传至指定分控中心或总控中心。

本系统需要配置的对讲系统主要包括三个部分：监舍楼三幢；教学楼 5～6 层监舍；高危犯监区（禁闭室）。系统点位分布如表 6-2 所示。

4. 系统设计

（1）设计思路：对讲系统控制中心设置在监管指挥中心、备协楼 7 楼。

第6章 监狱电子监听系统

监控中心是全监安全防范系统中心，集监控、报警、围墙号角呼叫机、对讲监听等系统于一体。可随时与各分控中心保持联络。分控室设在每个监舍楼层的值班室，负责对本区域的对讲监听。同时通过专网上传省局应急指挥中心，实现三级联网功能。

（2）系统组成：对讲系统主要是由对讲、传输和控制三部分组成，它们可完成对监舍现场进行监控。前端设备主要是对讲分机，这部分设备主要决定着监控的质量。后端中心控制设备主要是由位于控制中心室的对讲主机、分控室的对讲分机组成，这部分设备决定着系统的性能。

（3）系统示意图：监舍对讲监听系统如图 6-20 所示。

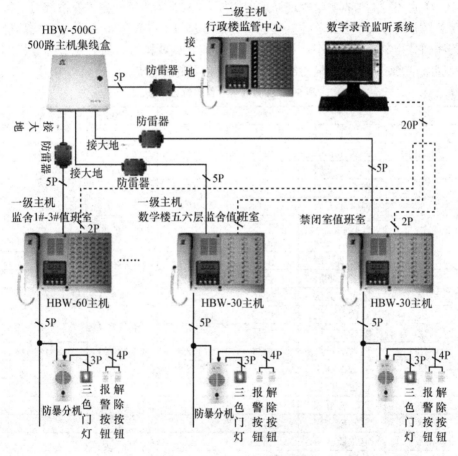

图 6-20　对讲监听系统示意图

（4）设计说明：①监舍 1#，2#，3#。每个监舍配置一台对讲分机，每层分控室配置一台分控机。②高危监舍。每个严管监舍和禁闭室配置一台对讲分机，每层分控室配置一台分控机。③教学楼 5～6 层。每个监舍配置一台对讲分机，每层分控室配置一台分控机。

(5) 系统设计详解：根据监狱具体要求，系统设计如下：

①总控室采用 1 台 500 路主机 HBW-500 主控机。

②监区（楼层）分控室分别采用 1 台 HBW-60、HBW-30 分控主机，共计 HBW-60 分控 3 台、HBW-30 分控 2 台（其中监房 1：1 台；监房 2：1 台；监房 3：1 台；教学楼 5～6 层：1 台；高危监房：1 台）。

③监区内需对讲点位共计 204 个，各点选用 1 部 HBW-AE3 分机，共计 204 部 HBW-AE3 分机。

④系统对上与省监狱管理局采用超 5 类 UTP 网线组网方式。系统对下采用总线布线方式，即从总控室分别引一根四芯和一根两芯（$1.0mm^2$）优质屏蔽线到分控室；分控室引一根四芯优质屏蔽线到各监舍。如需对每部分机实时同时录音，监听录音输出线采用一根两芯屏蔽线连接。

表 6-2 监舍对讲设备点位分布表

序号	区域	功能区	分机	分控主机	监舍数量
1	监舍 1 一层	监房	12		12
2	监舍 1 二层	监房	12		12
3	监舍 1 三层	监房	12	1 (60 路)	12
4	监舍 1 四层	监房	12		12
5	监舍 1 五层	监房	12		12
6	监舍 2 一层	监房	12		12
7	监舍 2 二层	监房	12		12
8	监舍 2 三层	监房	12	1 (60 路)	12
9	监舍 2 四层	监房	12		12
10	监舍 2 五层	监房	12		12
11	监舍 3 一层	监房	12		12
12	监舍 3 二层	监房	12		12
13	监舍 3 三层	监房	12	1 (60 路)	12
14	监舍 3 四层	监房	12		12
15	监舍 3 五层	监房	12		12
16	教学楼五层	监房	4	1 (30 路)	4
23	教学楼六层	监房	4		4
24	高危犯监区一层	严管室	4	1 (30 路)	4
25	高危犯监区二层	禁闭室	12		12
	合计		204	5	204

(6) 功能设计

①分机呼叫和报警。分机设有呼叫报警按钮，监仓有呼叫要求时，可以

第6章 监狱电子监听系统

按分机呼叫按钮呼叫分控中心。用户可以设定时间（1～999s），使监舍呼叫到分控中心，若无人处警，呼叫信号将在设定的时间后上传至监控中心。

②网络主控机可向下呼叫及监听。网络主控机可以分别呼叫所有主机和分机；网络主控机可以直接呼叫、对讲和监听分机。

③主机可以呼叫对讲和监听分机。主机可向上呼叫网络主控机，主机与主机之间可以任意呼叫。

④广播功能。网络主控机（或主机）可以对其下面的所有主机和分机广播，可任意选址广播。

⑤视频联动。网络主控机和主机均可与视频矩阵（或DVR）连接实现对讲监听时音视频同步，并且主机有自带视频联动、浏览功能。

⑥其他功能。监听输出功能，网络主控机和主机均有监听输出接口；具有报警功能，可与报警主机连接；具有记忆功能，LCD液晶全中文菜单显示网络工作状态，并能记忆警情；具有网络支持端口，可不断升级和扩展。

5. 设备选型

1) 分控主机

500路控制主机，型号为HBW-500，60路控制主机型号为HBW-60，30路控制主机型号为HBW-30。控制主机实物图如图6-21所示。

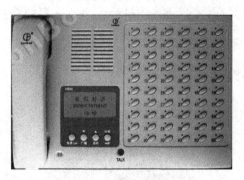

图6-21 控制主机实物图

安装与性能说明：

（1）一般放置在监狱管理中心的操作台上；30路主机HBW-30，60路主机HBW-60，只需用一条5芯总线分别并接30/60个分机；500路主机HBW-500、含500路主机集线盒（HBW-500G），只需用10条5芯总线，最多可接500个分机。

（2）具有4芯总线制监仓对讲主机（HBT系列）的所有功能；有故障分机检测、抗电磁干扰、防雷击等功能；有中文液晶显示、语音报号，菜单式的功能操作，使用方便简单，可显示各种状态及年、月、日、时间。

(3) 广播级通话音质，放音逼真、清晰、宏亮；须配合分机方可使用，与分机之间可免提及手柄通话；有 30 或 60 个路选指示灯，分为红、绿双色以区分报警、对讲状态。

(4) 语音处理技术，分机报警时，能语音播报分机号，管理人员不必查看主机显示便可知道报警的分机号码；有广播功能，带音乐输入接口，可定时开机报警；可同时显示多路分机的报警，并保持报警状态；可对单个分机进行监听或循环监听每路分机，分机处无任何察觉。

(5) 同时与多路分机对讲（组呼、群呼）；无中断报警：不管是待机、通话、广播，还是循环监听状态下，主机均能接收分机报警并播报相应的语音提示；可单独设置白天、夜晚分机的报警和通话音量。可配接监控统计软件，以监控统计分机的报警起始时间、通话时间等。

(6) 并接功能，同一条总线可并接 4 台主机；30 路、60 路与 500 路主机并接后，可实现 30 路（或 60 路）与 500 路主机之间的级别呼叫、对讲，对讲方式为全双工手柄对讲；HBW-500 作二级、三级、四级管理主机时，只需在最低一级别的 500 路管理主机上加 500 路主机集线盒（三级、四级不用配此集线盒），1 台 HBW-500 主机可管理 10 个一级主机及 500 个分机。

(7) 开锁功能，通过分机外接电控锁控制各个监仓门的开关；有开门提示功能，通过开门提示一览表 LED 显示各个监仓门的开关；有报警输出口，可接报警喇叭、闪灯；有 485 通信接口。

2) 分机

前端分机型号为 HBW-AE3-S，实物图如图 6-22 所示。

图 6-22 分机实物图

安装说明：

(1) 嵌入式安装，一般安装在监仓内的墙壁上；采用铝合金面板，含

ABS防火功能;安装底盒、支撑杆及内六角固定螺丝,具有防拆、防人为暴力破坏功能。

(2)采用二进制编码方式,可任意设定分机号;广播级通话音质,放音逼真、清晰、宏亮;须配合主机方可使用,与主机间是免提式对讲;可向控制室主机报警及对讲。

(3)可外接报警按钮和解除按钮(报警按钮:可代替本分机上的呼叫按钮,向主机发出报警;解除按钮:可解除本分机的报警、门灯闪亮、走廊显示屏、主机指示灯、音乐声)。

(4)可作监听头用,有录音输出端口,可配合语音卡、硬盘录像机等同步录像、录音,可外接门灯;与主机之间每20路用一条4芯总线连接;附送专用接线夹,只要用老虎钳即可与总线无断线连接。

(5)金属外壳尺寸:170×235×2mm(L×W×H);安装底盒尺寸:150×210×58mm(L×W×H);外包装箱尺寸:495×335×560mm(L×W×H)。

6.4 监狱亲情电话系统

6.4.1 概述

亲情电话系统作为监狱信息化管理和人性化管理的一种重要途径,是现在监狱亲情帮教和实施人性化管理不可缺少的一项重要内容。通过该系统可以控制罪犯电话的外拨,未经审核的电话不能拨出,拨打电话过程可以由管理员全程监听并可控制计算机实时录音,方便查询和回放,可多路电话同时工作。

系统采用集中式组网方式,在中心机房部署一套亲情电话录音服务器,各个监区监控系统利用监狱内部的局域网联结成一个整体,形成一个能监控监狱亲情电话的全网。这样可在各监区单点监听,也可在监狱内部网的任何地方对亲情电话进行全程监听。系统实现了民警对罪犯与家属通话信息的管理,充当了通话信息输入与输出通道的门卫。

系统改变了监狱现有亲情电话系统的数量少、监听不便、不能录音、组织不便等不足,将电话安放在各监区(分监区),值班管理员可以方便地组织罪犯使用亲情电话,通过拨号、接听分离的方式以及后台系统控制拨出等,实现亲情电话的安全使用和管理。

6.4.2 系统说明

1. 系统特点

监狱亲情电话监听系统具有三大特点：

（1）4个限制：限制外呼号码、限制每月通话次数、限制单次通话时长、限制通话间隔。

（2）4个管理：罪犯信息管理、通话过程管理、录音文件管理、操作员管理。

（3）5个查询：按通话时间查询、按被叫号码查询、按罪犯编号查询、按罪犯姓名查询、按监区信息查询，也可以用各条件组合查询。

2. 系统发展历程

第一代：采用普通的IC卡电话，或公话。干警需要带罪犯到指定的地点并且代拨号，在通话过程中没有录音，无法实时监控。

第二代：单机版的亲情电话系统，采用C/S构架，与狱政系统、大帐系统无接口，注重对罪犯通话的管理。

第三代：网络版的亲情电话系统，融合信息化整体方案，采用B/S构架，与狱政系统、大帐系统有接口，对罪犯通话和干警监管并举。

第四代：完全融合在罪犯的信息管理中，是数字化监狱的一个有机组成部分。亲情电话系统发展历程如图6-23所示。

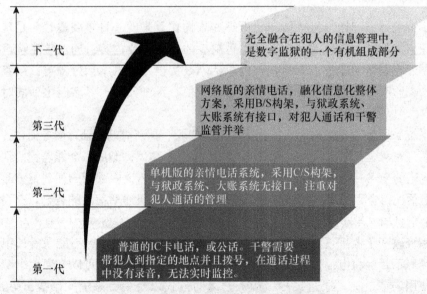

图6-23 亲情电话系统发展历程

6.4.3 系统设计

系统由语音模块和数据库模块组成，同时系统与狱政系统和大帐系统有相应的接口，通过两部分的有机结合实现系统稳定可靠的运行。

系统建设一般会按照监狱局的业务要求，系统数据这一块与狱政系统的数据库通过 XML 接口实现数据同步，计费通过与监狱大帐系统进行对接，实现数据自动更新和自动计费。下面具体介绍建设方案。

1. 系统结构

监狱亲情电话系统图如图 6-24 所示。

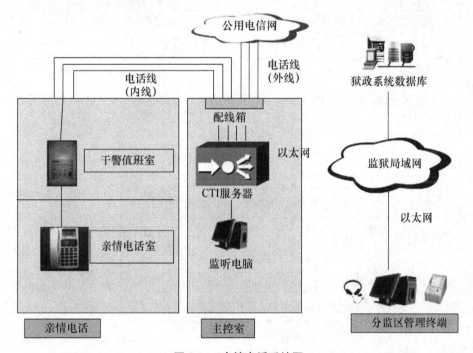

图 6-24 亲情电话系统图

说明：

（1）系统在每个分监区或者中队通过一台计算机来管理本监区的一台或者多台计算机，实现各个分监区的独立管理；系统与狱政系统通过 XML 接口进行数据同步，实现数据的实时维护，通过与大帐系统实时通信，保证预付费和实时扣费。

（2）物理图中的电话机为射频卡电话机，用户通过刷卡来实现用户卡号的输入，完成用户身份识别；呼叫管理模块由工业控制计算机和模拟语音板卡组成，语音板卡接收到从电话机发过来的 DTMF 信息后转发给呼叫管理系统。呼叫管理系统验证卡号后从数据库服务器中获取相应的亲情号码通过外线发起呼叫。

（3）系统监控是系统实时管理监控功能模块，管理员通过该界面可以实现对系统有效的监控；业务管理平台主要实现用户信息管理，包括拨打信息、用户信息管理等；呼叫管理模块和业务管理平台共享数据库服务器，各模块和数据库服务器在逻辑图中为各自独立的模块，在物理上可以共用。

2. 集中式和分布式建设比较

监狱亲情电话系统的空间布局可以分为集中式和分布式两种建设方案。两者的不同点在于话机设置部位：集中式就是类似话吧的方式，把所有的电话机集中在一个房间；分布式是把电话机分散在各个监区，便于罪犯随时拨打电话。两种方式比较如表 6-3 所示。

表 6-3　集中式与分布式建设方案比较

建设方案 比较项	集中式建设方案	分布式建设方案
建设方式	建设简单，便于管理	建设相对复杂，便于使用
布线情况	统一布线	分布拉线到各个监区
适用范围	适用监区面积较小的监狱	适应监区范围较广的监狱
话务分析	各有优势	各有优势
管理模式	便于管理	监区管理

3. 系统逻辑

在系统逻辑结构上，用模块化系统设计方法。系统逻辑结构如图 6-25 所示。

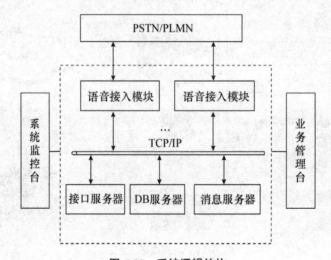

图 6-25　系统逻辑结构

系统说明：

（1）系统通过语音接入模块接入 PSTN/PLMN，实现呼叫控制和语音接续，语音接入模块支持用户线接入、数字中继接入（支持中国一号信令、PRI 信令、中国七号信令）。

（2）DB 服务器提供业务数据的存储和设置信息，包括卡数据、用户数据、通话记录和日志信息等。

（3）接口服务器提供与监狱卡管理系统的通信和同步，将本系统融入到

第6章　监狱电子监听系统

监狱一卡通系统内部。

（4）消息服务器实现内部消息的转发，保证内部状态的一致；监控和管理平台实现系统业务的管理和系统运行状态的监控。

4．电话操作流程

操作流程说明：

（1）罪犯摘机，输入罪犯番号，系统自动将罪犯的信息发送到平台，从平台提取罪犯的亲情号码。

（2）系统语音提示罪犯有几个亲情号码，按相应的编号进行拨号，按0为查询余额，9为查询亲情号码。

（3）如果罪犯的亲情号码比较多，罪犯可以将号码打印出来贴在电话卡的背面，便于拨打的时候查询。

（4）罪犯只需要按一个键就可以进行拨号，同时管理员可以对罪犯的通话进行全程监听和录音。

电话操作流程图如图 6-26 所示。

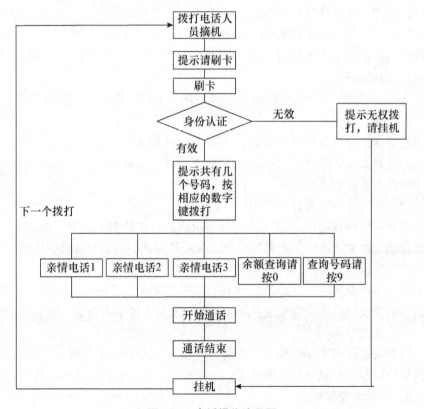

图 6-26　电话操作流程图

6.4.4 业务功能

亲情电话系统采用 B/S 软件构架，方便用户接入系统，实现分布式的管理，包括以下功能：呼叫控制功能、设置功能、状态监控、计费功能、录音管理功能、卡信息管理功能、数据查询统计功能。系统采用稳定可靠的工业计算机平台，利用成熟的 CTI 技术和 RFID 技术实现，保证系统的无故障运行。

CTI 技术在呼叫控制过程中灵活方便，稳定可靠。RFID 技术在身份识别过程中准确无误，易于管理。具有控制灵活、设置丰富、监控实时、与实际业务流程结合度高、数据记录详尽全面、系统稳定可靠等诸多特点。各项业务功能介绍如下：

1. 呼叫控制

用户通过语音板卡可以拨打特定的几个亲情号码进行通话。对拨打电话的权限进行控制，无法呼出未被设置的电话号码，实现对拨打电话的限制。同时，管理员可以使用监听电话，通过语音模块界面操作或者电话按键实时监听任意一路正在通话的电话。如果发现有不良的言论，管理员可以随时拆除任意一路正在通话的电话，实现对通话的管理控制。

2. 相关设置

系统可以通过各种各样的设置来满足各种用户的需求，设置的内容包括：

(1) 通话费率。

通话费的计费参数灵活设定，可根据地区码设置（国内长途，市话）通话费。计费方式灵活，可以进行通话费率设置，余额告警设置等，便于监狱内部自己运营和结算。

(2) 最大通话时长。

系统可以设置通话的最大时长。当用户拨打电话到最大时长的时候，系统会自动结束本次通话。如果不设置，表示管理员对通话时长没有限制。

(3) 通话次数。

系统可以设置每个月最大的通话次数，罪犯当月拨打次数达到最大次数的时候，系统将根据设置作出判断，罪犯将无法实现本次通话。

(4) 亲情号码。

民警可以按照罪犯提供的号码分别设置亲情号码，可以按照罪犯管教的级别分别设置一个或多个亲情电话，一般为两个固话号码，实现有效的控制。

3. 实时监控与计费

系统对运行状态提供实时状态监控，也提供实时计费功能，具体如下：

(1) 通道监控。

语音程序提供了通道的状态监控功能，管理员可以监控到各个通道的当前状态和通道信息。通道状态包括空闲、通话及振铃等。

(2) 实时计费

提供用户在通话时实时计费的功能，可以实时计算卡中的费用。当卡中余额不足，通话时间只剩一分钟时会有语音提示用户余额不足，在余额为0时自动拆线。计费开始、结束时间可以有两种方式来判断：一种是通过交换机的极性反转信号来判断；另一种是通过能量识别加语音识别判断，保证计费的准确性。

(3) 保存话单。

当用户一次通话完毕后，系统会自动保存该次通话话单，话单中保存了该次通话的详细信息，如卡号、通话开始时间、通话结束时间、通话时长和通话费用等。管理员可以通过管理程序对话单进行查询、打印等操作，提供了详细的通话记录。

4. 电话监听

监狱要对罪犯的通话全程进行监控或者选择性监控，主要有"通话前、通话中与通话后"三个过程的监控。系统在投入使用前，要审核罪犯可拨的亲情号码，只能是两个合法的固话号码，有效防止罪犯拨打"非法号码"的电话。在通话过程中，可以实时监控，并可以插话或拆线。通话结束后，可以随时复听双向通话录音，并可备份保存，起到了良好的通话后监控效果。

用户拨打电话时，民警可以通过三种方式实现通话的监听：

(1) 专用监听设备监听（一对一）：通过专用监听设备，在罪犯拨打电话时进行监听、拆线、插话。专用监听设备实物如图6-27所示。

图6-27 专用监听设备实物

（2）板块选择性监听（一对多）：通过计算机界面操作或者话机按键操作，可以选择监听任何一路在通话的电话。

（3）计算机实时监听（一对多）：通过流媒体的方式将电话声音语音流传递到计算机中，在系统客户端通过计算机声卡直接监听。支持远程监听，接入同一局域网的计算机都可以很方便地实现监听。

5. 录音管理

用户在打电话时，系统可以实时录音，录音文件支持 WAV 格式和 MP3 格式，录音文件放在指定的文件目录下。管理员可以通过录音管理程序对录音进行备份、复听和删除操作。

（1）查询录音记录。

录音管理程序给管理员提供了录音记录查询功能，可以按时间、卡号和用户姓名等条件查询，方便对录音进行管理。

（2）录音试听。

管理员能通过录音管理软件对用户的通话录音进行试听，只需选中查询到的录音记录即可复听。

（3）录音删除。

录音的删除分为两种：一种是定时自动删除录音文件；一种是手动删除录音文件。定时自动删除，管理员可以设置录音文件保存时间，系统会自动删除过了保存期的录音文件；手动删除，管理员可以通过录音管理软件手动删除录音文件。

（4）录音备份。

对于一些比较重要的电话录音，为了避免自动删除或其他原因丢失录音文件，录音管理程序提供了录音文件备份功能，将重要的录音文件备份到指定目录。

6. 卡信息管理

（1）操作员管理。

系统管理员可以通过卡管理平台对操作员信息进行维护和管理。包括操作员账号的增加、删除、权限设置以及修改密码。

（2）电话卡维护。

可以对电话卡进行注销功能、暂停使用功能、开通使用功能、补办电话卡功能、修改电话卡的信息等，做到方便灵活设置卡的状态。

（3）电话卡充值。

系统可以通过卡管理平台对电话卡进行充值，实现该电话卡长期有效使用。

(4) 用户信息管理。

建立用户信息库，设置用户编号、姓名、所属监区、所属中队等信息。可以为用户建立多个可拨打的亲情号码。可以通过管理员审核后修改用户信息和用户拨打的亲情号码。

7. 数据查询

(1) 查询功能。

可以对通话记录进行查询，按照时间、电话卡卡号、用户编号、用户姓名、被叫号码和通话类型等作为查询条件进行查询。对录音记录进行查询，按照电话卡卡号、用户ID、用户姓名、通话时长和通话记录等作为查询条件。可以通过语音流程或者程序界面对话费余额进行查询。

(2) 统计功能。

以各监区内通话次数、通话时长作为统计条件，对各监区内的通话记录、录音文件记录、操作日志进行统计，生成详细的统计图及报表。其内容由三部分组成：通话次数、通话时间、各监区内通话次数比例。包含了柱状、饼状和线型等多种图样式。

8. 日志管理

日志管理功能实现对系统操作记录的管理。主要完成对一些比较重要的操作生成记录，方便日后查询。日志主要包括操作员日志、话单记录和录音记录等。

(1) 操作员日志。

操作员日志记录了操作员登录以及登录后对系统进行的一系列操作。包括对系统的设置、账号的管理、相应数据的操作等。

(2) 话单记录。

指每一次通话过程中形成的通话记录，话单中保存了该次通话的详细信息，如卡号、主叫号码、被叫号码、通话开始时间、通话结束时间、通话时长和通话费用等。

(3) 录音记录。

录音记录记录了每一次通话的录音文件的详细信息，包括录音文件的文件名、录音通话的主被叫号码等信息。删除录音记录的同时会删除录音文件。

9. 对接狱政系统

系统可与现有狱政系统进行对接，根据罪犯表现或犯罪类型，分配对应的管教级别，如严管、普管、一级宽管、二级宽管。罪犯管教级别分类表如表6-3所示。

表 6-3　管教级别分类表

管教级别	拨打次数（每月）	拨打时间（每次）	拨打号码
严管	3	5	1
普管	6	10	3
宽管	10	15	5

管教级别可根据监狱情况设置，每个级别对应的拨打次数、时间、号码都是监狱设置。通过享有拨打亲情电话的这种方式，实现对罪犯的激励；同时有效地运用资源，规范管理，防止出现腐败。要实现该功能，只需将亲情电话管理系统与现有的监狱罪犯管理系统数据对接，罪犯的管理级别与亲情电话管理系统中罪犯的级别自动同步及时更新罪犯信息，确保数据库的有效性。

10. 系统平台

系统核心部件采用双机分担的设计，保证系统的安全，功能模块采用模块化的设计思想，便于扩展和使用，电信级的构架保证系统容灾备份，让用户使用得稳定、放心。录音文件的具体容量计算方法可以参照监狱会见系统进行计算。

6.4.5　系统应用价值

1. 提高工作效率

系统将每个罪犯审批过的亲情号码存储于数据库中，一次审批，永久有效，避免重复的审批。拨打电话时，只需摘机，民警代拨号。通话完成以后，系统自动保存各种记录，同时生成各种报表，民警打印后可以自动归档，无须费时费力进行数据处理。通过系统可以降低民警的劳动强度，使管理更加规范与高效。

2. 智能选择线路

某一路外线电话有可能会出现故障，系统会智能化选择其他空闲线路进行通话，从而实现了同一系统下各监区电话线路的共享，不会因某一监区的外线故障而导致该监区的亲情电话无法使用，有利于维持系统的正常运行。

3. 监听与复听

罪犯的思想动态、心理想法最容易在自己的亲人面前流露出来。监听与复听罪犯的通话，有利于民警及时准确地把握罪犯的心理、思想变化，及时调整改造方法与策略，加快对罪犯的改造，从而积极帮助罪犯加强改造，争取早日重新做人。

4. 系统兼容性

系统强大的兼容性，可以很方便的与监狱里现有的系统兼容，从而有效防止重复建设，减少开支，节约基础设施建设费用，节约国家资金。

5. 随时拆线

民警可以即时全程临听任意一路正在通话的电话，双方通话内容均能听到，并可以在通话过程中插话，可以提醒罪犯在通话时应注意的事项。如果通话中，一方出现了不符合监狱规定或不利于罪犯改造的通话苗头，如罪犯使用方言、土话和暗语等，民警可以立即强行拆除通话线路，从而有效防止发生窜供、泄密等不利于罪犯改造的事情。

6. 罪犯改造

亲人的规劝和帮教在罪犯改造中具有不可替代的作用，特别是亲人主动配合监狱加强对罪犯改造时，其作用更大。亲情电话管理系统的使用，更加方便民警组织罪犯拨打亲情电话，为罪犯架起亲情桥梁，便于罪犯在浓郁的亲情规劝中，增强改造自我的意识，鼓起重新做人的信心和勇气。

6.5 数字化审讯系统

数字化审讯指挥系统作为司法部门电子政务系统中的一个重要组成部分，与常规监控存在本质的区别，它对稳定性、可靠性、保密性、实时性、综合性和业务流程等方面有很高的要求，系统必须符合审讯办案过程的业务流程、管理规范和使用特点。此外，还要在技术上解决音频保真、视频清晰、笔录真实、管理简便、系统保密和防止涂改等诸多问题。

6.5.1 系统拓扑图

1. 数字化审讯指挥系统全省联网

基层单位管理本单位的审讯室，在局域网内进行指挥、管理。地市级单位除管理本单位的审讯室外，可以通过专网对基层单位的审讯室、审讯情况进行统一调度管理。省级单位则可以通过专网对下级所有单位的审讯室、审讯情况进行统一调度管理，构成三级联网管理体制，实现全省联网互通。应用拓扑图如图 6-28 所示。

2. 数字化审讯指挥系统

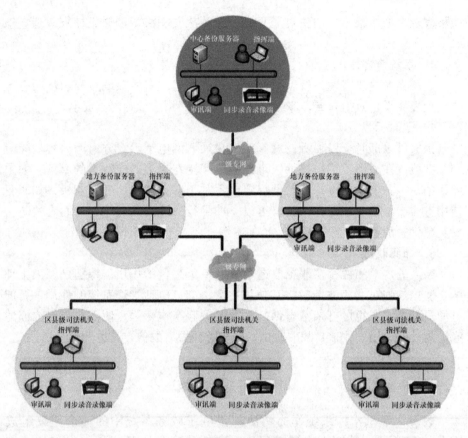

图 6-28 省级联网应用拓扑图

系统说明：

(1) 视频信号流向。每个审讯室安装一台摄像机和一台"智能球机"。两路视频可以通过软件实现画中画图像，两路视频图像全部输入到音视频分配器，再由音视频分配器一分为三：一路到同步录音录像主机，用于实时记录审讯画面，方便确认整个审讯记录的完整真实性。另一路到备份主机，确保数据丢失。第三路输出到矩阵。

(2) 音频信号接入。每个审讯室安装一个拾音头。拾音头采集的音频信号通过专业调音台对采集的音频信息进行处理，得到清晰的音频输入到音视频分配器，输出的音频接入方式同视频一样，并和审讯室的图像对应并保持同步。

(3) 网络用户访问。前端摄像机图像→音视频分配器→同步录音录像主机（或者双机热备主机）→流媒体服务器（用户访问较多时采用，通常是单路视频大于 6 个用户访问）→客户端（指挥端或者询问端），用户访问时，通

第 6 章　监狱电子监听系统

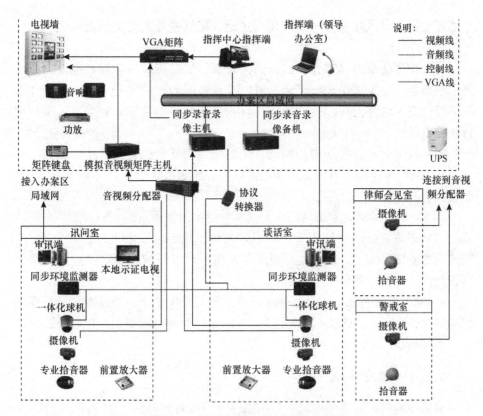

图 6-29　数字化审讯指挥系统拓扑图

过权限认证。

（4）一体化球机控制和环境温湿度叠加。一体化球机和同步环境检测器都是采用 RS485 通信，并有地址码，可以采取一条总线接入，一台同步录音录像主机可以接入多个审讯室的一体化球机和同步环境检测器。一体化球机的 RS485 控制信号也可以接入到中心音视频矩阵系统，由矩阵实现对前端球机的控制。由于本地有模拟矩阵系统，为了解决模拟矩阵和同步录音录像主机的综合控制问题，本地配置了控制代理服务器，网络上用户的控制、矩阵的控制全部通过控制代理服务器来仲裁，从而实现模拟和数字的综合控制。

（5）示证电视。讯问室安装 1 台示证电视，实物证据可通过后端视频展台采集证据图像后，由讯问室的示证电视显示。若是电子证据，可在讯问室的审讯端计算机查看，并通过 VGA 信号显示到示证电视上。

（6）审讯端。讯问室计算机作为审讯端，安装审讯端软件，可以连接讯问室的图像，控制画中画、云台。可以制作电子笔录，可以和指挥端进行文

· 223 ·

字语音沟通。审讯端软件可以使用真迹笔，把真迹签名叠加到录像视频、电子笔录中。

（7）指挥端。指挥室计算机作为指挥端，安装指挥端软件，可以连接讯问室的图像，控制画中画、云台。可以查看审讯端做的电子笔录，可以和审讯端进行文字语音沟通。指挥端还可以安装在领导办公室，领导可以远程进行指导审讯。

（8）指挥中心。指挥中心配置一个电视墙，此电视墙由拼接屏组成，具有 AV 和 VGA 接口，可以通过遥控器或中心控制系统进行 AV 和 VGA 的信号切换。

● AV 矩阵主机：审讯室的每路视频和音频信号通过音视频分配器分配后接到 AV 矩阵主机，视频通过 AV 矩阵主机输出到电视墙上，音频通过 AV 矩阵主机输出到功放，由功放处理后到音箱。可以通过控制键盘进行每路的音视频信号切换，输出到电视墙上。

● VGA 矩阵主机：主要是连接同步录音与录像主机、指挥端计算机或笔记本的 VGA 信号，把以上设备的 VGA 信号切换到电视墙上，供领导指挥使用。系统拓扑图见图 6-29 所示。

6.5.2 布局说明

根据房间功能需求的不同，系统总体布局可划分为三个区块：

1. 审讯室

审讯室主要负责音视频采集和温湿度采集。每间审讯室支持两路视频。加配图文指挥计算机可以进行图文远程指挥。审讯室的音视频通过模拟信号线连接到控制室主机，通过主机处理后的视频图通过网络传到审讯室计算机上。审讯室的计算机上使用审讯端软件，完成录像刻录、重点打点、做笔录，与指挥端的声音/文字/图形交流以及手写签字等。

2. 控制室

控制室主要负责全程同步录音录像实时刻录工作，在控制室安放工控式同步录音录像主机和双机热备主机。同步录音录像主机上使用同步录音录像端和卷宗管理软件，完成的功能主要是录像刻录控制、审讯信息录入、参数设置。

3. 指挥室（指挥中心或领导办公室）

指挥中心主要用于领导指挥工作，使用计算机上安装的指挥端软件完成对审讯室直接指挥和录像刻录功能。领导办公室通过使用指挥端软件，可以在自己的办公室监视审讯过程，对讯问人员进行远程指挥。

6.5.3 审讯室说明

根据对审讯室建设不同要求，提供建议性审讯室方案说明。审讯室平面效果图如图 6-30 所示。

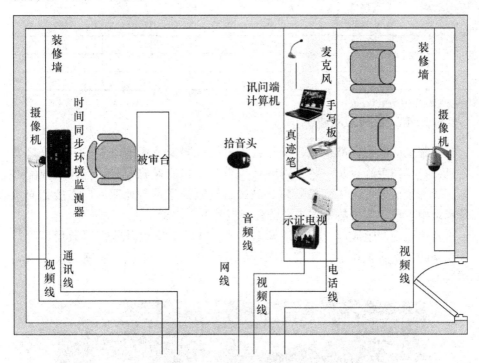

图 6-30 审讯室平面效果图

审讯室是采集视听证据的最重要的工作场所，一般要求 $15m^2$ 左右。审讯室要做隔音吸音处理，应采用软件材料建造并要进行吸音、隔音、消音的处理；通风管道或通风口应采取软体管道或加装消声器，有良好的换气温度控制系统；视频采集设备应能适应现场的照明条件，照明光源应采用三基色冷光源。审讯室设备清单如表 6-4 所示。

表 6-4 审讯室设备清单

序号	名称	数量	单位	备注
1	固定摄像机	1/2	台	
2	一体化球机	1	台	
3	拾音器	1	个	
4	环境监测器	1	台	

续表

序号	名称	数量	单位	备注
5	示证液晶显示器	1	台	选配
6	审讯计算机	1	台	
7	真迹笔	1	只	选配
8	手写板	1	只	选配
9	报警按钮	1	只	选配
10	空调	1	台	
11	审讯桌椅	1	套	

6.5.4 控制室说明

控制室一般配标准机柜、操作台等，摆放同步录音录像主机、双机热备主机、音视频矩阵以及一些音视频处理设备，如前置放大器和音视频分配器等。音视频信号统一传到控制室，经过音视频处理设备处理后，连接到同步录音录像主机、双机热备主机和音视频矩阵上。

若用监视器组成电视墙，应参考房间大小、高度以及监视器数量，进行电视墙的，配置工作台，实现对现场的监看和指挥。审讯控制室建设效果如图 6-31 所示。

图 6-31 审讯控制室建设效果

6.5.5 指挥室说明

由于对指挥室建设要求不同，方案提供的指挥室说明仅是建议性的。简单指挥室就是领导办公室，领导办公室安排一台普通配置的计算机，安装上指挥端软件，并要与控制室中的同步录音录像主机、审讯室中的审讯端计算机在同一个网络上，相互之间网络连通，可达到指挥的效果。

指挥室就是指挥中心，指挥中心需要配置会议桌，并设有大屏幕、电视墙或电视等相关设备；指挥计算机上安装指挥端软件，并要与控制室中的同步录音录像主机、审讯室中的审讯端计算机在同一个网络上，相互之间网络连通，就能达到指挥的效果。

6.6 远程视频探视系统

6.6.1 概述

我国司法机关利用信息科技带来的技术革新，建立一套监狱远程探视系统。应用远程探视系统实现家属在本地与异地的犯罪亲人视频会面，避免罪犯家属探视的路途劳累，节省费用；同时，也可以提升司法系统社会形象，促进罪犯积极改造。监狱民警通过该系统在线控制会见的整个流程，包括会见预约登记、审核、权限设置、监控、录像和存储，监狱领导也可随时调取会见录像资料进行回放。

6.6.2 系统组成

在监狱（或劳教所，后面统称为监狱）的视频探视室和监舍活动区安装摄像机，接入视频网络编码器上传移动视频专网，通过千里眼视频流媒体服务器转发至移动无线基站以及各需求用户端，远程家属使用的交互终端可以是计算机，也可以是手机，两地探视终端通过千里眼平台进行远程交流。远程视频探视系统示意图如图 6-32 所示。

监狱监控中心安装基于 PC 的监视器，可以监视所有属于本监狱的探视画面。当发现某组探视画面异常情况时，监狱民警可以通过监视台进行监听干预；当发现进行非法交流时，民警可以中断探视过程。所有探视过程通过存储服务器录制存储；同时民警也可通过存储服务器点播回放某组探视过程的录像。探视终端统一在省移动公司注册账号和密码，由司法厅设置用户等级进行权限管理。

监狱安防系统

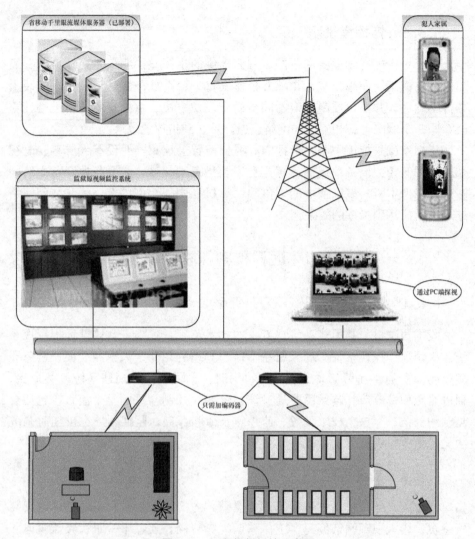

图 6-32　远程探视系统示意图

6.6.3　系统功能

1. 管理服务

管理服务是系统的控制中心,保障系统中所有设备、各种资源安全有效地运行与共享,包括应用管理、设备管理、服务器间连接与切换、用户管理、日志管理、客户端在线管理等。

2. 目录服务

系统支持多目录、多中心服务,轻松实现海量设备的管理、支持多中心数据同步和相互备份,保障了数据的完整性,以及相应的实时性和系统的稳定性,避免了信息孤立和垃圾信息产生。

3. 转发服务

单服务器支持 400 路视频的汇聚与转发。系统提供的分布式多转发中心架构,最大限度地分摊网络负担,避免网络瓶颈和拥塞。配合中级(Relay)转发模式,支持应用层路由优化,限制无效网络流量的产生。

6.6.4 系统优点

1. 利用原有系统

在原系统的所有结构与功能不变的基础上,无论原系统是模拟的,还是数字的视频监控系统,也无论是独立的还是多级联网的系统,都可以升级接入千里眼视频监控平台,仅增加视频编码器和移动视频专网。

2. 建设快

升级时原系统可以继续使用,中断时间短。在网络接通后,加装编码器和客户端软件即可使用,系统设置可以先期操作。

3. 成本低

基于上述特点,系统升级的费用较低,产生的社会效益和经济效益却较高。减少了监狱的接待管理成本、用工数量。

6.6.5 小结

对于监狱管理工作以及矫正对象来说,传统管理中被判刑、劳教等人员进入监狱或劳教所后,其亲属因路途遥远,交通不便,经济困难等原因探视机会少,亲属难得能探视一次,亲人之间感情交流少,不利于罪犯的改造。

视频监狱远程探视系统是视频监控、网络技术、数据传输和手机无线视频的扩展性应用。远程探视增加了探视机会,减少了双方的探视成本;增加了亲人间"会面"交流思想和感情的机会,让服刑和劳教人员安心接受改造;减少了传统监狱探视的安全性风险,也提升了司法系统的社会形象。

思考题

1. 什么是监狱电子监听系统?
2. 监狱会见监听系统的功能是什么?
3. 监狱对讲监听系统的功能是什么?
4. 简述监狱亲情电话系统的组成及工作流程。
5. 简述同步录音录像系统的功能与组成。
6. 简述监狱电子监听技术的发展趋势。

第 7 章 监狱安防集成平台

7.1 概 述

7.1.1 背景需求

长期以来监狱安防系统的集成一直是监狱和企业共同追求的一个目标,安防系统的集成可以给用户带来很多的好处,也体现了安防信息时代的一个大趋势;同时也是一个安防项目的难点,因为安防系统主要包括周界报警系统、视频监控系统、门禁系统等,同时可能根据项目需要还要与其他子系统进行集成,各个子系统可能来自不同的厂家,相互之间的接口、协议互联互通等问题都是安防集成的障碍。

目前,由于技术和市场的原因,视频监控、门禁控制和报警主机系统大多采用像专有的通信协议,实现内部的数据传递,软件架构采用封闭的模型,对外缺乏符合国际标准的第三方接口,造成了各子系统之间无法实现信息的共享,更谈不上联动与互操作了。统一的安防集成管理平台是完善安全管理机制的必然选择,要求各子系统在集成平台全局性管理指导下,有条不紊地执行各种复杂的指令动作,充分发挥多系统集成的合力。

安防集成平台可以简单地理解为在同一个平台上对各子系统进行集中的控制和管理,集成平台根据各子系统产生的信息变化情况,让各子系统作出相应协调动作,从而达到信息的交换、共享和处理等。监狱安防集成平台建设目标:统一指挥、协同工作、联动防范。

7.1.2 设计思路

监狱安防集成平台是结合大量的安防工程成功案例,开发完成的大型安防集成综合管理平台,秉持了传统与技术进步兼容并蓄的理念,按照信息化理论和软件工程的思想,充分深入用户的需求,不仅系统架构完整、易于组建大型安防集成系统,而且能够接入市场上主流的网络摄像机、硬盘录像机、门禁主机与报警主机。

监狱安防集成平台将地理信息系统引入安防管理领域，可将视频监控、门禁控制、防盗/入侵/周界报警等各种信息，与地理空间位置很好地结合在一起，图文并茂，简捷直观。同时软件平台采用模块化设计、独特的分布式技术和多级网络拓扑结构，可以根据用户需求构建单一平台的行业应用或监狱应用，也可以构建适合多级平台的大规模应用，如城市监控、轨道交通、电力监控、看守所和监狱系统集成、银行报警联网、智能楼宇/小区/工业园等行业。

对于门禁系统与报警主机系统的集成不是直接在设备层面上集成门禁控制器和外部报警入侵探测器，而是采用了松耦合模式，非跨子系统的业务逻辑都在各个子系统内实现，只有跨子系统的业务逻辑才在集成平台上实现，是在各个独立的子系统基础之上进行集成。这样可以保证各子系统能独立运行，当一个子系统发生问题时，不影响其他系统，确保可靠性。可以根据监狱应用需要，快速与方便地在安防监控中心，把各系统的数据资源和控制资源等信息，通过集成平台的方式组合起来，最大限度地利用整体资源，实现资源共享做到优势组合，满足应用的需要。

监狱安防集成平台的技术基础是数字化、网络化和标准化，其需要具备的要素有：
（1）保证各应用子系统工作的独立性；
（2）具有连接各种设备的软硬件接口；
（3）能根据需要快速实现个性化联动编程；
（4）能适应大系统多机并行处理与热备份需要；
（5）能收集各安防信息合理组织形成预决策结果；
（6）易于实现各子系统间设备的联动。

7.1.3 设计原则

1. 集成性

在完成各子系统数据融合的基础上，集成平台部署全局性的管理功能模块，各子系统专业功能由各自完成。

2. 可靠性

基于松散耦合方式集成各子系统，集成平台不会因系统故障而影响到各子系统功能运行，不会造成故障连锁反应，贯彻了"集中管理、分散控制"的原则，确保了安防系统的整体可靠性。

3. 开放性

集成平台能很好地兼容不同的异构子系统，不同的厂商、不同的技术、不同的产品都要能纳入到这个平台上来运行，方便系统扩展。

4. 适用性

支持图形化的监控、管理界面，系统具有中文操作环境，界面简练、友好，联机帮助功能丰富。

5. 一致性

集成平台和各子系统在管理信息上必须保持高度一致，比如用户管理、权限管理、设备配置等，否则一定会出现混乱。

6. 可扩展性

用户所处的环境和需求千差万别，而且可能经常改变，尤其是对融合后的跨子系统功能来说更是如此，因此在提供基础功能的同时，提供强大的二次开发能力是必不可少的。由于用户不是编程专家，所以集成平台的二次开发能力应该体现在直观易用与功能强大的图形化定制工具上。

7.1.4 平台架构

监狱安防集成平台综合了数据采集、共享处理、信息发布和控制管理等多方面业务需求，为了使监狱系统上下级单位能够更好的沟通和联动，平台采用省局级、监狱级和监区级三级联网结构，以 Web Service 的应用软件开发模型为基础，采用 B/S 加 C/S 架构等软件开发技术及分布式架构设计方案，开发出组件化二次开发软件平台。

监狱安防集成平台系统具有一个平台（监狱安防集成联动平台）、三层架构（省局级监控及安防联动、监狱级监控及安防联动、监区级监控）、14 个应用子系统（电子地图子系统、视频监控子系统、报警管理子系统、门禁管理子系统、对讲监听子系统、监狱广播子系统、人员定位子系统、电网监控子系统、车底检测子系统、巡更管理子系统、值备勤管理系统、信息发布子系统、报表管理子系统和指挥调度子系统）。监狱安防集成平台架构如图 7-1 所示。

7.1.5 系统目标

为了实现远程联网多级管理，监狱安防集成平台是面向数字化、网络化、智能化、行业化和高度集成管理的综合性平台，以便满足不同行业客户高可靠性、灵活性和业务化的安全防范管理需求，适合于在大型组网、多级管理的分布式环境下对视频编解码器、网络硬盘录像机、电视墙控制、周界报警设备、门禁控制系统以及第三方系统的集中监控与管理。可实现以下目标：

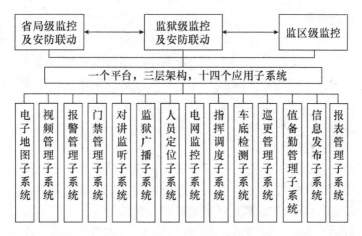

图 7-1 监狱安防集成平台架构图

(1) 统一管理各子系统

系统集成将分散的、相互独立的子系统用相同的环境、相同的软件界面进行集中管理。管理员可以通过自己的桌面计算机监控各子系统的运行状况信息等。这种监控功能是方便的，可以以生动的图形方式和方便的人机界面展示希望得到的各种信息。

(2) 跨子系统联动

系统实现集成以后，原本各自独立的子系统从集成平台的角度来看，就如同一个系统一样，无论信息点和受控点是否在一个子系统内都可以建立联动关系。这种跨系统的控制流程大大提高了系统的自动化水平。

(3) 共享信息资源

系统建立一个以集成为基础的开放式工作平台，采集、转译各子系统的数据，建立对应系统的服务程序，接受网络上所有授权用户的服务请求，实现了数据共享。这种网络环境下的分布式 B/S 体系结构使集成信息系统充分发挥其强大的功能。

7.1.6 建设意义

1. 实现智能联动功能

监狱作为高度设防的敏感性区域，利用技防手段实现自动化、智能化的安全屏障是加强监狱整体安全的重要方式。通过视频监控进行可视化的行为监控记录，利用各种传感器进行报警监测，利用射频识别技术（RFID）实现出入口控制管理，利用视频分析技术实现对物体或人员的行为模式分析，多种技术手段形成了监狱安全管理的基础单元。监狱面临的安全隐患和威胁主要有罪犯越狱、罪犯自杀和殴斗等事件，在对这些事件进行预防或处理时，需要结合多种技术手段，按照不同的时间或空间进行组合运用，才能发挥技术手段的效用。为了形成 1+1>2 的效果，需要利用安防集成平台将这些技术应用进行融合，根据监狱管理的行为方式对这些应用进行配置、联动和分析，并能以合理的方式进行展现，为监狱安全工作提供一个全方位监控、报警、联动和指挥的管理平台。

2. 构建监狱安防体系

监狱的安全防范体系是一个多系统与多层次的管理体系，不仅是通过技术手段构建信息化的安防基础平台，也是监狱对安全进行预防、控制和管理的基础，因此监狱安防集成平台是视音频、紧急报警、门禁、文化电网、电子监听、对讲、人员系统广播、电子巡查、电子地图和无线（有线）通信等各个子系统的接入平台，也承载了监狱安防管理制度、报警协同与报告制度、干警管理制度等各种安全体系的要求。通过此平台可以实现对智能监控、罪犯管理、干警管理、系统管理等多方面的掌控，是监管业务与技术手段的有机结合，是干警与罪犯、管理者与干警、操作人员与技术员、监狱主管机关与监狱之间安全应用与信息交换的核心平台。

3. 现代监狱管理需要

基于对政法机关资源共享，实时掌握社会治安动态，进行重大应急事件协同指挥。司法部将监狱安全管理工作放在首要位置，以省（市区）监狱局为基础，逐步推进监狱大联网工作，因此建立各级监狱安防集成平台是实现对监狱安全工作进行实时、快捷、高效管理的基础性平台和基本技术手段，将监狱音视频、报警数据、业务数据等信息进行处理，实现对监狱安全状态全方位整体性的监测和评价。

4. 应用现状与发展趋势

根据目前多数省份的监狱安防应用的建设情况，监狱安防集成平台应用总体来说还处于起步阶段，表现为以下几点：

（1）接入内容功能单一，只监不控，无法形成堆积效应；

（2）应用浅层化，底层基础数据库缺乏联动支持，智能化程度低，无法体现平台体系核心地位；

（3）应用模式单一，以传统人工值守为主，负荷高、盲点多，无法可持续应用。

因此，必须建立监狱局域网，省局监狱系统广域网及其监狱安防子系统，业务应用系统和基础数据库，这是政法网信息化建设基础性工程。安防集成平台是基于监狱安防子系统包括视音频、报警和门禁和指挥中心等各个安防子系统建设基础上，进行应用的智能集成，是监狱安全管理的核心系统，也是为满足监狱系统进行高效管理、协同指挥、应急指挥的发展要求。

7.2 中间件技术

7.2.1 中间件定义

所谓中间件是位于平台（硬件和操作系统）和应用之间的通用服务，这些服务具有标准的程序接口和协议。针对不同的操作系统和硬件平台，它们可以有符合接口和协议规范的多种实现；因此中间件是安防集成平台的关键性技术之一，它起到沟通各个系统信息的纽带作用。

中间件是一种独立的系统软件或服务程序，分布式应用软件借助这种软件在不同的技术之间共享资源。中间件位于客户端/服务器的操作系统之上，管理计算资源和网络通信。中间件示意图如图 7-2 所示。

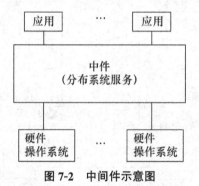

图 7-2 中间件示意图

7.2.2 中间件特点

中间件特点如下：
（1）满足大量应用的需要；
（2）运行于多种硬件和 OS 平台；
（3）支持分布式计算，提供跨网络、硬件和 OS 平台的透明性的应用或服务的交互功能；
（4）支持标准的协议；
（5）支持标准的接口。

7.2.3 中间件作用

中间件是一种独立的系统软件或服务程序，分布式应用软件借助这种软件在不同的技术之间共享资源。中间件软件管理着客户端程序和数据库或者早期应用软件之间的通信。中间件在分布式的客户和服务之间扮演着承上启下的角色，位于操作系统与分布式应用之间如事务管理、负载均衡以及基于Web的计算等。中间件有助于减轻应用软件开发者的负担，利用现有的硬件设备、操作系统、网络、数据库管理系统以及对象模型创建分布式应用软件时更加得心应手。

由于中间件能够保护企业的投资，保证应用软件的相对稳定，实现应用软件的功能扩展；同时中间件产品在很大程度上简化了一个由不同硬件构成的分布式处理环境的复杂性，因此它的出现正日益引起用户的关注。中间件作用示意图如图7-3所示。

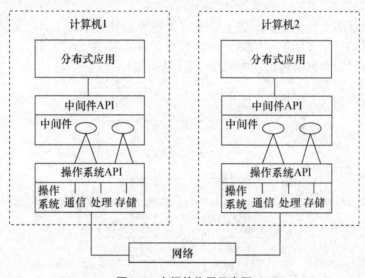

图7-3 中间件作用示意图

7.2.4 技术优势

中间件屏蔽了低层操作系统的复杂性，使程序开发人员面对一个简单而统一的开发环境，减少程序设计的复杂性，将注意力集中在自己的业务上，不必再为程序在不同系统软件上的移植而重复工作，从而大大减少了技术上的负担。

中间件带给应用系统的不只是开发的简单、开发周期的缩短，也减少了系统的维护、运行和管理的工作量，还减少了计算机总体费用的投入。调查显示，由于采用了中间件技术，应用系统的总建设费用可以减少50%左右。中间件作为新层次的基础软件，其重要作用是将不同时期、在不同操作系统上开发应用软件集成起来，彼此像一个天衣无缝的整体协调工作，这是操作系统、数据库管理系统本身做不了的。在技术不断发展之后,使以往在应用软件上的劳动成果仍然物有所用,节约了大量的人力和财力投入。

7.2.5 中间件应用

(1) 数据访问中间件:为了建立数据应用资源互操作的模式,对异构环境下的数据库实现联接或文件系统实现联接的中间件。

(2) 远程过程调用中间件:通过这种远程过程调用机制,程序员编写客户方的应用,需要时可以调用位于远端服务器上的过程。

(3) 消息中间件:用来屏蔽掉各种平台及协议之间的特性,进行相互通信,实现应用程序之间的协同。

(4) 交易中间件:是在分布、异构环境下提供保证交易完整性和数据完整性的一种环境平台。

(5) 对象中间件:在分布、异构的网络计算环境中,可以将各种分布对象有机地结合在一起,完成系统的快速集成,实现对象重用。

7.2.6 中间件分类(三大类)

(1) 数据类。用于数据的存取、利用和增值。此类中间件用于构建以数据为中心的应用。

(2) 处理类。把分布在网络结点上的各个应用或处理连接在一起,形成一个统一的分布式应用。

(3) 分布式构件类。支持构件式应用,未来应用的发展方向,目前竞争激烈。

7.2.7 举例

1. 面向构件的中间件

面向构件的中间件解决了企业应用的结构问题。目前企业应用的选择有两个,即购买套装软件和定制开发。从零开发的应用软件固然能满足某时间点的固化需求,但是开发周期却过长,而且难于保证最终系统的质量,以及系统后期的需求变化和维护问题。通过面向构件的中间件,一个系统是按照个性化的需求,从一个比较完备、比较成熟的构件库组装而成,大大提高了系统的成功率,稳定性,适应性,逐步发展性。

面向构件的中间件解决了企业应用的开发和管理问题。通过建立一个不断完整的构件库,企业的知识可以得到有效的管理。业务知识不是在上百万行的代码之中,也不是在每天晚上回家的员工脑里,而是在一个可见的、可控的构件库中,便于管理、衡量,达到持续发展的目的。

2. 分布式中间件

分布式对象技术一直是软件界努力追求的目标,传统的对象技术通过封装、继承及多态提供了良好的代码重用功能。但是这些对象只存在一个程序中,外面的世界并不知道它们的存在,也无法访问它们。分布式对象中间件就是要解决这些问题,它提供一个标准的构件框架,能使不同厂家的软件通过不同的地址空间、网络和操作系统互相交互访问。该构件的具体实现、位置及所依附的操作系统对客户来说都是透明的。例如,通过简单地组装或扩展已有的构件就可以建立一个客户端/服务器结构的信息系统。分布式对象的中间件技术的目标就是为软件用户及开发者提供一种应用级的即插即用的互操作性,就像现在使用集成块和扩展板一样。

总之,中间件通过网络互连、数据集成、应用整合、流程衔接、用户互动等形式,已经成为大型网络应用系统开发、集成、部署、运行与管理的关键支撑软件。

7.2.8 中间件现状与发展

技术呈现多样性。

(1) 从计算环境来看:中间件面对的是一个复杂、不断变化的计算环境,要求中间件技术具有足够的灵活性和可成长性。

(2) 从资源管理的角度来看:操作系统和数据库管理系统管理的是有限资源,资源种类有限,资源量也有限,而中间件需要管理的资源类型(数据、服务、应用)更丰富,且资源扩展的边界是发散的。

(3) 从应用支撑角度来看:中间件需要提供分布应用开发、集成、部署和运行管理的整个生命周期的总体运行模型。中间件发展示意图如图7-4所示。

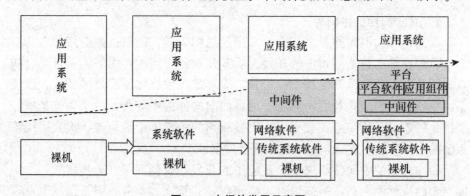

图7-4 中间件发展示意图

(4) 从应用的角度来看：利用中间件完成的往往是复杂、大范围的企业级应用，其关系错综复杂，流程交织。例如客户关系管理系统需要集成多个企业内部应用，而供应链管理则涉及企业之间的应用集成。

1. 企业级应用点

中间件作为基础软件的重要组成，已与操作系统、数据库齐头并进，在世界范围内呈现出迅猛发展的势头，已经形成一个巨大的产业。目前，中间件在国内整个软件行业中应该是发展速度最快的市场之一。中国软件产业经过 20 年的发展，很多部门的信息化建设都走过了关键业务应用和部门级应用的阶段，现在开始向企业级应用转变。所谓企业级应用，最为人们所重视的就是各类信息资源之间如何关联、整合、协同、互动和 On Demand 服务，这些都是中间件能够发挥巨大作用的空间所在。

随着国家信息化建设的不断深入，社会对应用软件，特别是对网络应用起支撑作用的中间件产品的巨大需求却是不争的事实，国内中间件的市场才刚刚开始启动，存在巨大的发展机会和空间。

2. 中间件发展特点

综合产业界的发展情况，我国中间件产业在 2004 年呈现出如下发展特点：

（1）技术多样化。中间件已经成为网络应用系统开发、集成、部署、运行和管理必不可少的工具。由于中间件技术涉及网络应用的各个层面，涵盖从基础通信、数据访问、业务流程集成到应用展现等众多的环节，因此中间件技术呈现出多样化的发展特点。

（2）产品平台化。由于传统的中间件技术门槛较高，学习周期较长，已经不能适应信息化建设对中间件的广泛应用需求。为此，中间件产品从解决网络计算中的关键问题开始向一体化平台方向发展，以提高中间件产品的使用便利性，更全面地满足各种网络应用软件所要求的可靠性、可伸缩性和安全性的需要。

（3）应用普及化。中间件技术已经是成熟的技术。我国大型信息化建设项目采纳中间件已经成为一种自然、例行的举措。中间件的广泛使用也进一步促进了应用框架技术的丰富和发展，并为建立企业信息化业务基础架构奠定了基础。

7.3 大屏幕拼接技术

大屏幕显示系统是通过对各种计算机图文及网络信息、视频图像信息的动态综合显示,完成对各种信息的显示需求。综合应用计算机、网络通信、信号控制和视频监控等高新技术,顺应调度和管理工作的"智能化"发展趋势。

7.3.1 大屏幕拼接

所谓大屏幕拼接墙是由多个显示单元以及图像控制器构成的大屏幕显示系统,一般用于一个画面的超大屏幕显示以及多个画面的多窗口显示(区别于多屏显示)。所以输入信号全部通过图像控制器处理后分配输出到每个投影单元,每个显示画面可以跨越显示单元的边界,但通常保证图像单元之间最小的缝隙。

其显示单元的品质直接影响到整个拼接墙的效果,采用不同类型的显示单元得到的结果会大不相同。图像处理器是拼接墙系统的核心器件之一,其作用是将计算机、视频和网络等要显示的信号送到图像拼接控制器,经处理后的图像信号被分别送到相应的显示单元,每个显示单元只显示整个图像的一个部分,全部显示单元加在一起就构成了一幅完整的大画面,大画面的分辨率为每个显示单元分辨率的倍数。每路信号的图像均是以窗口的形式显示在投影墙上,窗口位置、大小、数量可任意改变。大屏幕的管理是由软件实现的,管理软件用以实现拼接墙的调整、窗口管理、网络控制和矩阵切换等功能。

7.3.2 大屏幕拼接系统组成

大屏幕拼接系统的架构主要有4个部分组成:

(1)拼接墙显示单元。即 DLP/LCD/PDP 显示终端设备,一般有 2×2、2×3、3×3 等多种拼接形式,当然显示单元也包括相关的拼接箱体和支撑件等。大屏幕拼接墙示意图如图 7-5 所示。

图 7-5 大屏幕拼接墙示意图

（2）拼接墙处理器。处理器是拼接墙的核心，是将一个完整的图像信号划分后分配给视频显示单元，完成用多个普通视频单元组成一个超大屏幕动态图像显示屏。拼接墙处理器可以实现多个物理输出组合成一个分辨率叠加后的显示输出，使拼接墙构成一个超高分辨率、超高亮度、超大显示尺寸的逻辑显示屏，完成多个信号源在屏幕墙上的开窗、移动、缩放等方式的显示功能。

（3）拼接墙接口设备部分。包含音视频、VGA、网络、控制接口，主要连接各类输入及输出设备，对拼接墙的显示内容进行控制和编辑。如音视频矩阵等。

（4）拼接墙软件部分。管理控制软件来实现拼接墙的画面显示设定及各种功能，以及显示内容的编辑处理，甚至是内容的在线更新。

大屏幕拼接三大技术（DLP、LCD、PDP）的基本系统架构是类似的，但 LCD 和 PDP 的拼接系统在拼接处理器、多屏卡等处理部分相对 DLP 要简单些，这主要得益于 LCD、PDP 显示屏本身带有信号处理功能。

大屏幕拼接系统定义为包括显示单元、处理器、接口设备、软件在内的整体大屏幕拼接系统。这其中最被关注的 DLP/LCD/PDP 显示屏只是整体系统中一部分，而整体大屏幕拼接系统的内涵更为丰富，包含周边配套设备种类更多。

7.3.3 大屏幕拼接系统

目前，市场上常见的大屏幕拼接系统主要是 DLP 背投影拼接系统和 DID 拼接系统以及采用无缝融合技术的拼接系统。DLP（Digital Light Processor，数字光处理器）技术是投影显示领域划时代的革命，它以 DMD（Digital Micromirror Device，数字微反射器）作为光阀成像器件，采用数字光处理技术调制视频信号，驱动 DMD 光路系统，通过投影镜头获取大屏幕图像。

根据应用需要，DLP 系统可以接收数字或模拟信号。模拟信号可在 DLP 设备生产厂家（OEM）的前端处理中转换为数字信号，任何隔行视频信号通过内置处理被转换成一个全图形帧视频信号。由此，信号通过 DLP 视频处理变成先进的红、绿、蓝（RGB）数据，然后由先进的 RGB 数据格式化为全部二进制数据的平面。

当视频或图形信号经过处理后以数字格式送入 DMD，信息的每一个像素按照 1∶1 的比例被直接映射在它自己的镜片上，以实现精确的数字控制。DID（Digital Information Display）是三星电子于 2006 年推出的新一代液晶显示技术，广泛应用于各行各业的安防监控、信息发布、广告展示系统以及需要显示设备的商业租赁等领域的液晶显示器中。作为其独有的显示技术与普通的液晶显示器的不同在于改善了液晶分子排列结构，可以横向纵向吊顶放置。高亮度，高清晰度（1080P），超长寿命，运行稳定，维护成本低。

目前，DID屏幕成为拼接的需要，是由多个专业液晶屏作为显示单元以矩阵排列（例如2×2、3×3、4×4及更大的自由无限拼接）组成一个大屏幕显示屏。每个子屏幕显示大图像的一部分，共同显示一个大的图像，也可分屏显示不同的图像。其他公司显示墙多半以模拟信号输入，无法接入数字信号，无法显示高清图像和视频。DID拼接是以其超薄的面板，更加利于在拼接中的应用。具有多种任意画面组合拼接模式，最大可扩展到256个DID液晶单元拼接，可对各单元进行任意切换组合（由大屏管理软件控制）。具有多种信号输入格式，即复合视频、s-video、色差分量视频和VGA、DVI格式，完全能够满足客户的需要。具有强大的数字引擎功能，使得图像更鲜艳、逼真和稳定。DLP与DID的性能比较如表7-1所示。

表7-1　DLP与DID拼接技术比较表

项目	DLP背投影拼接	LCD（DID）拼接	描述
亮度	800～1 000lm（有衰减）	700～1 000lm	亮度决定可视效果
对比度	2 000：01：00	1 000：1～1 500：1	对比度越高，画面层次感越强
色彩饱和度	70%	92%	色彩饱和度决定图像艳丽程度
分辨率	1024×768（50～60″）SXGA（80″）	1366×768（40/46″）	分辨率决定画面的清晰程度
功耗	300W（50″）	200W（46″）	液晶发光效率高，功耗相对较低
寿命	10 000小时（灯泡）	50 000小时（背光）	寿命决定使用及维护成本
灼伤	基本不会灼伤	不会灼伤	灼伤现象表现为在屏幕留下残影
安装尺寸	箱体一般在50cm以上	10～15m	厚度决定安装空间小
拼缝缝	1mm	6.7mm（DID）10mm以上（普通）	
亮度均匀性	一般	一般	均匀性影响画质显示一致性

大屏幕无缝投影显示的应用来源于指挥监控、视景仿真、立体影院系统。是适应人们追求亮丽的超大画面、纯真的色彩、高分辨率的显示效果的这一

需求而产生的,它在增大画面、提高亮度、分辨率等方面有着十分明显的优势。

大屏幕无缝投影也称为边缘融合技术,边缘融合技术就是将一组投影机投射出的画面进行边缘重叠,并通过融合技术显示出一个没有缝隙,更加明亮、超大、高分辨率的整幅画面,显示效果就好比一台投影机投射的画质。

当两台或多台投影机组合投射一幅两面时,会有一部分影像灯光重叠,边缘融合的最主要功能就是把两台投影机重叠部分的灯光进行渐变调整,使重叠区的亮度对比度与周边图像一致,从而使整幅画面完整统一,丝毫看不出是多台投影机拼接的结果。

边缘融合大屏幕显示系统可以精确细致地显示每个精细而且微小的画面,整套系统展现出来的是整幅无缝的画面,不论是光学拼缝还是物理拼缝,都不会存在,带给观众震撼的视觉冲击和享受,让一切数据完美再现。边缘融合技术起初应用于军方模拟仿真系统,随着科技的不断发展,成本的不断下降,边缘融合大屏幕系统已经逐步的进入指控监控中心、主题场馆、仿真游戏等大屏幕显示系统。

7.3.4　DLP 大屏幕应用

监狱应急指挥中心设计了一套大屏幕显示系统。大屏幕显示系统由 $60''4\times3$ DLP 投影拼接墙以及信号切换系统组成。$60''4\times3$ DLP 投影拼接墙选用 XGA 投影单元 C450PE 和拼墙专用图像处理器及大屏幕管理软件 VWS V4.0。通过这套大屏幕投影拼接系统,可以实时观看与指挥调度有关的各种信息,包括 GIS 电子地图、实时视频监控信号、各种管理信息系统数据、各种历史数据图像以及计算机、电视、实物投影仪、DVD 等信号源的信息和计算机网络信息等多种信息,可随时对各种现场信号和各类计算机图文信号进行多画面显示和分析,及时做出判断和处理,发布调度指令,实现实时监控和集中调度的目的。

DLP 大屏可以把全墙作为统一的逻辑屏来显示高分辨率的系统应用程序,实现全屏显示和分辨率的叠加,比如显示超高分辨率的大型完整的 GIS 电子地图系统等。4×3 全墙分辨率为 $(1024\times4)\times(768\times3)=4096\times2304$。全屏显示,高分辨率的电子地图如图 7-6 所示。

支持 12 路全制式视频输入信号,视频监控信息、摄像机、录像机、大小影碟机和彩色实物投影仪等各类视频信号源均可接入多屏处理器。通过多屏处理器处理后,可以窗口方式在大屏幕上任意位置漫游、任意缩放等。

2 路独立的、非网络连接的 RGB 信号可通过多屏处理器处理后以窗口的

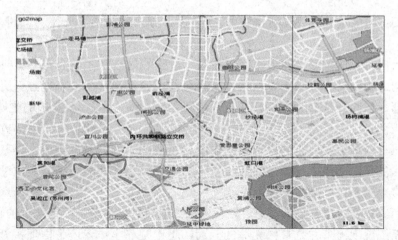

图 7-6 电子地图大屏显示图

形式在投影显示墙上快速显示。并且显示窗口可以任意位置、任意大小、以任意方式叠加等方式在大屏幕上显示。

多屏处理器提供两个（可扩展到 6 个）独立的 100/1000M 网络接口，通过网络方式连接的各种计算机工作站数量无限制，可同时在大屏幕上任意位置、任意比例显示最多 12 路网络信号，且具备一定的响应速度。系统采用全球最新的网络抓屏技术使网络信号的显示达到实时。此技术解决了业界网络抓屏功能一直采用第三方软件来实现的方式。

通过网络方式连接，使信号显示更加灵活方便，网络上的计算机图像可在大屏幕上任意位置、任意比例快速显示。各种计算机工作站数量没有限制，今后的扩容只需将要上墙显示的计算机联入网络即可。网络信号的显示效果图如图 7-7 所示。

可将 12 路 RGB、12 路视频信号直接输入到投影单元，在全屏范围内以任意大小窗口方式、单屏方式或以 $M \times N$ 方式直接放大、任意跨屏显示。投影单元支持完全无损的显示 1080p、1080i、720p 等各种格式的高清晰度视频信号，可以直接输入播放 HDTV、EVD、HD-DVD、高清硬盘录像机等各种高清晰度视频信号。

在当今大屏幕显示领域，产品种类繁多，技术日益更新，要从系统的先进性、合理性、可靠性、兼容性、可扩展性和经济性出发，结合实际监管需求，设计与建设监狱应急指挥中心大屏幕显示系统。

7.3.5 地理信息系统

GIS（地理信息系统）是跨越地球科学、信息科学和空间科学的应用基础

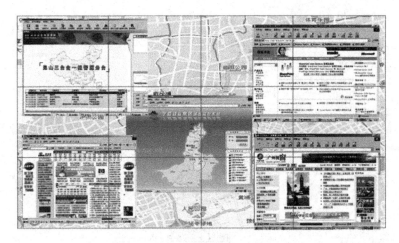

图 7-7 网络信号的显示

学科,它研究关于地理空间信息处理和分析过程中提出的一系列基本问题,如空间对象表达与建模、空间关系及推理机制、空间信息的控制基准、空间信息的认知与分析、GIS 系统设计与评价、GIS 应用模型与可视化、空间信息的政策与标准等。

GIS 的操作对象是空间数据,空间数据的主要特点是按统一的地理坐标编码,并实现对其定位、定性、定量和拓扑关系的描述,由此而形成 GIS 的技术优势是有效的地理实体表达、独特的时空分析能力、强大的图形创造手段和可靠的科学预测与辅助决策功能等。

GIS 的科学定义:地理信息系统既是管理和分析空间数据的应用工程技术,又是跨越地球科学、信息科学和空间科学的应用基础学科。其技术系统由计算机硬件、软件和相关的方法过程所组成,用以支持空间数据的采集、管理、处理、分析、建模和显示,以便解决复杂的规划和管理问题。

7.3.6　GIS 的组成

(1) 系统硬件:由主机、外设和网络组成,用于存储、处理、传输和显示空间数据。

(2) 系统软件:由系统管理软件、数据库软件和基础 GIS 软件组成,用于执行 GIS 功能的数据采集、存储、管理、处理、分析、建模和输出等操作。

(3) 空间数据库:由数据库实体和数据库管理系统组成,用于空间数据的存储、管理、查询、检索和更新等。

(4) 应用模型:由数学模型、经验模型和混合模型组成,用于解决某项实际应用问题,获取经济效益和社会效益。

(5)用户界面：由菜单式、命令式或表格式的图形用户界面组成，是用以实现人机对话的工具。GIS基本构成的结构图如图7-8所示。

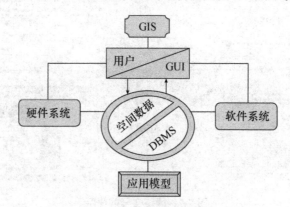

图7-8　GIS系统组成示意图

7.3.7　监狱应用现状

(1)以图片标记的电子地图应用为主。

电子地图应用在监狱内的使用比较普遍，但多数采用的是建筑图片进行标记和联接的方式对系统进行展现，属于较为传统的应用模式。具有操作简单的优点，但是无法直观反应监狱整体结构，没有图层管理难以实现具体电子地图的数据应用，并且没有GIS支持，无法支持GPS等应用系统。

(2)难以普及二维电子地图。

由于监狱属于敏感区域没有公开的矢量电子地图数据，加上价格与技术复杂程度的原因，矢量电子地图只在少数监狱得到了应用，但从根本上也未脱离传统电子地图的应用模式，主要的作用就是图层标记与联接显示，并没有真正发挥GIS系统在计算上的功能优势。这也是制约矢量电子地图在监狱应用的重要原因。

(3)地图可整合业务内容单一。

目前，大多数已使用电子地图的监狱已经整合的业务系统主要是摄像机、报警点、门禁点等应用系统。采用传统分层式建筑图则难以反应所有业务系统分布间的关系，二维矢量电子地图则无法反应不同高度的应用系统分布，存在着各自的应用瓶颈。

7.3.8　应用发展趋势

监狱安防集成平台促进电子地图应用，安防集成平台大联网是全省监狱联网工作的重点,为了能够统揽全省监狱各项执法工作的整体,同时为了适应监狱的应急指挥部署的需求,需要采用整合了电子地图的安防集成平台,可以实现对监狱及周边地形地貌及交通道路进行显示。

1. 应用多维电子地图

为了充分发挥二维图片与矢量地图的优点,需要进行结合应用,即可以发挥二维图片的成本优点,也要发挥矢量地图在细节与数据上的优点,可以全面反映监狱内与监狱外的地图要素,同时也可以使用结合二维图片与矢量地图的优点的三维电子地图,可以真正地结合应用起来,更直观地反映监狱的三维建筑结构与地图。

2. 以电子地图为主入口

使用电子地图结合面向每个管理对象的精确管理应用模式,以电子地图作为安防集成平台的主管理入口,可以让领导或干警简便快捷地直接可视监狱的区域或对象,无需记忆摄像机的编号、门禁终端等系统的编号,那种传统烦锁的方式才能看到所想看到的内容,大大节省了时间,提高了工作效率。

3. 应急指挥的应用

结合 GIS 应用实现的警员定位,利用电子巡更、警务通等手持设备可以加强在应急指挥的应用手段。结合电子地图实现警戒线控制、警员分布、重点部位监测,并实现与社会视频、治安视频的接入,可以充分为应急指挥提供实时监测的可视化效果。

7.3.9 安防电子地图

通过在电子地图上对不同的安防应用系统的当前分布、应用情况进行显示可以使用一个入口掌握监狱当前整体运行情况,为工作处理提供实时和有效的依据。电子地图整合监狱安防应用系统及功能主要有:

(1)安全集成系统。实现在电子地图上对各应用系统间联动关系进行标记和显示。显示报警点与联动视频的摄像机间的距离与角度关系,显示报警点与其他关联摄像机的地理关系。

(2)应急指挥系统。实现在电子地图上显示监狱周边 10~30 公里范围的警戒线配置并自动显示警戒线内警员实现分布,并可利用电子围栏实现对干警执勤考勤或区域警力查询等功能。实现搜捕对象的坐标标记与智能分析。

(3)运维管理系统。实现所有系统设备安装位标记及显示当前运行状态,利用电子地图区域颜色区分设备工作及完好状态。

(4)视频监控系统。实现基于三维界面上的交互视频操作,获取视频监控系统的实时视频流、实时存储流,可以对前端摄像机设备进行控制,并可以回放、录制、下载相应的存储视频,与联动服务相关联,可实现摄像机的主动及被动联动应用功能。

(5) 周界报警系统。获取周界报警系统的报警信息,并在电子地图上通过颜色标记进行提示或通知,可与联动系统进行关联,实现智能视频联动功能。

(6) 门禁管理系统。实现基于三维界面上的门禁数据实时监测,并对非法出入进行报警显示通知。

(7) 突发报警系统。获取突发报警系统的报警信息,并通过声光、语音方式进行提示或通知,可与联动系统进行关联。

(8) 高压电网报警系统。实现在电子地图上显示高压电网分布及各区间的运行状态及报警显示。

(9) 信息发布系统。实现在电子地图上显示各联网 LED 屏分布及 LED 前工作状态及显示内容,并可联接到 LED 内容编辑功能。

(10) 公共广播系统。实现在电子地图上显示公共广播系统各扩音设备分布。

(11) 车辆管理系统。实现在电子地图上显示车辆出入口分布,并可获取各主要车辆出入口当前状态,可以点击电子地图显示出入口进出数据、出入口设备工作状态、车辆进出视频及图像查询等信息。

(12) 公共机电监控。实现在电子地图上各主要机电设备的分布,并获取和在电子地图上显示主要电气设备、周界探照灯照明等系统的实时监测数据,并可在电子地图上对前端设备进行控制。

(13) 对讲监听系统。实现对讲设备的分布显示,可与对讲报警系统关联,可实现对双向对讲及视频显示及联动功能等功能。

(14) 定位跟踪系统。实现对监狱内带有 GPS 或 WiFi(Wi-Fi 是一种可以将单人佩戴设备,如警务通等终端以无线方式互相连接的技术)区域定位装置的移动物体、车辆、人员进行定位跟踪及相关联动控制管理。

(15) 追逃信息系统。实现对监狱所有罪犯家庭地址、作案地址的标记,实现对监狱周边主要交通枢纽的标记与联系方式显示、搜索。

(16) 狱政管理系统。实现对监仓罪犯信息与电子地图的联动显示,可以在电子地图上看到各监仓罪犯信息与床位分布。

(17) 干警管理系统。实现对干警值勤备勤分布情况显示及统计。

(18) 视频会议系统。实现对视频会议各方在电子地图位置上的标记,并可点击显示进行会议邀请。

7.3.10 安防电子地图设计

1. 应用体系

安防电子地图总体上分为以下几个逻辑层:

(1) 表现层。为用户提供对应用程序的访问,它是根据业务需求进行功能的组合和展现的界面。主要由设备、联动、应用、多媒体和数据等不同应用层基于 GIS 业务整合。表现层的具体表示形式可以采用二维图片结合矢量地图的混合形式或三维电子地图。

(2) 业务处理层。包含业务规则和业务逻辑的实现。如面向报警与视频的联动关系显示、智能数据搜索与统计等功能。

(3) 业务支撑层。是地理信息资源服务平台对外的接口,为业务处理层提供地理信息资源服务。各应用系统也可通过该接口访问地理信息资源服务平台提供的服务。业务支撑层提供的空间信息服务主要包括位置定位、空间分析、专题图制作、数据共享交换等。根据业务需要,空间信息服务可进行定制和扩充。

(4) 平台管理层。是地理信息平台的核心部分,负责对其下层的存储空间信息进行管理和维护,保证业务支撑层对空间信息的需求。平台管理层还包括平台运行管理功能,如用户和权限的管理,日志管理、系统监控等。

(5) 数据存储层。由地理信息数据库组成,是地理信息平台的基础部分,为城市综合管理提供数据支持。

(6) 硬件网络层。为系统提供基础平台和通信服务。

2. 安防电子地图类别

(1) 混合电子地图。混合电子地图采用二维图片结合矢量地图的表现形式,即可以显示多层建筑的结构和设备、数据的分布,也可显示大范围地理信息。

(2) 三维安防电子地图。采用矢量三维模型结合 GIS 应用实现基于全三维场景的漫游形式,可以展示监狱各建筑及周边情况,也可显示建筑内情况。三维模型电子地图如图 7-9 所示。

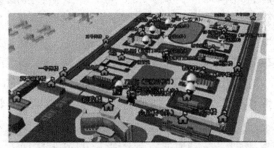

图 7-9　三维模型电子地图示意图

3. 应用范围

安防集成平台可以部署在省监狱管理局、监狱及相关管理单位实现多级管理。因此,安防电子地图应可以适应不同管理层级单位的应用需求,监狱对安防电子地图的主要需求是常态化的安全联动与事件分析，省级管理单位的主要应用需求是日常管理监督和突发状态下的应急指挥。从需求角度决定了不同用户层次安防电子地图的结构体系与应用模式的不同。

4. 数据管理

安防电子地图的数据采用 RDBMS（关系型数据库管理系统），如 Orcle 或 Microsoft SQL Sever 进行存储和调用，数据的内容包括时空数据、业务数据、非空间属性数据和非结构化描述数据。

5. 地图引擎

安防电子地图处理引擎应负责对所有业务数据的处理及数据显示和操作，主要的功能应有：后台计算，实现对各业务系统 GIS 运算、统计运算、地图要素运算。电子围栏，实现地图电子围栏的设置及运算。搜索引擎，实现对地图数据的搜索。联动分析，实现对各业务系统联动运算。地图显示，实现对地图数据的显示与操作。

6. 图层要求

基础数据图层对基本地理位置的标注；设备图层对设备资产的标注及状态显示；多媒体图层对视频及音频等多媒体信息的显示；事件图层对报警事件、设备事件的状态显示；联动图层对业务系统联动关系的标注与显示；应用图层对各业务系统的标注及状态显示；数据图层对分析数据的显示及状态图显示。

7.3.11 系统维护与支撑

1. 地理信息资源维护

地理信息资源管理和维护主要实现空间地理数据、专题数据和业务数据的管理与维护，包括了数据从采集、转换、入库到更新全过程的管理，为用户提供实时准确的基础数据。主要有以下功能：

（1）空间数据管理。提供图层管理、数据浏览、信息查询和数据编辑等功能。

（2）数据入库组件。对经过数据检查后的各类城市综合管理信息数据进行数据入库。

（3）数据采集组件。提供地图（或图纸）的数字化输入、测量数据输入等数据采集录入方法。

（4）数据更新组件。为了保证数据库数据的及时性，提供了数据更新功能。

（5）数据转换组件。为使数据库中的数据应用面更广，有必要将输出后的数据转换成各个部门、各个系统所需要的数据，数据转换功能正是提供将数据库内输出的数据转换成各种常用格式的数据。数据转换组件主要提供数据格式转换和坐标转换功能，保证所有城市综合管理信息数据都能顺利地转入到确定的 GIS 空间数据库中。

2. 地理信息业务支撑

地理信息业务支撑实现了地理信息资源服务平台对各业务部门的业务支撑、辅助决策功能。主要有以下功能：

（1）基本地图操作服务。用户根据自己的权限可以对基础空间信息进行浏览、查询、检索和下载等。

（2）空间定位服务。空间定位服务可通过地名、建筑名、单位名、道路名、监区名和监仓名等进行指定点的自动定位，使相关数据在电子地图中得到可视化、空间化和地理信息化方面的充分展示。

（3）空间分析服务。空间信息分析完成各类城市综合管理空间信息的分析操作，并产生各类分析数据和专题图，其主要功能有地图拓扑迭加、空间信息提取、地图拼接和裁剪、地图比例尺变换和投影变换、缓冲区分析、最优路径分析。

（4）专题信息服务。专题信息服务主要完成各种比例尺地图和专题图的绘图输出、各种专题信息的查询检索和输出，满足用户不同业务要求。

（5）统计分析服务。统计分析主要完成各类地图数据的统计，满足用户灵活多样的统计分析要求，其主要功能有指定空间范围统计专题属性、指定属性条件进行统计、指定属性和空间范围的复合条件进行统计、统计图表输出。

（6）数据共享交换服务。提供了地图注册服务、地图入库服务、地图发布服务和订阅下载服务。

（7）权限控制。用来实现对地理信息资源服务平台的管理，是整个系统能得以正常运行的基础保障，包括用户管理、安全管理、图例管理、日志管理、角色管理和权限管理等。

根据监狱实践情况，安防集成平台与电子地图的融合应用效果还比较明显，虽然还仅仅是一个雏型，许多功能还需要进一步完善，一些安防技术产品还有待于真正成为具有性价比高的市场化的产品，如罪犯人员定位系统等，但对现有主要子系统集成，如已经广泛应用的视音频监控、门禁、突发报警、高压电网、监仓对讲、电子巡更、无线（有线）统一通信等成熟技术子系统的集成联动，已经具有了信号采集、共享处理、信息发布和控制管理等功能。

通过对各类基础数据的调用、汇总、处理，为指挥中心分析、决策提供数据支撑，显现出较好的效果，实现了各类安防设备的智能集成、远程调用、集中控制、实时联动和突发情况自动推送、设备自检等功能，有效地破解了监狱安防体系人工值守存在的负荷高、盲点多等难题，有力地增强了监狱常态化的安全防范和管理监督水平，有效地提升了监狱突发状况下的应急指挥和处突能力。

7.4 监狱机房工程

中心机房的建设是整个监狱信息化建设项目的重中之重。除了必须满足机房内的各种计算机网络设备对温度、湿度和空气洁净度、供电、接地、防雷、电磁场和振动、静电、消防、防御自然灾害（雷电、水害、虫害）和安保等项技术要求外，还必须同时满足在机房中工作人员对照度、空气新鲜度、气流速度、噪声及舒适感等方面的要求。对于设备还提出了全天候 24 小时不间断工作状态，且不允许中断或紊乱。因此，计算机房的设计与建造宗旨："提供一个高度可用、安全，稳定可靠的机房环境"。

机房工程由 4 大系统组成：
（1）装修工程。主要由地板、吊顶、墙面、门窗出入口组成。
（2）弱电工程：主要由综合布线、环境监控工程组成。
（3）电气工程。主要由配电工程、UPS 电源、防雷接地工程组成。
（4）暖运工程机房空调新风系统。

7.4.1 装修工程

机房装修主要包括机房吊顶工程、机房地面工程、机房墙面工程、机房门、窗体工程。

1. 机房装饰

机房内严禁使用易燃材料，提倡使用环保材料，实现"环保机房"的目标；防潮防尘处理：对机房六面体采用专业油性防潮、防尘油漆进行专业防潮防尘处理；保温处理：对机房六面体采用保温棉进行保温处理，以保证精密空调的制冷效果，从而保证机房内温湿度达到机房 A 级标准；墙面工程：采用优质彩钢板进行墙面装修，既保证其洁净度又保证其屏蔽效果；门：采用门钢质防火门。

2. 地面要求

活动地板铺设在计算机机房的建筑地面上，在活动地板与建筑地面之间的空间内可以敷设连接设备的各种管线。活动地板下空间可作为静压送风风库，通过带气流分布风口的活动地板将机房空调冷风送入室内及发热设备机柜内，机房内能自由地调节气流分布。

地板，包括安装支架地板夹层为硫酸钙物质，并且单层不小于35mm厚，硫酸钙物质材料要求高密度，并用高强度纤维粘合，结构中不允许有任何木质材料；地板底层粘贴0.05mm厚铝箔；中心机房区域铺设防静电活动地板，会议室和运行监控中心铺设欧氏地板及防静电地毯。防静电地板应符合国标GB6650标准，性能适合A级标准，承重不小于$500kg/m^2$，翘曲度小于2mm，地板的尺寸为600×600mm。

地面处理前必须达到可封闭要求，机房地面作清洁处理，清洁次数至少要在10次左右，清扫效果必须达到基本无尘，地面处理尽量避开雨季，如天气潮湿必须采取除湿措施。机房地面下做好找平，同时在防尘层上采用2cm厚橡塑棉做好保温，并帖防尘布。

3. 机房地板工程

（1）机房采用下送风空调系统，铺设微孔板块作为冷气出风口。

（2）基座与地板间用专用粘剂连接，并使用坚固螺丝固定。每个基座均备有接地铜线穿绕的预留圆孔，以方便和接地点连接，确保良好的静电消除能力。

（3）电缆线出口管和槽应配合计算机实际情况及使用的要求，出入口嵌上塑料护条。

（4）接地设施采用铜排在地面敷设接地网。取不少于3端点与公用接地相连，单点接地，接地线不小于$16mm^2$，接地电阻小于1Ω。

（5）防静电地板架空高度为450mm。

7.4.2　弱电工程

弱电工程主要由综合布线和环境监控工程组成。

综合布线系统采用6类和万兆光缆相结合的综合布线系统，实施"中心机柜→网络机柜→服务器机柜"三级管理模式，从中心机柜各布两条12芯多模光纤至每个网络机柜实现一级分布，从每个网络机柜至各服务器机柜各拉24条6类双绞线实现二级分布，并用24口模块化配线架进行端接管理。同时为了方便交叉管理，在每一组网络机柜之间用一条12芯光纤实现交叉互联。这样的布线模式使所有的管理跳接都在本机柜内完成，方便、快捷。

建立一套计算机监控系统对机房的动力和环境进行实时监控，并对监控到的异常情况实施即时报警，报警信号通过电话或短信的方式发送到相关责任人。机房监控系统包括市电参数监测、配电开关监测、UPS监测、蓄电池监测、空调监控、新风机监控、温湿度检测、漏水检测系统、消防报警、视频监控、门禁管理和防盗报警等，系统用计算机对以上信息进行集中监控和管理、全天 24 小时运行并可储存打印各种报表数据。

7.4.3 电气工程

1. 电气说明

配电系统需提供双回路供电系统，两个回路需来自不同的低压配电柜和不同的变压器；配电系统输入端需配置一套 ATS 自动双切装置；采用 4 级供电模式：市电动力柜→UPS 配电柜→区域精密配电柜→机柜终端插座；配备 UPS 系统（根据容量配置）。机房内各种电源线缆敷设采用桥架式上走线方式，并与弱电桥架避开架设。

2. 防雷接地工程

系统实施三级防雷：

（1）在低压配电房安装 100KA 的一级电源防雷器；

（2）在机房内市电配电柜内安装 40KA 的二级电源防雷器；

（3）在区域精密配电柜内安装 15KA 的三级电源防雷器；

（4）对进出机房的全部金属导体进行波导处理；

（5）对进出机房的各种信号线缆根据其线缆类型用不同的信号防雷器进行保护；

（6）将机房空间进行有效的等电位连接，使其成为一个等电位体并接地，在机房内安装汇流排，机房内设备通过汇流排进行接地，汇流排通过专业接地电缆接入专用接地点，在连接接地点前需安装专业的防反击防雷器，以阻止外部电流对等电位空间内设备的反击；接地电阻值应小于 1Ω。

计算机机房接地系统是确保设备和人身安全的重要技术措施。计算机机房应有 5 组接地系统：防雷接地、交流工作接地、市电保护接地、弱电系统（计算机、网络系统、消防报警及灭火控制系统、电视、电话、安保系统等）接地，计算机直流接地。按照近代等电位防雷理论，一幢大楼的 5 个接地系统都要与建筑物的等电位体相接，称为综合接地系统。防雷接地、工作接地、保护接地、弱电接地，按照相应的设计施工规范，上述 5 组接地系统统一接在大楼的等电位体上，接地电阻应符合规范要求。

3. 机房电源系统防雷

在监控机房电源总配电柜安装 OBO V20.C/3＋NPE（参数：标称工作电压：220/380V，最大持续工作电压：385V，标称放电电流：20kA，最大通流量：150kA，保护水平：≤1.18KV，响应时间：≤25ns）模块式防雷器，为防止非雷电脉冲事故时自动隔离主电路和防雷器，应在其前端加装空气开关保护。

4. 等电位连接措施

在监控机房布置 25×3 紫铜排，形成闭合环接地汇流母排。并采用等电位连接线 4~10mm² 铜芯线及螺栓紧固的线夹作为连接材料，将配电箱金属外壳、防雷器地、监控主机外壳、金属屏蔽线槽、门窗等联接体，以及防静电地板下的隔离架，进行等电位接地后就近至汇流排，同时在机房找出建筑物主钢筋，经测试确认与避雷带连接良好，用圆钢通过铜铁转换接头将接地汇流母排与之连接起来。通过等电位汇流排将机房内金属外壳接至汇流排，让雷电感应在金属外壳上迅速疏散，避免在金属外壳上感应的电荷积聚，产生局部放电现象，而免设备内元器件遭到击穿。

5. 接地系统

不论是防直击雷还是感应雷，不论是采用避雷针还是采用专用防雷器，都必须有良好的接地装置。因此接地技术是防雷工程的重要环节，配电、监控等的地线应充分考虑防雷、防静电、防电磁等要求，应将各设备的外壳牢靠接地。同时应满足人身安全及电子计算机正常运作和系统设备的安全要求，须遵循以下几个原则：

（1）交流工作接地电阻应小于 4Ω；
（2）安全保护接地电阻应小于 4Ω；
（3）直流工作接地电阻应根据系统具体要求确定；
（4）防雷系统接地电阻应小于 4Ω。

7.5 监狱安防集成平台

7.5.1 系统特点

监狱安防集成平台是针对大规模系统组网、多级别管理远程联网、安防系统无缝集成环境下的分布式集散型管理平台，监控和管理不同类型的视频监控系统、周界报警系统、门禁管理系统等子系统，融合于一体化的综合性安防集成平台管理软件。系统总体结构如图 7-10 所示。

主要包括以下功能特点：

1. 网络信息共享平台

集成平台主要包括视频监控系统、报警主机系统、门禁系统和语音对讲系统等，每个系统都是相对独立的系统，相互之间无法相连相通，当发生报警时，监控中心管理人员无法在一个统一的调度平台上操作各个子系统，还

监狱安防系统

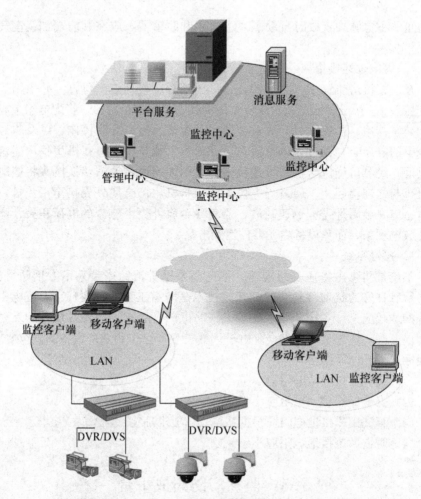

图 7-10 系统总体结构图

必须一个个进入各个业务系统来操作,各个业务系统只是向第三方系统开放自己的接口,让第三方系统来集成,只是作为一个子系统来存在,不是在一个综合安防管理平台高度上一起联动其他系统。而监狱安防集成平台软件不单只是视频监控软件,而且还可以作为一个综合指挥调度中心管理平台来对其他安防子系统的软硬件和信息进行整合,打破各子系统界限,完成信息规范、实现数据融合,提供一个操作简单、功能强大,具有智能联动效果的操作平台,有效地整合客户整个安防系统资源,建立起一定规模的智能联动体系,更广泛地为客户各个业务部门提供安全管理服务。

2. 多级网络拓扑结构

监狱安防集成平台采用逐级汇接的拓扑结构组成树形网络拓扑。这种网

第 7 章　监狱安防集成平台

络拓扑结构可以用户需求灵活配置，既保证了它能够组建大型应用，实现平台间互通，如平安城市监控、网吧监控、环保局环境监控、机场监控、煤矿监控等，又适宜企业建设各种安防/生产/管理监控网络，如小区楼宇监控、校园监控、无人值守变电站监控、机房监控、劳教所/监狱安防监控等。

3. 基于大型数据库和 B/S 架构

监狱安防集成平台软件平台提供基于 Intranet 的 Web 技术服务平台，完全采用 B/S 体系结构，用户无需安装任何监控软件，所有操作都通过 IE 进行，真正实现了无论何时何地，经过授权的任何人都可以 IE 浏览器方式的实时远程监控，可将分布在不同地点的摄像机集中管理，分散在网络中不同地点、不同使用权限的用户可同时监控同一现场，也可以任意选择其他监控现场，各用户监控不受影响，真正做到"多任务"的实时监控。

4. 报警联动机制，全局预案配置

监狱安防集成平台软件平台可以对每一个视频通道和报警通道、全天或时间段内进行报警设置，实现报警条件和报警事件的灵活组合。当有报警信息传入时，能实现报警和动作（存储、预置位、报警上墙、执行预案、分析）的联动，并伴有声、短信等方式。

同时平台支持第三方报警，如报警主机系统和门禁主机等报警。各子系统分散管理、运行模式下，系统间的联动主要依赖于硬件方式。上述方式具有很大的局限性，统一安防平台的统一部署的软件联动功能，能够为硬件联动难于实施的环节提供可靠的联动触发机制，提高反应速度、降低事故损失。

5. 支持组播和视频转发技术

由于图像占用的带宽很大（即使采用 H.264 压缩技术），当传输带宽有限时，尤其发生特殊情况，产生突发性大规模访问时，一般的监控平台就会出现拥挤甚至"堵车"的情况，就像千军万马过独木桥一样，其结果就是系统瘫痪。监狱安防集成平台软件采用组播和视频转发技术，能够有效利用网络带宽，减少网络"瓶颈"，使用户在监控时能获得比较顺畅的访问和控制效果。

6. 报警防范应用

在报警防范上，由于监狱安防集成平台软件集成了门禁系统和报警主机系统，因此它可以支持形形色色的可接入设备，像防火类：烟感、明火探测器、气体探测器等；防盗类：被动红外、红外对射、振动入侵探测器、玻璃破碎入侵探测器、突发报警装置、门禁等。这些探测器在平台内与图像、音频依据用户定义的方式进行关联，包括启动声光、开启灯光、向指定的手机号发送短消息、向指定的邮箱发送邮件、推出告警画面等。

7. 视频语音会议

监狱安防集成平台软件充分利用监控设备以及计算机自带的语音功能，只要配置音箱和麦克风，即可实现全局范围内向所有网络节点、客户端发送音视频信息，实现覆盖全局范围的远程视频语音会议。

8. 分布式/集中式图像存储

在实际的安防监控应用中，由于通信或者网络的问题，导致安防监控瘫痪的情况比比皆是。监狱安防集成平台软件的分布式图像存储功能在很大程度上解决了这个问题。它通过在前端直接支持硬盘录像和告警事件存储，确保了即使通信或者网络中断，对现场的监控仍在继续。这种分布式存储、集中式管理设计思想对于那些监控要求比较高的场合将非常有益。

监狱安防集成平台软件同时支持进行集中式网络存储，用户在监控中心配置录像服务器或者磁盘阵列很容易对这些集中录像进行存储、管理、回放。对于非关键性的监控点视频数据可以采用分布式存储与管理，直接存储在 DVR 本地的硬盘中，而关键场所的视频可以制定录像策略，在分布式存储的同时在监控中心进行网络集中存储和备份，在录像检索时根据录像策略到相应的地点获取。分布式录像和集中式录像适当布局，可有效控制成本。

9. 多种接入方式

目前我国网络发展很不平衡，不同企业、不同行业网络接入方式也各不相同，即使同一企业在不同的地理位置网络接入的方式也不相同，从局域网、城域网、VPN 到 ADSL、无线传输等多种形式并存，监狱安防集成平台软件充分考虑到各种网络接入方式的差异，使用户在各种网络接入方式下监控效果能达到最佳。

10. 数字矩阵

根据电视墙的监视器数量配置监狱数字视频矩阵，每台数字视频矩阵支持 n→32（即 n 个 IP 视频源切换成 32 路模拟图像）路视频图像信号到电视墙上，并通过数字矩阵的功能进行图像切换、轮巡、控制等。

11. 集中式管理

对于一个大型的安防监控系统，涉及的站点、设备、配置、设备状态、用户等信息将会非常庞大，对它们进行方便快捷的集中式管理就不可或缺。这些管理包括增加、修改、删除、监测、配置等信息管理和安全、权限、轮巡方案、录像计划、告警联动/布防撤防等策略管理。监狱安防集成平台软件将所有的信息放在同一平台上，便于统一领导、统一规划、统一标准、统一组织。

12. 智能图分析

当发生图像丢失、图像遮盖、图像预先定义的区域发生移动侦测报警时，监狱安防集成平台将自动产生报警。在未来的智能图像应用中，随着技术的逐步发展，监狱安防集成平台也可以支持人脸识别、行为识别等智能图像应用，变目视识别为自动识别。

13. 电子地图导航

为了更加直观的进行监控，平台提供了电子地图的监控模式，以图形化的形式，动态地表现出各个设备的运行情况以及各个报警监测点的当前状态，并且支持地图逐级访问。当报警发生时，迅速准确地以醒目的红色图标以及不同的报警声音提醒监控人员报警事件的发生，同时弹出报警画面，监控者可以通过电子地图的提示快速的找到报警位置，并根据报警画面判断是否为误报。电子地图作为安防监控的直观方式，让操作人员操作简捷。

监狱安防集成平台是建立在集成化基础上，实现了以电子地图和应用相结合，实现多层和多级的地图链接关系，支持 N 级电子地图方式实现系统的综合管理功能，可以精确定位到某一栋大楼/小区现场，同时支持 JPG、BMP 等多种不同格式平面地图方式。可以实现大到全省/全市地图，小到每个大楼/小区都能实现地理信息定位。用户通过鼠标点击可调取该监控点图像。用户可以自行编辑地图，地图可分层。发生报警后，在一级地图上自动显示报警网点位置，点击报警网点坐标，立即调出该网点内部布防图，闪烁显示具体报警方位，使报警信息更加直观和清晰。

14. 兼容多种设备

监狱安防集成平台可以有效的保护客户原有的安防监控投资，由于有些客户可能原来便安装使用了多种型号的硬盘录像主机或视频服务器，有可能设备类型较多，如何解决联网后兼容现有设备、尽量保护原有投资是目前需要急待解决的问题。而监狱安防集成平台实现了多家设备如硬盘录像机，编码器（DVS），IP 摄像机等统一标准接口接入，方便更新和调用，不同型号设备快速接入，实现系统的迅速集成。目前为止，监狱监控平台软件已集成了市场上多种主流品牌的硬盘录像机及它们相应的编码卡，包括海康、恒亿、诚丰、大华、汉邦、朗池、黄河等，只要原有的监控系统的设备是这些厂家，监狱监控平台便能无缝接入。

另外，监狱安防集成平台有着自己的一套设备接口插件，是专门为简化集成硬件厂家的 SDK 而开发的，只需要拿到硬件厂家的 SDK，由监狱开发人员对其进行封装测试，并更改相关的配置映射项，即可集成到系统中，与新系统形成一个整体。

7.5.2 平台架构

1. 层次架构

监狱安防集成平台按照功能可分为系统接入层、系统应用层和用户接入层三层架构，通过中心平台进行业务和数据的融合，实现一个技术先进的软件平台。集成平台三层架构如图 7-11 所示。

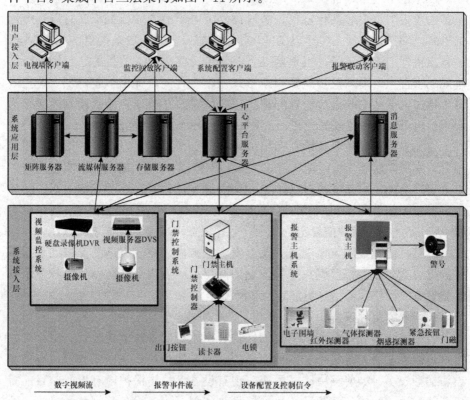

图 7-11 监狱安防集成平台三层架构

2. 系统接入层

系统接入层主要负责各个业务子系统（主要包括视频监控系统、门禁控制系统和报警主机系统）的接入与控制，系统接入层完成音视频信息、告警信息的采集、缓存、编码、存储及发送等功能，并可接受来自系统应用层的控制指令。主要包括以下几个子系统：

(1) 视频监控系统

视频监控系统是安全技术防范体系中的一个重要组成部分，是一种先进的、防范能力极强的综合系统，它可以提供某些重要区域近距离的观察、监视和控制,能在人们无法直接观察的场合实时、形象、真实地反映被监视控制对象的画面,并已成为人们在现代化管理中监控的一种极为有效的观察工具。

(2) 门禁控制系统

门禁系统实现对出入口、办公室、房门等重点区域的自动化出入管理、登记功能,以及人员考勤管理功能。门禁系统主要由门禁主机、门禁控制器、前端设备(门禁点控制器、读卡器、门磁、自动闭门器、电控锁)及相关软件构成。

(3) 报警主机系统

为一个双机并行控制的结构体系,报警接口设备使系统对报警事件作出响应,当任何报警发生时系统接收到报警信号并分别产生各自的报警联动动作。报警主机系统实现对重要部门办公室重点区域的入侵探测功能,通过在这些区域安装红外探测器,实现入侵探测报警功能。另外,通过在重点区域安装突发报警按钮连接报警主机,报警主机连接监控中心的集成管理平台,与其他系统(门禁系统、视频系统)联动,遇突发情况时可自动或由操作人员按动突发按钮,向外发出报警信号。

3. 系统应用层

系统应用层承担事物处理的中间环节,负责和控制数据库操作,接受和处理客户端请求,负责系统的业务逻辑处理以及提供各类应用服务。应用层主要包括中心平台服务器、流媒体服务器、存储服务器、矩阵服务器和消息服务器。

(1) 中心平台服务器

中心管理服务器实现整个安防系统的站点架构、用户管理、设备配置、存储设置、信息查询等功能,提供用户管理与权限管理双向模式、界面的一站式管理、全面的权限管理,满足多级别组织中架构管理、权限分配、设备定义、设备配置、录像设置、报警记录、用户操作、录像查询等管理功能,并提供 Web 方式,由 IE 浏览器实现远程配置和管理。

同时,它具有电子地图管理功能:电子地图的信息应分层提供;电子地图应能够逐级放大及缩小地图显示。

(2) 流媒体服务器

流媒体服务器主要是用来接收来自多台编码器或 DVR 传输过来的实时视频图像,并转发给多个客户端、集中存储服务器、数字矩阵服务器进行实时图像浏览,避免客户端直接访问前端摄像机,降低网络流量,降低数据对网络的占用,实现在不同网络带宽条件下大规模视频流媒体传输的优化管理。单台服务器对单路 CIF 视频可提供 300 路的转发,对单路 D1 的视频可提供 100 路的转发。

(3) 存储服务器

存储服务器提供对数字化视频监控系统的录像集中存储服务，实现对多台编码器传输过来的实时视频图像在监控中心进行集中录像功能的综合管理，保障大规模长时间视频存储系统的可靠性和稳定性，支持中心专业存储设备（如 IP SAN 磁盘阵列机）视频流写入。

存储服务器能对所有的图像按照 D1（或根据实际情况采用 4CIF）的格式进行 24 小时录像保存，也可以根据需要进行定时录像、报警启动录像、移动侦测录像，时段可分别定义；每台摄像机每天可设定多个时段进行录像。单台存储服务器对单路 CIF 视频可提供 300 路的存储，对单路 D1 的视频可提供 100 路的存储。

(4) 矩阵服务器

单台数字矩阵服务器可实现 1~16 路 D1 信号电视墙接入，同时提供手动切换、自动切换、分组切换、定时切换等多种切换方式，并且可以输出多画面分割图像。不仅满足用户对电视墙监看的需求，同时降低系统造价。

(5) 消息服务器

主要用于接收前端 DVR、DVS、门禁主机、报警主机的报警信息、事件内容、状态变化等信息，对不同类型的前端设备发出操作指令和控制信息，兼容各个子系统不同类型的通信方式和多种通信格式，它相当于翻译的角色。通过建立起一套统一的消息体系，利用先进的 XML 语言，在各个前端采集设备（DVR/DVS、门禁主机、报警主机）的响应之间建立起一座互连互通的桥梁。各个前端采集设备按照统一的标准接口通过消息服务器与中心平台进行信息交换和控制信令交换。

4. 用户接入层

用户接入层是客户端软件，提供给用户交互操作接口，供用户访问系统。用户接入层针对不同的用户提供了不同的用户应用界面，主要包括系统配置端、报警联动端、监控回放端、电视墙控制端，从表现形式上包括 C/S 应用及 B/S 应用。

(1) 系统配置客户端

系统配置客户端主要是对系统中所有硬件设备以及认证用户进行集中管理，包括添加/修改前端主控设备、设置/更改设备工作参数、配置/更改设备所属关系、添加/修改系统用户、设置/更改系统用户、配置/更改用户操作权限等。用户通过系统配置客户端，可同时管理硬盘录像机（DVR）、编/解码器（DVS）、门禁主机、报警主机等前端主控设备，支持这些设备的混合组网，方便用户根据具体需求选取合适设备。

第7章 监狱安防集成平台

（2）报警联动客户端

报警联动客户端主要是给用户提供报警联动策略制定界面，以及接警处理界面，接收消息服务器转发过来的前端设备（DVR/DVS、门禁主机、报警主机）的不同类型报警、事件或状态信息，报警联动客户端从中心平台服务器中读取联动策略，触发对前端设备的报警联动控制，如打开相关的视频，控制门点的开关、触发警号等。

报警联动客户端还可以通过电子地图显示方式实现设备信息及报警事件的综合管理，支持电子地图操作，实现多种设备在同一张电子地图上的集中管理，提供报警警情、事件信息、视频监控等联动管理功能，支持与监控回放客户端的关联视频播放。

（3）监控回放客户端

监控回放客户端主要是给用户提供视频监控操作界面，实现对编码器、DVR、IP摄像机的图像浏览、实时控制、录像存储、历史查询，并能通过流媒体服务器的转发功能实现在广域网上的大范围视频播放，接收消息服务器的不同类型报警、事件或状态信息，支持与报警联动客户端的视频联动操作，支持1、4、6、9、16画面切换监控，支持多画面与视频组轮巡，支持云台与镜头控制，提供方便的录像检索、查询手段，可根据时间、地点等信息检索并回放图像，回放时可实现播放、快放、慢放、拖曳、暂停等功能。B/S方式客户端如图7-12所示。

图7-12　B/S方式客户端

(4) 电视墙客户端

电视墙客户端主要是为用户提供电视墙操作界面，用户通过电视墙客户端可以向矩阵服务器发送控制指令，用户可以根据图像监控重点的需要，在电视墙上进行如循环切换、预制位调用等多种编程显示，可自动或手动将指定的一路或几路视频信号同时显示在某台或某几台监视器上。

7.5.3 关键技术

1. 接口集成技术

目前，各子系统采用的开发语言（C、DELPHI、VB、Java）、操作系统（Windows、UNIX、Linux）或者应用架构（.NET、J2EE）都有可能不一样，在这样一个异构的环境下，实现各个子系统相互集成最好的方法就是采用 Web Service 的接口标准，实现各系统相互之间按照国际标准的 XML 语言访问。系统充分支持这项技术，通过双方采用 Web Service 的标准接口规范彼此通信的格式，方便相互之间无缝地集成，便于中心集成平台对各个子系统的访问。

(1) 平台集成子系统

集成平台的所有设备状态信息来源于各子系统，由各子系统开发相关的接口向平台的消息服务器进行消息发送，原则上每一条消息包含集成平台进行状态显示的所有信息。

如果消息中没有包含集成平台需求的一些报表，要求各子系统开放数据库由集成平台进行报表的定制开发。集成平台与子系统之间的接口功能，各子系统部分功能需要由子系统软件提供商修改。集成平台不负责各子系统端相关内容的开发。

(2) 平台与子系统通信协议

根据系统集成要求，集成平台需要对各子系统中的对象进行编号，如子系统（门禁）对象，类型（门锁）编号（开发时确定）。发送消息时，将对象、编号与消息内容一起发送给平台集成服务器，由平台分析各子系统中对象/设备的状态信息。平台发送控制指令时向各子系统通过设备/对象编号进行定位执行相关的动作。

通信网络协议采用 TCP/IP，建议采用 UDP 协议向集成平台定时上报状态信息。平台也采用 UDP 包向各子系统软件发送控制指令。

2. 电子地图技术

监狱安防集成平台采用了以矢量化电子地图 GIS 和栅格（位图或影像图）平面地图相结合，实现多层和多级的地图链接关系，使用电子地图可以清晰描述各个区域的监控场所，集成平台的电子地图功能，可以根据实际区域分布（1至N区），由用户自定义电子地图。一般应用为：总级地图以整个区域总图为背景，在各个区域（1至N区）的坐标点上绘制区域子地图图标，区域子地图图标与总图关联，用户在总图上选中某个区域图标，双击打开后，弹出区域子地图，清晰描绘出每个区域的楼层分布，再编辑区域子地图，创建楼层图标，绘制每层楼的平面图，用户在区域子地图上双击楼层图标打开楼层平面图，用户可以在楼层平面上编辑各种设备图标，如摄像机、报警探测器、门禁控制器等设备图标，用户进入到楼层平面后，点击设备图标就可以打开或控制相应设备。

3. 数据通信技术

监狱安防集成平台采用了消息服务中间件技术来开发各子系统之间数据访问服务，消息服务中间件是介于应用系统和系统软件之间的一类软件，它使用系统软件所提供的基础服务（功能），衔接网络上应用系统的各个部分或不同的应用，能够达到资源共享、功能共享的目的。

系统开发的消息中间件可以实现异步通信方式，就是说在信息创建和发送时，信息的接收方或到接收方的通道不需要激活，不受时间的限制，增加了处理的灵活性，允许事务处理在它们想做或有时间做时，彼此通信程序可以运行在不同的时间。这样程序的运行是独立的，如果逻辑允许，它们不必等待其他程序的应答而继续工作，利用这种异步处理功能，可以更有效的使用资源，更灵活的处理模式，应用处理可以是独立的、并行的、重叠的，从而改进系统服务。

消息中间件为程序提供了一种异步通信方式。一个程序以一个队列作为中转与另一个程序相互通信，这个队列相对于该程序而言既可是本地的，也可以是远程的。当程序A需要和程序B通信时，A只需PUT一条消息到一个和B相联系的队列上，然后程序A可以干别的事。它似乎感觉不到通信的发生，通信以及对通信错误的恢复是由队列管理完成。

4. 数据库技术

监狱安防集成平台包含一套兼具实时数据库功能的关系型数据库，具有实时分布、事件驱动和远程在线下载的特点，一方面数据库针对大量信息点的实时数据进行存储、管理；另一方面要为实时监控应用模块、历史数据访问模块、综合报警模块提供信息源，各子系统的数据库保持独立，以ADO方式与集成系统数据库交互数据，这种物理上的独立体现了"集中管理、分散操作"的设计原则。集成数据库与子系统数据库通过同步或异步的方式实现数据一致。

集成平台可根据客户需求选择多种产品，数据库系统可采用免费的系统如 mySQL、Access 等，其他开放源代码如 IIS 应用服务器也可采用。也支持大型网络数据库 SQL Server 和 Oracle 数据库系统。

7.5.4 平台功能

1. 中心管理功能

（1）多级区域管理

系统采用开放的多级服务器构架，可以按部门或区域设置多个一级、二级中心，如总控中心→A 分控中心、B 分控中心、C 分控中心，通过多台中心服务器和对应的逻辑关系进行分级监控和管理。同时支持多级多中心级联架构，DVR/DVS、门禁主机与报警主机的报警信息能实时传送到监控中心，且支持本地报警和网络报警联动、多路报警同时处理。

（2）分级用户管理

由于系统采用多级区域管理构架，因此特别设计了用户隶属区域，区域下设有工程师用户、超级用户、普通用户三种用户类型。每个用户分配一个特权码，表示当用户访问子系统的基本特权，当用户的特权码大于他所属区域的子系统设备时，方可访问子系统设备。在系统功能上，根据用户类型确定是否具有子系统或设备操作不同权限能力。另外，配合用户的基本权限项（如允许支台控制、允许远程回放、允许打印报表等）来配置用户的综合运行权限。本区域的超级用户可自主增加\删除\编辑本区域下的普通用户，做到各子区域的主管单位自主管理本级节点下的子系统和设备，增强系统可操作性。

（3）多级权限管理

用户的权限主要分为功能操作权限和设备操作权限两部分，只有被授权的用户方可进行操作，权限可以被赋予，也可以被收回。系统监控设备最高操作权限由物理平台的系统管理员授予。系统监控设备最高操作权限由物理平台的系统管理员授予。当系统平台新增一个用户时，将所需要的设备赋予该用户，并设置好每个设备或单个通道设置的可操作的最高权限。每个用户能依据权限远程调阅本级和下级音视频资源，可对本级和下级监控范围内带有云台镜头解码器的摄像机图像进行远程控制。

系统中提供以下两种授权类型：

①基于功能许可。使用基于功能的许可，界面上的可执行按钮就与某个功能进行关联。或者说，只有某个用户拥有了这个功能，才能得到这个功能的执行权。

②基于设备许可。对于像摄像机、门禁、报警等这样的设备控制需占有型操作及夺权型操作的权限,按照用户权限等级来决定控制策略,用户需登录后通过身份认证和权限检查,用户及权限可由系统管理员来规定。

(4) 加强身份认证

用户入网访问控制分为三步,即用户名的验证、用户口令的验证、用户账号的验证。用户口令是入网的关键,集成平台对用户的口令经过加密,还可将用户与所用的计算机联系起来,使用户用固定的计算机上网,以减少用户流动性,加强管理。用户通过中心平台身份认证及授权后,方可使用平台提供的服务。

(5) 日志采集管理

中心平台能够及时收集自身平台和各个前端设备(DVR/DVS、门禁主机、报警主机)运行产生的日志信息,对收集到的日志信息根据严重程度、影响的范围、事件类型、数量等进行规格化和保存。提供日志查询与导出功能,日志记录关于软件操作的整个过程,包括操作人员的身份详细信息,重要信息可以进行打印备案。提供日志查询页面,方便用户查询历史信息,可以根据不同的条件查询来源。

2. 视频监控功能

(1) 实时视频监视

监控回放客户端通过调用视频插件(OCX)可以实现实时监控图像查看。主要包括以下功能:

①监控回放客户端能自动以树形结构将浏览的前端设备和摄影头编排列出来,可以根据多级区域进行分组。同时结合手工自由点播,可以非常直观、方便的查看权限许可的实时或非实时画面。

②支持1、4、6、9、16画面切换监控;支持对音频的实时接收,可选择静音/打开音频;支持多画面轮巡,即系统应具备视频自动巡视功能,在可设定的间隔时间内对所有的监控点进行图像巡检,参与轮巡的对象可以任意设定,包括不同监控点的图像、同一监控点内不同摄像机、同一摄像机的不同预置位等,轮巡间隔时间可设置。

③支持图像实时抓拍与浏览功能;支持本地实时录像功能;抓拍和录像路径可设置;提供实时码率显示功能,显示与关闭提供开关操作;云台控制(上、下、左、右),包括自动巡航,预制位、灯光/雨刷功能的支持;可变镜头远近、大小、聚焦调节;摄像机色度、亮度、饱和度、对比度的实时控制。

④支持视频双码流传输,解决视频传输占用带宽过大的矛盾。另外,通

过电子地图的方式,用户还可以在电子地图上点击摄像机图标,打开视频监控预览窗,可实时监看该路视频画面,并可对云台或快球实施控制,这样便可以采用分屏技术显示不同功能,如视频、电子地图及信息。电子地图中各种设备的图标可根据用户要求进行设计,图标可以根据地图的局部放大或缩小,自动相应改变其大小。

(2) 历史录像回放

监控回放客户端可以为用户提供录像的远程检索回放、下载本地回放;提供多路(1/4/9/16 路)同步/异步回放功能。支持用户按时间段、设备地址、录像类型检索视频文件名,生成文件列表。支持客户进行录像文件的播放、快放、慢放、单帧放、拖曳、暂停功能,也可以进行录像文件的剪辑并保存到本地硬盘。录像回放画面如图 7-13 所示。

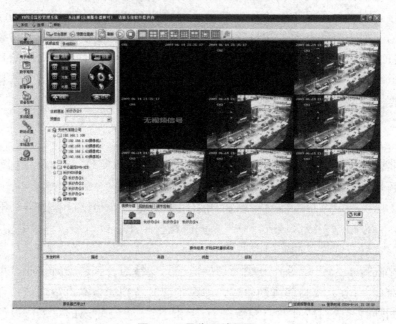

图 7-13　录像回放画面

(3) 语音监听对讲

监控回放客户端通过调用语音插件(OCX)以实现各个分控中心、分控中心与总控中心之间直接进行语音监听对讲,便于不同终端的信息交流。通过电子地图的方式,用户可以在电子地图上点击语音监听对讲设备图标,打开语音对讲窗,中心便可以实时跟前端监听对讲设备进行对讲。

(4) 预置位组轮巡

通过设置记录各个摄像机的预置功能,通过对各个摄像机下各个预置点的动态组合，可形成由不同预置组形成一致监视范围的效果，主要在报警联动和电视墙中使用，当有报警时触发调用预置位组进行轮巡查看。

(5) 视频分组轮巡

用户可以将需要关注的指定监舍、指定通道自由组合成一个虚拟视频组，监控点可以来自不同的 DVR，然后设置此视频组的自动轮巡功能，系统支持按组轮巡和按窗口轮巡两种模式，用户可将视频组在按事先设定的触发序列和时间间隔对图像进行轮流显示，视频组图像可在多个画面中按顺序轮流切换，也可在单个画面内轮巡显示视频组全部的摄像机画面，画面切换间隔时间可灵活设置，画面间隔时间可调节。

3. 门禁控制功能

(1) 门禁状态显示

报警联动客户端可以实时接收消息服务器转发过来的门禁主机上传的门点的开关状态信息，并在电子地图上通过变换门禁控制器图标来显示门的状态。

(2) 门点开关控制

报警联动客户端通过消息服务器向门禁主机发送门开关指令报文，实时控制前端的门禁控制器，消息服务器集成了门禁主机的消息通信包，并按双方规定的报文格式通信。此过程中，报警联动客户端向消息服务器发送门控制请求消息，消息服务器转发给门禁主机控制相关控制器来控制门的开关。用户可以在电子地图上点击门禁控制器图标，对各门点均可进行直接的开/闭控制。

(3) 报警接收联动

消息服务器可以实时接收门禁主机的报警信息，在报警联动客户端的电子地图上定位及闪烁报警点，并能联动报警点附近的摄像机对准报警点，切换这些摄像机上墙及在计算机上打开视频，同时能触发报警主机所接入的声光报警信号，实时显示报警门点及报警状况，提示值班人员及时采取安保措施。

(4) 电子地图功能

为方便用户操作，集成平台采用直观、形象的电子地图功能来实现门禁主机的操作和监控管理，集成平台为门禁主机的设备专门制作了门禁控制器图标，用户可以通过报警联动客户端在集成平台中添加编辑图层，报警联动客户端从数据库中读取门禁设备的参数形成多级设备树，用户直接从设备树拖动门禁控制器添加到电子地图中，然后保存电子地图，以后每次系统启动报警联动客户端便会自动加载楼层电子地图，用户通过在电子地图上用鼠标点击某层的门禁点即可实现开门、关门等操作,门状态信息、报警信息也可通过电子地图实时直观地显示出来。

4. 报警防范功能

(1) 撤/布防设置

中心管理平台提供了可按一星期 7 天分别设置不同的预定撤布防时间,可以使操作员根据需要方便地设置撤布防时间,如用户可以在上班时间设防,下班时间撤防,主要需要设定撤布防起始时间,撤布防的时间不能重复,起始时间必须小于终止时间。

(2) 报警防区设置

报警联动客户端允许用户自由设置报警主机防区,防区产生报警消息的条件,报警是否受布防状态影响,报警发生时如何处理,使得防区功能拥有最大的可控制性。允许任意定义安全系统用户,每个用户拥有的防区个数和位置不受任何限制,便于根据实际应用灵活规划管理。并且提供用户组管理功能对用户进行分组归类管理。

(3) 电子地图功能

报警联动客户端为报警主机系统的设备专门制作了报警设备图标,用户可以在报警联动客户端中添加编辑图层,报警联动客户端从数据库中读取报警设备的参数形成多级设备树,用户直接从设备树拖动报警设备添加到电子地图中,然后保存电子地图,以后每次系统启动便会自动加载电子地图,报警联动客户端支持地图放大、缩小,用户可根据需要查看不同倍数的地图,并可浏览地图,查看地图上的用户资料,当有报警发生时设置将地图自动弹出。

5. 电视墙功能

用户可以通过电视墙客户端向矩阵服务器发送解码上墙指令控制电视墙,根据图像监控重点的需要,在电视墙上进行如循环切换、预制位调用等多种编程显示,可自动或手动将指定的一路或几路视频信号同时显示在某台或某几台监视器上。电视墙控制示意图如图 7-14 所示。

(1) 矩阵管理

矩阵管理可以实现以下功能:

①对中心一个或多个解码器/解码矩阵的配置管理;其 IP 地址、通道数、每个通道对应的默认的显示图像的 IP 地址、通道号配置信息的存储。

②每个解码器通道对应的电视墙信息的存储;每个监视器可显示多个通道的信息(IP)配置管理;是否轮跳配置管理。

③可设定每个解码器/解码矩阵报警时输出图像的通道;当收到报警联动

第7章 监狱安防集成平台

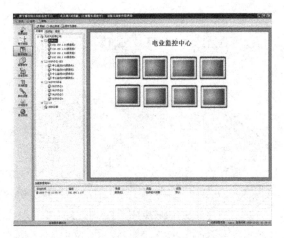

图7-14 电视墙控制示意图

输出信息时将指定图像在设定的通道输出；可设定每个解码器/解码矩阵音频的通道选择和控制。

(2) 电视墙控制

电视墙控制可以实现以下功能：

①支持手动调看、序列切换、群组序列调看、切换功能；手动在任意监视器上切换系统中任一个摄像机图像。

②在任一个监视器上调用任一个序列进行自动切换显示；在多个监视器一次性同时调看任一个编组序列的所有摄像机图像。

③将多个编组序列同时在多个监视器上进行群组的自动切换显示；切换间隔时间可调（8～99s）。

6. 视频转发存储功能

(1) 视频转发功能

系统可以通过流媒体服务器的多级视频转发管理和对所有视频访问的优先级管理功能，可以确保网络带宽有限的环境下，对远程实时图像访问和远程回放访问的带宽有效管理。同时通过视频转发模块，实现各级中心多人远程访问和降低现场数字图像设备的使用负荷，延长数字图像设备的使用寿命。网络视频访问示意图如图7-15所示。

(2) 集中存储功能

集中存储服务器为网络录像服务器，可实现视频存储、检索，支持视频回放，可实现分布式部署，具有类似于视音频转发服务器的视频请求、接受机制。前端的DVR/DVS所采集的视频在监控中心进行集中存储管理，按照用户所设定的存储计划执行高可靠性的图像集中存储、备份、检索和回放管

监狱安防系统

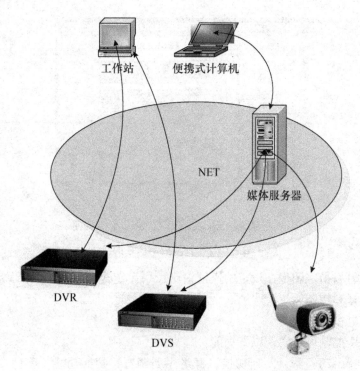

图 7-15 网络视频访问示意图

理。支持手动对重要事件的集中备份存储，支持报警联动存储，支持 DAS、NAS、SAN 等多种存储方式。

7. 电子地图功能

集成平台是建立在电子地图基础上，提供了强大的地理信息系统功能，实现了与电子地图相结合，支持多层电子地图。大到整个监控区域，小到每个楼层或房间都能实现地理信息定位。用户通过鼠标点击设备图标便可控制设备的操作。用户可以自行编辑地图，地图可分层。报警后，在一级地图上自动显示报警点位置，点击报警点坐标，立即调出该报警点内部布防图，闪烁显示具体报警方位，使报警信息更加直观和清晰。

(1) 专题图层管理

平台为用户提供了专门的电子地图编辑界面，用户可在基础地图上添加各种设备的专题图层，不同类型的设备使用不同的图标表示，且大小不跟随地图大小改变，可动态显示设备的实时状态，并能通过点击图标进行设备控制。

设备专题图层包括 DVR/DVS、门禁主机、报警主机、摄像机、报警探头、报警输出点、门禁控制器等设备分布图层。

(2) 地图基本操作

提供对地图视图的操作，即放大（可选择放大区域）、缩小（可选择缩小区域）、漫游、刷新、全图显示、全图：全部显示在屏幕上。放大：当前操作图层即可放大显示。缩小：当前操作图层即可缩小显示。

(3) 报警联动控制

消息服务器在收到前端设备的报警信息后，将报警信息转发给报警联动客户端，报警联动客户端在一级地图上自动显示报警点位置，点击报警点坐标，立即调出该网点下一级子地图（内部布防图），闪烁显示具体报警设备，使报警信息更加直观和清晰。

(4) 设备可视操作

经过授权的用户应能够在电子地图上对各种设备（DVR/DVS、门禁主机、报警主机、摄像机、报警探头、报警输出点、门禁控制器）进行操作控制，用户点击地图中的某个设备后，报警联动客户端根据数据库中设备编码信息，可以直接找到关联的设备实现设备手动控制、设备参数调整。

8. 报警管理功能

监狱安防集成管理平台可实现报警集中显示、定位和统一处理；可灵活定义报警事件级别、报警联动流程、报警事件处理流程、报警显示与提示信息等。报警发生时，根据相应设置及提示引导操作人员的决定，并记录所有操作过程。报警联动策略示意图如图 7-16 所示。

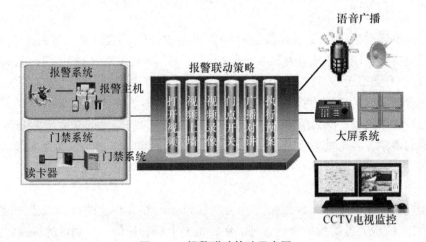

图 7-16　报警联动策略示意图

(1) 报警消息接收

消息服务器负责采集和接收系统设备与报警接口提供的报警信息，进行分类、存储、显示，为各个报警联动客户端提供报警消息的转发服务。报警联动客户端的报警显示主要是通过大屏电子地图（从数据库中调用地图）对现场报警信息进行显示，同时可以通过报警主机控制警号等警用设备，也可以通过音箱输出不同的音乐提示值班人员。

（2）报警策略配置

平台总体报警联动策略在报警联动客户端中设置，虽然前端设备（DVR/DVS、门禁主机、报警主机）也有报警策略的设置，但是这些策略只是针对本身设备的报警设置，不能跨设备去联动其他所接入的设备。例如报警主机自身发生报警时是无法联动打开 DVR/DVS 的视频的，而集成平台的报警策略可以跨设备联动多种设备一起工作，如报警主机所接入的探头发生报警时，平台可以联动 DVR/DVS 打开视频，或控制门禁主机开关大门。

报警策略配置设置分为两个步骤：首先设置好报警的触发条件（如视频丢失、移动侦测、外部探头、门禁报警等）；然后再设置触发条件满足后所要联动的报警动作（如摄像机上墙、发送短信、分析周边地理环境、打开视频、报警输出控制、门禁控制器开关等）。

（3）报警声音

报警联动客户端具有语音报警提示功能，并提供报警语音配置界面，用户可在配置界面中为每种报警选择不同的声音格式（如 wav、mp3 等），能够将详细报警信息通过语音的方式发出提示，当前端设备发生报警时，可以根据报警类型、报警设备向用户发出语音提示。

（4）报警联动控制

报警联动控制主要是在报警联动客户端中操作，这是平台的核心功能。它最重要的功能是集成并互连各个前端设备（DVR/DVS、门禁主机、报警主机），所有前端设备（DVR/DVS、门禁主机、报警主机）之间的跨设备联动。集成管理平台担任着指挥的角色，当有报警发生时，由它指挥前端设备来完成处警联动过程，集成管理平台在各个前端设备的响应之间建立起一座互连互通的桥梁。各个前端设备按照统一的标准接口与平台进行信息交换和信令控制。

集成平台可以实现对监控现场进行直观的监控，当有报警发生时，地图上相应的摄像机图标或者探头图标会急促闪烁，并有相应的视频调出来（可选择），值班人员看到报警后，可以在此地图上调看任何一个通道的音视频。

9. 设备管理功能

（1）设备集中管理

平台可以对平台前端所有监控与报警设备进行集中管理，包括添加/修改前端主控设备、设置/更改设备工作参数、配置/更改设备所属关系等。在系统平台下，可同时管理 DVR/DVS、门禁主机、报警主机等前端主控设备，支持这些设备的混合组网，方便用户根据具体需求选取合适设备。

（2）设备状态显示

平台采用电子地图方式，可以直观的显示各个 DVR/DVS、门禁主机、报警主机的状态及基本信息，用户可以事先制作好各级电子地图图层，然后在集成平台中导入电子地图，集成平台从数据库中读取设备的参数形成多级设备树，用户直接从设备树拖动设备添加到电子地图中，然后保存电子地图，以后每次系统启动便会自动加载电子地图，用户直接点击图层上的设备图标便可以查看设备的状态信息。

（3）设备定时巡检

平台通过消息服务器定时对前端设备进行巡检，实现设备状态的定期检测并上报给中心平台功能，中心平台通过图形化界面集中显示前端 DVR/DVS、门禁开关、主机布防的状态。当设备出现状态变化或故障时能够发出报警，并可以在电子地图上显示报警的位置和内容，并有声光提示。

思考题

1. 什么叫监狱安防集成平台？
2. 说明监狱安防集成平台总体架构。
3. 什么是中间件技术？
4. 什么是 DLP 大屏幕拼接技术？
5. 什么是地理信息系统？
6. 简述安防电子地图功能。
7. 监狱安防集成平台采用哪些关键技术？
8. 说出流媒体服务器的功能是什么？

第8章 监狱应急指挥系统

8.1 概 述

8.1.1 项目背景

通过建成的电子狱务专网为承载平台，利用成熟的远程图像监控及联网报警系统，可视化应急指挥调度系统，预案管理与会商系统等现代通信技术，建设某省监狱管理局与各监狱之间，以及不同监狱相互之间的图像调度、报警信息发布、指挥调度与工作协同、预案协商系统，构建反应迅速、沟通快捷、协调有力的应急指挥处置平台。通过省局指挥中心发挥综合协调职能，调度应急处置预案和监狱系统所有资源，实现联动指挥，有效处置重大突发事件，协调指挥突发事件的预防预警、应急演练、应急处置、调查评估、信息发布、应急保障和应急救援等工作。

通过构建监狱监控与指挥联网系统，可以实现省局应急指挥中心对各监狱图像的任意调度与控制；实现多级的报警联动，突发预案的调阅、修改和启用，各部门指挥与协调；实现监狱管理局指挥中心与各监狱控制中心和分控中心进行语音对讲或召开视频会议。监狱应急指挥系统的特点：省局上下协调，领导统一指挥，实施应急预案，整体协同作战，与监狱安防集成平台互通互联，调动与指挥多方资源，真正实现"人防、技防、物防、联防"四防一体化的目标。

8.1.2 系统建设目标

（1）实现对各监狱现有视频监控与报警系统的整合，兼容不同厂家的编解码设备、控制显示设备和报警设备，最大限度地保护原有的投资。

（2）实现对各监狱其他系统的整合，如视频会议系统、预案系统和办公系统等。集成"监控、报警、会议、指挥"4大功能，形成一个统一的监狱管理平台。

（3）实现多级中心的控制管理，构建监狱分控中心、监狱控制中心、监狱管理局指挥中心三级联网平台体系，即一级为决策指挥层，二级为管理执行层，三级为监控报警控制层，真正实现了全省监狱管理系统的联动、应急与指挥功能。监狱应急指挥系统结构拓扑图如图 8-1 所示。

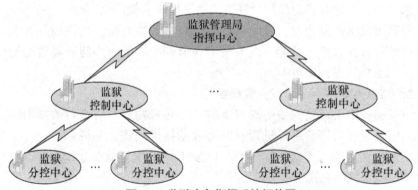

图 8-1 监狱应急指挥系统拓扑图

8.1.3 指挥系统结构

1. 监狱管理局指挥中心（一级：决策指挥层）

监狱管理局指挥中心是监狱安防集成系统的一级机构，它负责对整个省甚至是全国的监狱进行集中的指挥决策。当有重要事件发生时，各级监狱指挥中心系统会自动将相应报警信息上传至监狱管理局指挥中心系统，系统会自动打开相应地点的地图以及图像，便于监狱管理局的领导对事件采取相应的指挥决策行为。监狱管理局指挥中心拓扑结构示意图如图 8-2 所示。

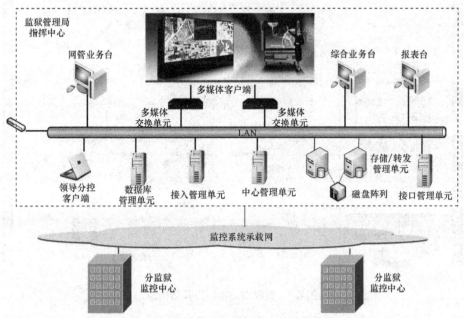

图 8-2 监狱管理局指挥中心拓扑结构图

对于相应的告警操作，系统会自动记录相应事件信息以备以后查询打印等。系统会自动储存相应的监视视音频信息以及告警信息。

当有突发事件发生时，除了可以在监控中心进行统一指挥以外，系统还提供了领导分控客户端功能，以方便不在监控中心的领导能够随时随地快速的加入到事件的指挥决策中。

2. 监狱控制中心（二级：管理执行层）

监狱指挥中心是监狱安防集成系统的二级机构，它负责对监狱内的所有监视监听信息、告警信息等进行及时有效的指挥处理，并将必要事件信息及时提交汇报到监狱管理局指挥中心，以便于更高级的指挥合作。监狱控制中心拓扑结构示意图如图8-3所示。

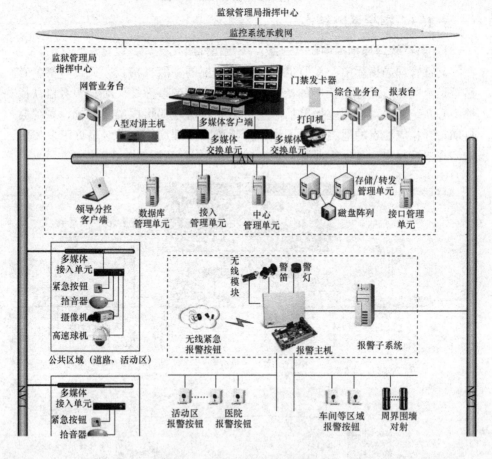

图8-3 监狱控制中心拓扑结构图

监狱指挥中心主要对监狱的周界区域、公共活动区域及劳教室和厂区进行视音频监视监听，同时接收各个区域内上报的告警信息，及时有效的做出处理。系统设计中已经大大的减少了人员的操作，系统会自动识别报警，并将报警信息显示，自动弹出告警地点的视频图像，便于分析处理。监狱安防集成系统在设计的时候充分考虑了监狱现有的环境，对于周界围墙等地方，系统选用了优良的对射以及超低照度的摄像机和报警按钮，使得系统可以很好的满足监狱的需求而又减少了投资。对于公共区域，系统采用枪机结合高速球和报警按钮的方式进行，便于对区域内的人员活动进行整体把控和监视。对于食堂、医院、车间等区域，系统采用枪机满足这些场所的监控需求。对于监舍，系统选用了低照度的半球形摄像机配合小功率照明灯，这样既保证了夜间罪犯活动的需求，又保证了监控的效果。采用半球形摄像机能很好的保护摄像机，防止设备被破坏。

系统集成了对讲系统，对狱警同罪犯进行信息交流、对罪犯进行思想教育及对特殊罪犯进行适当行为跟踪具有很大的帮助，有利于监狱管理人员对罪犯进行思想改造，提高监狱管理的水平。同时，通过实时图像监视、语音监听及专用智能联动报警技术，对罪犯的脱逃行为、罪犯的异常活动、监区异常事件的全过程进行录像、显示、报警、联动布控，快速启动相应处突预案，使事态得到有效控制，从而使罪犯脱逃率降到最低，减少狱内发案率等。

系统集成了报警系统，通过在监舍、禁闭室、医院和过道等可能发生突发事件的区域设置报警按钮，可以在各重要位置实现快速可靠的应急报警功能。同时，通过与视频监控子系统的联动，系统可以自动打开事件位置的图像，准确及时的对每一报警时间进行相应的处理。

系统集成了会见系统，方便亲人、朋友对罪犯的探视、沟通，调节罪犯的歪曲心理状态及避免同类事件的重复发生。系统集成了审讯系统，对审讯的过程进行视音频的同步录制，同时存储相关信息，保证审讯的合法性和真实性。系统集成了门禁和巡更管理系统，可以实现监狱出入口的无人值守，值班人员在监控室里实时掌控各出入口的通行状况，更有效地应对突发事件的发生。门禁系统同时也兼具巡更功能，巡更及出入记录全部记录在计算机中，可随时查询，便于责任的有效划分。

3. 监狱分控中心（三级：监控报警控制层）

监区分控中心是监狱安防集成系统的三级机构，它负责对监舍以及走廊的所有监视监听信息、告警信息等进行及时有效的监视处理，并将必要事件信息及时提交汇报到监狱指挥中心，以便于更高级的指挥合作。监区分控中心拓扑结构示意图如图 8-4 所示。

监狱安防系统

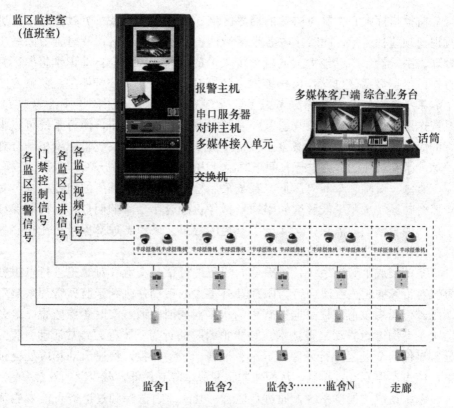

图 8-4 监区分控中心拓扑结构图

监区分控中心主要集成了视频监控系统、对讲系统、报警系统和门禁巡更系统。对于监舍，系统选用了低照度的半球形摄像机，既保证了夜间监控的需求，又能很好的保护摄像机，防止设备被破坏。通过监狱安防集成系统对各个子系统的管理联动，有效地减少了监区监控中心工作人员的工作，提高了工作效率。使罪犯脱逃率降到最低，减少狱内发案率等。对讲系统提供了同罪犯进行信息交流、对罪犯进行思想教育及对特殊罪犯进行适当行为跟踪的功能，有利于监狱管理人员对罪犯进行思想改造，提高了监狱管理的水平。同时，通过实时图像监视、语音监听及专用智能联动报警技术，对罪犯的脱逃行为、罪犯的异常活动、监区异常事件的全过程进行录像、显示、报警、联动布控，快速启动相应处突预案，使事态得到有效控制。系统还可以通过报警系统以及门禁巡更等系统实现联动，便于对事件及时的控制。

8.1.4 指挥中心设计

指挥中心的设计包括装修、不间断电源系统、大屏系统、空气调节。

（1）指挥中心装修按机房装修标准，要求防尘、防水、防静电，并具有良好的屏蔽性。同时适当的考虑美观性。机房装修材料应采用难燃或非燃材料，且应能防潮、吸音、不起尘、抗静电。

（2）不间断电源系统：要求弱电系统的设备进行集中不间断电源（UPS）管理，有利于管理和减少运行费用。电源保护范围为弱电控制中心和弱电间的设备。UPS不间断电源系统：采用在线式UPS单机运行方式。弱电控制中心和楼层设备间内电源从UPS引入，每栋楼配置弱电配电箱，每个楼层弱电井内设置一只电源插座（带漏电保护），安防系统、集成系统等弱电系统所有设备电源从UPS电源引出。适当考虑电源防雷，并采取防止直击雷和感应雷对机房设备影响的措施。

（3）大屏系统：由于智能视频分析、联动报警的需要，监狱大屏系统的建设应体现视频直观显示、报警自动上传并显示、狱政信息显示、三维电子地图显示等功能。大屏系统采用拼接屏加监视器的设计。大屏的大小，根据指挥中心面积的大小和所在监狱监控终端的数量确定，拼接屏选用以LED为光源的DLP无缝拼接大屏，监视器采用2048×1536工业级高分辨率产品。

8.2 监狱无线通信系统

8.2.1 概 述

随着社会的进步，高科技的不断发展，计算机与人类的关系越来越密切，数字化管理为管理者带来了极大的方便。监狱作为国家刑罚的执行机关，作为教育与改造罪犯的特殊场所，应紧跟时代发展步伐，充分地利用信息时代下的高新技术，建立有中国特色的数字化监狱，强化监管防范能力、提升文明执法水平，为提高监狱的监管安全系数和教育改造质量发挥应有的作用。结合监狱的特点，需要利用一种先进的无线通信技术，可以来搭建全新的监狱无线通信网络。监狱无线通信系统示意图如图8-5所示。

系统规划建设内网语音通信系统，弥补现有集群系统的不足；完善监狱网络的应用；考虑到用户已经安装了监控设备，要求所选设备能够提供数字的接口，以便和监控系统进行链接。实现无线网络信号的覆盖，使用移动计算机、PDA和手机终端完成网络数据的传输；要求设备具有完善的5级安全措施保证系统的正常运行；整个系统要具有良好的扩展性；作为下一步拓展预留的。在监狱应用无线通信技术前景十分看好，前提条件要保证信息安全，用好无线通信的灵活性，与监管实务融合，这里提出的无线自组织网络仅仅是一个尝试，相信会不断出现更适合监狱环境的无线技术。

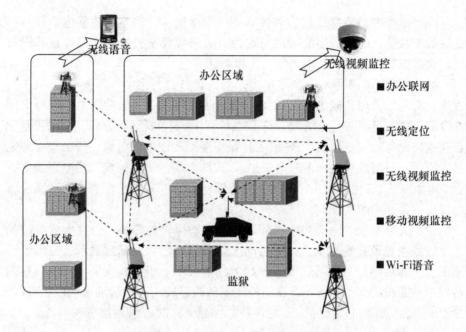

图8-5 监狱无线通信系统示意图

8.2.2 系统功能

根据目前监狱的实际需求，结合市场上主流的通信技术，建议采用当前最先进的无线自组网技术（以下简称 mesh）来构建全新的数字监狱无线通信网络。监狱无线 mesh 网络系统为监狱内的信息化建设，安全防范水平带来了革命性的进步。综合无线 mesh 通信平台可为监狱提供包含数据、语音、视频在内的多业务网络应用平台。

1. 无线语音调度系统

监狱内工作人员可使用无线语音调度终端进行通话，系统采用 2.4GHz 和 5.8GHz 的高频段。这样，监狱可对辖区内 2.2GHz 以下频段实行干扰屏蔽，阻止未经授权的人员在监狱内使用 GSM/CDMA、3G 或者对讲机等进行语音通信。仅有配置了专用 2.4G/5.8GHz 语音调度手持终端的民警或者工作人员才能进行语音通话，并且可以实现调度功能。

2. 有线网络的无线延伸

监狱内各处办公网可通过 mesh 互联，组成统一的大网；可根据需要在不同的时间和地点，为特定人员提供长期的或者临时的 Internet 互联接入。通过连接在 mesh 节点上的视频摄像机，工作人员坐在办公室即可监视监狱内任何地点的视频信息；对于有线监控系统而言，无线监控系统是不受到线缆限制，减少被外力破坏的可能性，保证无线监控系统可以全天候的稳定工作。

3. 移动视频监控系统

在移动车辆上设置移动车载监控系统，可以在 30～100 平方公里的范围内成为应急系统的辅助手段，将突发事件的现场视频通过无线 mesh 网传到指挥中心，或者可以在第一时间上传到监狱领导。

为工作人员提供背负式单兵监控系统，在野外工作的人员可以配置便携式无线接收终端，将采集的视频通过 mesh 网络传到监控中心；移动中的车辆和个人通过无线通信手段，将视频信号回传到监控中心，实时掌控巡逻线路和事发现场的进程，监控该区域的视频信息；实现监狱内的快速响应和突发事件处理。

基于 mesh 技术的无线网络支持完全无线的方式进行网络建设，可以迅速地进行无线网络搭设，具有高机动性、快速部署展开的特点。同传统的有线和无线网络技术相比，极大地降低了初期的安装和部署成本、建成后的运营维护成本以及网络的扩容和升级成本。

8.2.3　无线自组网技术（mesh）

无线自组网技术（mesh 网络）具有诸多优于其他类型无线部署的优势。这些优势主要集中在降低网络关键环节的成本——安装、维护以及运行维护等方面。在某些情况下，由于网络拓扑结构缺少有线基础设施，或者是在客户室内或室外位置布线成本高等原因，无线 mesh 网络成为部署网络基础设施的唯一可行方案。在发展历程上，业界中有三种 Wi-Fi 方案：

第一代集中式网络模式。这是一种非智能的网络，相互独立的多个接入点（无线设备）连接到同一个有线局域网中。

第二代集中式网络模式。这是对已有交换机最简单的一种扩展方式，大多数有线交换机设备均支持。这种模式倾向于将智能功能从无线设备剥离出来放到交换机中。然而，这种方法产生了许多意想不到的后果（例如单点故障、带宽瓶颈以及缺乏扩展性和灵活性）。此外，要是增加无线设备使得现有的 WLAN 交换机端口不够用时，就必须购买新的交换机。这两种 Wi-Fi 方案还存在着一个共性的问题——它们不是真正的无线，只是采用更少的有线而已，连接无线设备的以太网还是必要的。以上两种方案分别如图 8-6 和图 8-7 所示。

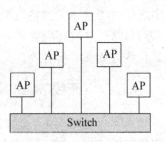

图 8-6　第 1 代集中式网络

第三代 Wi-Fi mesh 网络，这是一种智能网

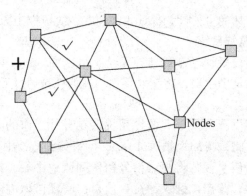

图 8-7　第 2 代集中式网络

络。由于网络节点间能够通过 802.11 无线链路相互连接，因此它们不需要通过有线连接到交换机上。Mesh 网络架构可以扩展通信传输区域，也可以同时为无线用户和网络节点提供接入服务。如果设计的合理，mesh 网络可以成为高性能、高可靠并具有冗余能力，并且能够扩展到包含成千上万个设备。这种类型的网络安装快捷，并且不要求精细的规划和位置选择即可获得可靠的通信。简单地移动某个网络节点或者增加一个节点就可以立即完善一个信号较弱或无信号的区域。

在无线 mesh 网络中，每个节点都会维持到最邻近节点的最优路径。当无线环境发生变化时，比如加入新节点或者发生拥塞，数据路径会根据时延、吞吐量、噪声等因素进行重新评估，并且 mesh 网络会自动地进行自我调节，将性能维持在最佳性能。如果某个数据路径丢失，或者 RF 干扰影响了性能，网络会通过重路由流量实现自我修复，这样节点既可以保持连接，而且数据路径也始终是最优的。所有的自我调节和自我修复过程都是动态的，在后台执行并且是实时的——对用户而言是透明的，不需要人为干预。

在室外环境中部署网络时，mesh 体系架构允许无线网络绕过大的物体（比如建筑物和树木）进行流量交换。无线 mesh 网络能够很容易地通过中间中继节点绕过障碍物转发数据包，而不是试图直接穿过障碍物。尤其在有很多障碍物的监狱环境或者有丘陵或山区等传统无线网络覆盖有困难的乡村区域，该方案都非常有效。无线信号绕过障碍物示意图如图 8-8 所示。

8.2.4　无线 Mesh 网络方案

无线 Mesh 网络方案有很多种，但是大部分的方案都来源于最初的无线分布式系统（Wireless Distribution System，WDS）概念。WDS 是一种使用无线桥接和无线 repeating 的无线设备模式，无线桥接也就是只能在无线设备之

第 8 章 监狱应急指挥系统

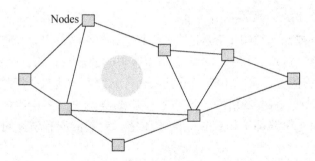

图 8-8 无线信号绕过障碍物示意图

间进行通信,无线设备不接受无线客户端的访问;而无线 repeating 既允许无线设备之间互相通信,无线设备也可以与无线客户端进行通信。所有的 mesh 网络在本质上都是用户流量在离开网络(比如到达有线的 LAN)之前通过多个节点。用户流量到达目的地所要经过的跳数取决于网络的设计、链路的长度、使用的技术以及其他一些因素。

第一代:单模块 mesh 方案(single-radio)

单模块模式是无线 mesh 最脆弱的方案,所有信息都在同一信道上。接入点仅使用一个信道,此信道由无线客户端和回程流量(在无线设备之间转发)共享。

当更多的无线设备加入到网络中的时候,用于回程流量的带宽将会占据越来越高的比例,仅仅留很少一部分容量给无线客户端。此现象的原因是由于无线是一个共享的媒质。

本方案的无线设备不能同时发送和接收数据。而且在其覆盖范围内另一个无线设备正在传输的时候,该无线设备也不能发送数据。这种对可用共享带宽的竞争是基于类似以太网的无线冲突避免原则(CSMA/CA)。

经简单计算,现在单模块方案中每个无线客户端只能获得很有限的吞吐量。举例来说,假设你有 5 个无线设备,每个无线设备有 20 个无线客户端与之相连,所有的无线设备和客户端共享同一个 802.11b 信道(5Mbps),这样等价于每个用户只能获得少于 50Kbps 的吞吐量(比拨号连接还要慢)。而且由于所有的无线客户端和无线设备必须工作在同一个信道上,无线资源的竞争和 RF 干扰还会导致不可预期的时延。

第二代:双模块方案(dual-radio)

在双模块方案中,一个频道专门用来连接无线客户端,而另一个频道专门用来进行无线回程传输——回程信道同时由 ingress 和 egress 流量共享,即回程共享。这意味着什么呢?无线客户端流量将得到一些改善,但是全网的性能仍然由于回程的瓶颈问题而不理想。

第三代：多频方案（multi-radio）

在多频（或称作结构化 mesh）方案中，每个网络节点至少使用三个频道的专用无线链路接口，其中一个频道用于客户端的流量，第二个频道用于 ingress 无线回程流量，第三个频道用于 egress 无线回程流量，即结构化的无线 mesh。这个无线 mesh 网络的方案与单模块或双模块方案相比提供了很好的性能。因为每个链路都工作在独立的信道上，专用的回程链路可以同时发送和接收数据。

8.2.5 建设规划

以无线语音通信系统为主，以视频监控和数据接入为辅的方式建设无线数字监狱网络。数字化监狱的建设由相应的硬、软件组成，各种硬件设施和软件资源被优化组合成一个能满足监狱日常工作需要的完整体系。数字化、智能化、集成化是监狱工作信息化建设的主要指标之一，因此，数字化监狱建设就是要把以计算机和网络为核心的信息技术广泛应用运用到监狱各项工作中去，它是将传统的监狱执法、管理、教育手段和现代科技相结合的产物，是对现代化文明监狱的补充和发展。

数字化监狱主要包括发达的无线通信网络、先进完备的数字化安防监控系统、智能高效的办公自动化系统和监狱管教信息系统、实用易用的监狱生产管理系统以及其他应用子系统等，最终实现监狱工作中各种信息的高度集成。

1. 无线覆盖方式

从监狱的建筑规模无线覆盖来看，以室外型基站为主、以室内基站设备为辅的覆盖方式是最有效的覆盖方式。

室外型基站与多种类型天线相配合不仅可以实现绝大部分室外区域的覆盖，同时通过对窗户和墙壁的穿透，能够充分的覆盖楼宇内部分的室内区域，并且其他楼层靠近窗口处也能得到较好的无线信号覆盖。

2. 网络升级扩容

无线网络可采用分阶段方式由疏到密的过程，随着用户增加逐步分阶段的提升覆盖面积和网络整体带宽。推荐两阶段的无线建设：第一阶段：90％室外覆盖＋30％室内覆盖；第二阶段：95％室外覆盖＋80％室内覆盖。

第一阶段的无线覆盖实现以室外型无线设备为主的覆盖，主要保证室外绝大部分区域的覆盖。

第二阶段的无线覆盖实现以室内型无线设备为主的覆盖，将保证95％的室外覆盖和80％的室内覆盖，作为第一阶段建设的补充。满足室内用户随时随地的接入需求，以及建筑物内部的使用，加大室内覆盖范围也是第二阶段的主要目标。

通过两个阶段的建设，形成良好的室内外无线网络覆盖，满足视频、语音、数据接入和移动通信等多种需求。

8.2.6 多模块 mesh 网状网

Access/One 产品支持 mesh 拓扑组网技术，设备节点之间采用无线级联方式通信，同时每个节点都可与其他节点使用点对多点（point-to-multipoint）的方式连接。这样，可构建的网状网络内每个节点都有一条以上的无线上联链路，提高了无线传输服务的可用性。

从拓扑角度来说，mesh 拓扑结构超越了传统无线网桥的点到点、点到多点的拓扑结构，从根本上解决了监狱范围内大规模无线网络部署中存在的建筑物等阻挡物的影响。

基于 802.11g/a/j 技术的 mesh 网络的无线链路带宽为 54Mbps，通过使用 Turbo 模式，无线链路带宽可高达 108Mbps，为大规模的监狱使用提供了高带宽基础。mesh 系统同时支持 2.4GHz、4.9GHz 和 5.8GHz，支持多种无线覆盖和回程的组合，可以有效地提高系统对多个频率的使用效率。

网状网拓扑结构如图 8-9 所示，mesh 系统可以采用 802.11g（2.4GHz）或者 802.11a（5.8GHz）作为节点之间的无线互联技术，同时每个无线 mesh 节点提供 802.11g 或者 802.11a 的用户覆盖。目前 2.4GHz 802.11g/b 具有 3 个非重叠信道，5.7～5.8GHz 的 802.11a 具有 5 个非重叠信道，如果同时利用 5.1～5.3GHz 和 5.4～5.7GHz 将提供 24 个非重叠的 802.11a 信道。这种多频率、多信道的无线组网方式可以更有效的在 2.4GHz 和 5.8GHz 频段避免外来的干扰。mesh 室外基站 OWS 在支持 2.4GHz/5.8GHz 的基础上同时支持 4.9GHz 的使用，作为需要授权使用的频段，4.9GHz 频率更加"干净"，能够提供更多的即可用于无线覆盖也可用作无线回程的无线频率资源。

1. 部署维护简单

mesh 系统具有自动配置、自动发现能力。当网络节点启动后，该节点内的各模块互相自动发现并且自动确定各自的工作模式、智能扫描信道等功能，无需进行每个设备的手工配置。当网络中有一个或者多个新加入的节点时，系统也可以自动发现新节点，通过管理界面对节点进行 mesh 组网授权后，新节点会自动下载配置。mesh 系统自动配置和自动发现的能力降低了网络部署和管理运维的工作负荷。

2. 网络稳定性

无线网络连接建立后形成 mesh 结构，每个网络节点以一定的时间间隔不

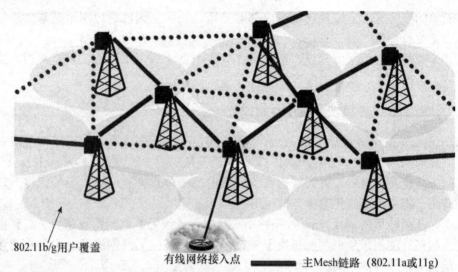

图 8-9 多模网状网拓扑结构

断的执行决策算法。每个节点具有的分布式智能以信号强度和网络性能为指标，在多条无线链路中选取最优路径路由流量，并且不断动态调整数据路径，限制了广播并且消除了瓶颈。这保证了任何由于网络单元被增加或是移除导致的网络拓扑变化都可以立即被检测到并进行相关的措施，保证网络总是处于最优的性能和运行状态。这样的网络必须具备以下两个自组网特性：性能自我调节；链路自动修复。

网络故障自愈如图 8-10 所示，在故障发生前，mesh 网络节点保持主链路、备选链路的信息，并且不断地动态地更新链路信息列表。当网络中的某一点由于供电、损毁等原因出现故障，其他周边设备会迅速的在备选链路表中选取具有最优参数的备选链路作为主链路。mesh 系统的 SMFR（Scalable Mesh Fast Re-route）算法提供迅速的链路修复，在毫秒级别即完成主备链路的切换，整个过程对于网络中的最终用户都是透明的，不会造成用户的数据、语音或视频等应用的中断。

3. 多模块、多信道、多射频技术 mesh

Access/One 产品支持多模块、多信道和多射频技术进行 mesh 组网。多信道传输如图 8-11 所示，每个节点都有多个不同功能的无线模块，分别处理无线终端接入、mesh 回程和 mesh 扩展等，利用多个专用模块提高无线 mesh 内部的性能。

第 8 章 监狱应急指挥系统

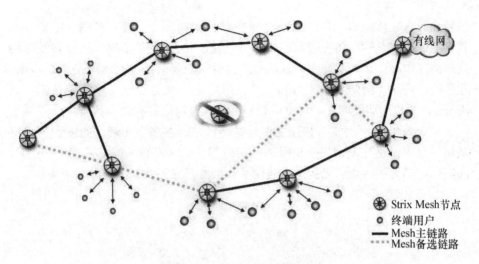

图 8-10　mesh 网络故障自愈示意图

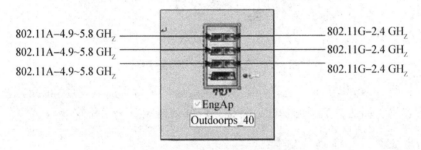

图 8-11　多信道传输示意图

同时，每跳都是使用不同的 2.4GHz 或者 5.8GHz 信道进行传输，大幅度的改善了多个 mesh 节点之间或者外界射频环境带来的干扰。

4. 车载移动支持

mesh 技术支持节点间的高速移动和快速切换，移动 mesh 节点通过专门私有协议处理切换/漫游，通过在移动车辆上架设 mesh 节点和全向天线，即可在固定的多个 mesh 节点之间进行高速移动和切换。目前的实际测试表明，移动车载的移动速度可高达 150km/h 以上，车载 mesh 节点与固定 mesh 节点之间的每次切换可在 100ms 内完成。

Access/One OWS 2400 系列产品也是为移动应用所设计和优化的。这些节点可以安装在车辆内使用。对于移动性的关键市场是交通、公安、消防和公共设置车辆等。在车辆内的 OWS 2400 设备直接与固定的基础架构 OWS 节点通信，可以扩展无线覆盖，满足应急通信和其他远程接入用户的需求。

在应急救灾中，必须尽快的作出决策，而无线监狱网络使之成为可能。

该特性允许在移动车辆部署高清晰视频监控，如公交、警务车辆，或者应急救灾中的工作车辆。使视频监控图像可以通过mesh网络实时的回传到统一的指挥调度中心，作为重要决策的依据。并且可以实时的下载区域的卫星地图、建筑物结构图、消防水龙头分布、公共财产记录和犯罪信息记录等数据。利用mesh对快速切换的支持，可以轻易的完成高清晰的移动视频监控。

Access/One同时支持快速的临时网络搭建，在多个车辆之间或者与固定基站一起快速组建临时mesh网络，同时提供2.4GHz、4.9GHz和5.8GHz的应急宽带无线接入。无线宽带通信平台示意图如图8-12所示。

图8-12　无线宽带通信平台示意图

无线mesh提供的高速移动的无线宽带通信平台可以在现场实时地完成信息的收集、回送、更新的功能，将提高应急队伍响应速度和效率。

8.2.7　多业务无线网

无线网络部署要求监狱内工作人员、访客等不同用户组的使用，以及视频、语音和数据等多种不同应用，同时要求不同的用户组和应用系统能够得到不同的安全级别和QoS服务质量。

1. 标准终端支持

Access/One mesh系统支持标准的802.11技术，包括802.11b/g/a/j技术。用户可以利用现有的笔记本、PDA等内置或外接Wi-Fi适配器的手持终端实现无线网络接入，而不需要购买或者安装额外的硬件。

2. 多用户安全接入

无须多个不同用户分别建立各自的专网，通过使用一套mesh多用途无线网络就可以让不同用户组都拥有他们自己的私有网络——使用各自不同的IP地址规划、服务级别和安全设置，以保证多个用户可以同时使用一套监狱mesh网络。如对于市政使用，包括公安、消防、应急服务等部门都有各自的私有网络，并且采用不同的访问和安全策略将多个部门分开管理。同时，这个网络也可以为公共运营使用，每个用户组都可以确保他们的数据是与其他

第 8 章 监狱应急指挥系统

用户组隔离的。

将多个用户隔离的主要方式就是无线 VLAN 方式。Access/One 支持 multi-SSID/VLAN 功能，基于 802.1q 标准协议，每个无线模块支持 16 个不同 BSSID 的 SSID、256 个 VLAN 和 4096 个 VLAN 标签。VLAN 标签可以通过 BSSID 或者 Access Control List（ACL）进行定义。BSSID 无线网络标示可以配置为隐藏状态，可有效防止通过窃听发现无线网络的攻击。每个 BSSID 和 VLAN 都可以具有不同的认证和加密的安全配置。

这样，通过为不同组群用户设置独特的 SSID/VLAN 就能实现多业务分组，保证不同安全级别的接入，并对各组群的流量采用 802.1q 进行标记，然后配合三层设备将不同组群的流量路由到相应的网络中。mesh 网络多业务分组示意图如图 8-13 所示。

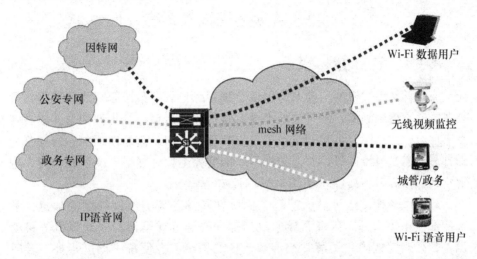

图 8-13 mesh 网络多业务分组示意图

8.2.8 安全性

随着 Wi-Fi 网络的流行，以及企业、热点、制造业、医疗、公共事业等行业开始认识到通过部署无线网络带来的工作效率提升和商业价值，对于无线网络安全的讨论也在不断的受到关注。无线网络改变人们工作和生活的同时，传统上认为的机房内的物理安全等网络的物理界线也随之改变，面临着多种外界的潜在攻击，试图未授权进入网络。

Wi-Fi 无线网络是非常易于使用的系统，可以为用户提供非常方便的无线网络接入。但是从安全角度来看，建立链路必须的信息也是获取未授权访问所需要的信息。针对安全专家所提及的典型攻击——协议分析、主动/被动侦听、man-in-the-middle、会话截取等，真正的问题是保护那些进行这些攻击所必须的信息。

Access/One 系统及其配合的标准软件/硬件安全系统允许用户设立根据策略（Policy）实施无线网络安全，保证敏感数据的完整性，提供完整的用户认证、鉴权，无线流量加密并且实时监测网络活动等。并且使用 mesh 节点间的通信加密、新节点认证授权等多种机制，保证 mesh 无线网络骨干的安全。Access/One 系列产品支持目前业界先进的 802.11i 无线安全标准。在加密方式上支持 WEP、TKIP 和 AES，认证方式上支持明文、共享密钥、MAC 地址和 802.1x 等多种方式，确保仅有被授权的无线终端才能接入到网络中。

8.3 监狱无线视频系统

8.3.1 概述

监狱押解无线视频监控系统可以全程跟踪记录监狱民警、武装警察执行公务的动态现场画面，并将现场图像实时传输到后台监控指挥中心。应对突发事件时，执法民警可触发车载监控终端报警按钮，监控指挥中心的屏幕上即刻显示声光报警信号，并上传押解车内监控图像和显示车辆所在位置，押解车辆与指挥中心具备进行双向语音对讲功能。

系统电子地图上可显示押解车辆所在具体位置、经度纬度等信息。系统能够使坐镇指挥的各级领导通过指挥中心屏幕或笔记本式计算机等移动设备，随时随地同步了解掌控押解现场的情况，方便统一调度指挥、及时发出指令；可以有效解决警力不足的难题，提高了应对各类突发事件的反应处置能力。

8.3.2 系统结构

3G 无线视频监控系统是集现代车辆实时监控、智能管理调度、应急指挥为一体的综合性系统，系统主要由车辆实时监控调度、历史轨迹回放、节点、区域、车辆及驾驶员资料管理、车辆行驶数据分析、用户权限管理等模块组成。复合了 GPS/GPRS 的 3G 无线视频监控车辆动态管理指挥系统是运用全球卫星定位、公用移动通信、计算机网络、信息数据库、地理信息等一系列技术高度集成化、综合性的先进电子系统工程。3G 监狱押解无线视频系统示意图如图 8-14 所示。

第8章 监狱应急指挥系统

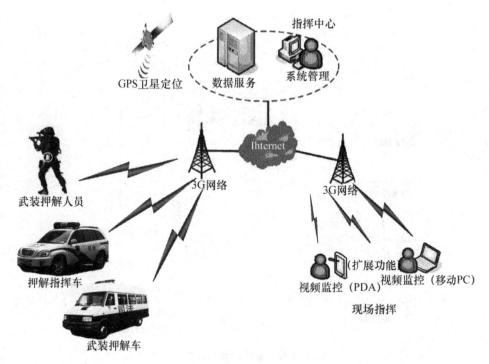

图 8-14 3G 监狱押解无线视频系统示意

监控指挥中心主机通过 3G 网络、GPS/GPRS 控制器（或连接到当地 3G 网络运营商服务中心的数据专线）发送控制命令和接收来自车辆的各种数据。监控指挥中心的管理软件为开发平台，在 Windows 的环境下运行，因而具有运行稳定可靠，功能完备，界面友好，操作方便的特点。

8.3.3 系统组成

3G 无线视频监控系统适用于针对移动目标的视频监控管理，不仅具有定位、视频播放和历史轨迹记录等功能，还具有本地录像存储和回放功能。本系统主要由前端设备、中心服务系统和 GPS 地图客户端三部分组成，如图 8-15 所示。

1. 前端设备

主要由 GPS 终端、摄像机、无线视频服务器等设备组成，前端设备负责在中心服务器的控制下获取卫星定位信息以及采集的视频流音频流信号转发到网络上。其中车载无线视频服务器内置 GPS 功能，集成度高，设备采用工业级模块化结构设计，嵌入式实时操作系统，品质高速、稳定、可靠，并通过三年以上各种恶劣条件的实际运行。

· 293 ·

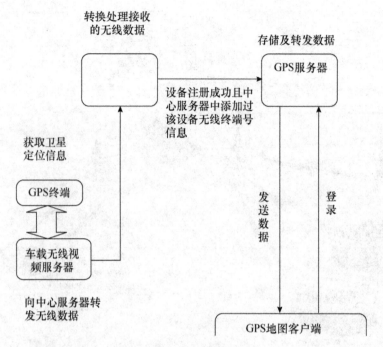

图 8-15 系统组成示意图

2. 中心服务系统

整个中心服务系统由中高端服务器、固定外网 IP 地址组成，负责安装中心服务器软件、媒体服务器软件、GPS 服务器软件，根据整个 3G 无线视频监控系统的实际安装量，可扩容服务器的数量。中心服务器是整个 3G 无线视频监控系统的核心部分，负责转换处理接收 GPS 信息和视频信息的转发和集中存储。

3. 车辆智能管理客户端

1) 客户端基本操作界面

单击运行桌面上车辆智能管理系统的快捷方式，会出现图 8-16 所示界面。输入用户名和密码后即可登录 GPS 车辆监控系统。(省略图)

登录后单击车辆列表即可查询列表中任意车辆的详细信息（车辆信息、用户信息）。(省略图)

进入系统管理员用户后弹出如下窗口：在车队、车辆列表中右击空白处可通过任意添加车队组进行用户设置。(省略)

2) 监控中心的主要功能

(1) 实时信息查询

卫星定位功能结合中央服务器的电子地图，使监控中心随时了解掌控押

第8章 监狱应急指挥系统

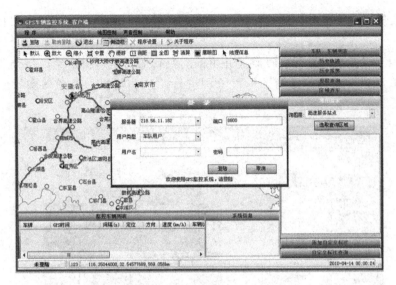

图 8-16 车辆智能管理系统

解车辆正在通过的区域所在位置并显示经度、纬度、行驶速度、行驶方向、行驶路线、车辆状态、报警信息等。实时信息查询界面如图 8-17 所示。

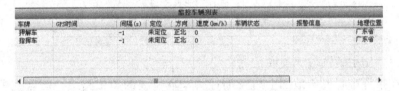

图 8-17 实时信息查询界面

(2) 紧急报警和语音对讲

当车辆遭遇紧急情况时，押解民警可通过车载终端向监控指挥中心发送报警数据，在监控终端立即显示出车辆位置，并声光提示，自动弹出报警车辆的视频画面。同时，监控指挥中心可与车内进行双向语言对讲，及时了解现场情况、发出指令，并进行监听。报警与对讲界面如图 8-18 所示。

编号	视频服务器名	通道/报警名	报警类型	移动帧训区域号	开始/结束标志	报警时间	上报时间	备注
154309	指挥车	安徽车载1_1轨	传感器		开始	2010-04-12 15:54:37	2010-04-12 15:54:41	
154310	指挥车	安徽车载1_1轨	传感器		结束	2010-04-12 15:55:13	2010-04-12 15:55:15	
154312	指挥车	安徽车载1_1轨	传感器		开始	2010-04-12 16:00:55	2010-04-12 16:00:59	
154344	指挥车	安徽车载1_1轨	传感器		开始	2010-04-12 17:02:17	2010-04-12 17:04:16	

图 8-18 报警与对讲界面

(3) 视频查看

利用各种3G网络将押解车辆内、外部现场图像实时、动态的显示在指挥中心大屏幕墙上，并且根据管理任务的需求可随时调看任一车辆的实时图像信息。

用车载摄像机进行实时监控并可同时进行监听与对讲。单击每个监控画面右下角的小喇叭和话筒图标可分别进行监听和对讲。视频图像界面如图8-19所示。

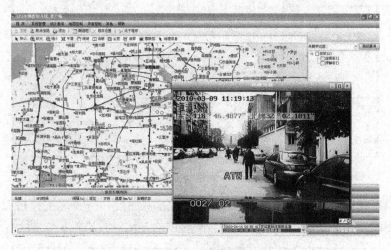

图8-19 调用视频图像界面

(4) 历史轨迹显示查询系统

在指挥中心电子地图上可查询押解车辆行驶的历史路线，使监控中心随时掌控押解车辆的运行轨迹。押解车运行轨迹示意图如图8-20所示。

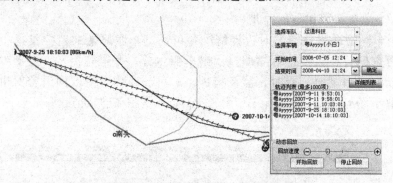

图8-20 押解车运行轨迹示意图

轨迹列表中会列出查询到的项目，双击其中一个，车辆可以在定位到地图中央查询完成时自动缩放到适合整段轨迹显示的位置。此时可以进行轨迹动态回放，并可以调整回放速度，回放时地图会自动跟随车辆位置变化而变化。

单击详细列表会显示所有位置点的详细信息，可以导出信息到 Excel 文档。车辆历史轨迹统计表如图 8-21 所示。

轨迹列表 共有 5 条								
GPS时间	定位	方向	速度(km/h)	经度	纬度	车辆状态	报警信息	报警解除
2007-9-11	正常	正北	25	113.981	22.53999			无报警
2007-9-11	正常	正北	89	113.98132	22.541		chaosu	已解除
2007-9-11	正常	正北	50	113.98244	22.541999			无报警
2007-9-25	正常	东北	86	113.876166666	22.5758333333	ACC关	劫警	已解除
2007-10-1	正常	东北	86	113.968761505	22.5517583333	ACC关	劫警	未解除

图 8-21　车辆历史轨迹统计表

3）GPS 地图

GPS 地图是随着计算机技术发展而产生的一种崭新的地理信息载体。GPS 地图脱胎于地图，将地图以数字的方式存储呈现并在计算机中使用。GPS 地图具有显示、传输和分析的功能，可以提供比传统地图更佳的呈现方式，如放大、缩小、漫游、搜索等，放大可显示全国各个地市、乡镇、村庄、道路。

8.3.4　系统特点

1. 先进性

（1）不受地域限制，系统利用 CDMA2000 1XEV－DO 网络来传送报警和图像信息，只要车辆在 CDMA2000 1XEV-DO 网络覆盖区域内（没有 EV-DO 网络覆盖的区域可自动转到 CDMA1X 网络），系统即可实现将各押解车辆运行的情况远程实时传输到监控指挥中心。

（2）GPS 定位监控系统应用了移动网络为监控数据的载体，真正的实现了对车辆的全天候实时监控（速度、方向等），监控频率可达到 3s 级（内置车载 GPS）。

（3）采用流媒体技术，解决了多用户访问同一监控点出现的网络堵塞问题。

（4）无线监控设备机动、灵活、快捷、便携，组网方便、操作简单。

（5）监控指挥中心同时可监看多路视频图像并具备本地录像功能。

（6）系统可安装于任何普通台式计算机或笔记本式计算机上，系统软件适用于 Windows 2000 或以上版本。

2. 可靠性

（1）系统主要设备均采用工业级模块化结构设计，通过了恶劣条件下的实际运行。

（2）设备功能强大，集成了图像传输、GPS 定位等功能。

(3) 安全性。采用特有CA加密传输技术，确保不被第三方窃取、篡改。

(4) 使用及维护性。主要设备的可靠性能高，维护性能好，通过管理软件可远程对设备进行升级、维护。

8.4 监狱应急指挥系统

8.4.1 系统规划

通过对目前各监狱网络监控现状的分析，以及监狱管理过程中对应急指挥、远程培训和预案协商等功能的需求，对全省监狱管理联网监控与指挥系统进行了统一规划，省局中心对全省监狱图像按单位分为25个（分）中心进行管理，搭建二级监控平台；对于各监狱分控中心，可以根据实际需求搭建三级监控平台；在省监狱管理局指挥中心搭建一级监控平台，实现对全省监狱图像和报警信息的统一调度和管理。某省监狱系统应急指挥体系具体规划如下：

(1) 监狱一级监控平台包括省监狱管理局指挥中心系统和领导桌面系统。

(2) 监狱二级监控平台包括25个监狱控制中心系统，每个监狱控制中心的图像容量在600左右。

(3) 监狱三级监控平台主要是监狱分控中心平台，根据监狱内部管理的实际需要确定。

系统主要实现三个功能：一是视频监视与报警控制；二是指挥调度与视频会议；三是预案协商与远程培训。

领导桌面系统提供领导浏览工具，实现点播图像、控制云台、画面调节功能。系统采用开放式结构设计和模块化功能设计思想，实现多级的图像监控、报警联动、应急预案、指挥调度、办公协同等功能。同时，系统提供二次开发接口，支持多种方式与其他系统整合。监狱系统应急指挥系统总体结构如图8-22所示。

8.4.2 省局指挥中心总体要求

根据项目分析与功能规划，省局指挥系统的主要组成部分有中心管理服务器、存储服务器、VGA服务器、指挥调度与视频监控终端、预案管理与会商终端、系统运行监控终端、电子地图报警信息显示与管理终端、DLP大屏显示系统和IP矩阵等。监狱管理局指挥中心的系统结构设计如图8-23所示。

第8章 监狱应急指挥系统

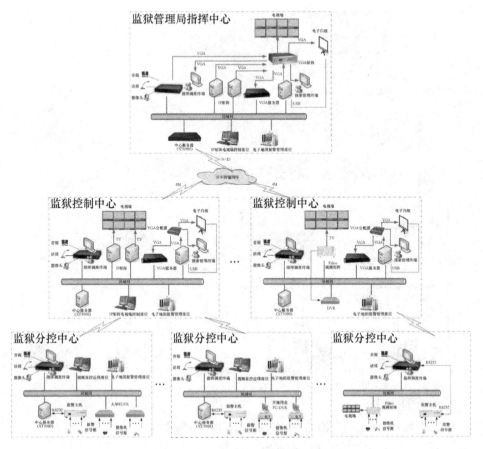

图 8-22 监狱应急指挥系统总体结构

省局指挥系统总体要求如下：

(1) 构建一级监控中心联网系统，省局指挥中心实现对各监狱控制中心的管理。

(2) 必须实现与省监狱管理局已建成的视频系统设备的无条件对接，实现监狱管理局指挥中心与监狱控制中心的视音频可视化指挥调度与预案协同。

(3) 必须对外提供二次开发接口，可快速集成到应用软件。

(4) 实现对已建智能化安防系统的接入和以后系统升级扩容设备的接入。

(5) 在同一个操作平台对视频监控、周界报警、门禁控制、周界电网、周界照明、监听对讲等子系统进行统一管理控制与调度指挥。

(6) 系统必须具有视频会议功能，监狱管理局指挥中心与监狱控制中心可召开视频会议，并可接入标准 H.323 终端。

(7) 系统具有电子地图显示功能，在省局电子地图上可直接调用各监狱

监狱安防系统

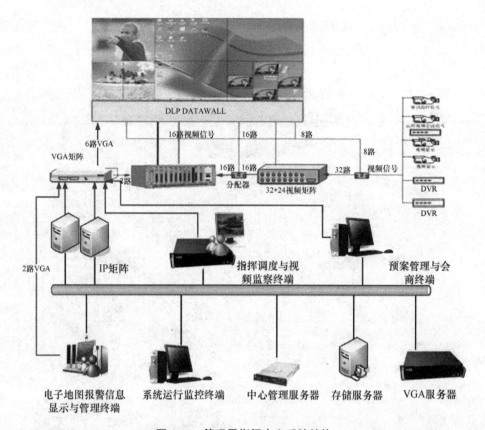

图 8-23　管理局指挥中心系统结构

的布防图，支持 bmp 格式、矢量图格式。

（8）主机及网络系统使用的设备要布局合理，便于维修，工作区要做到光线适度，接线整洁，便于工作。

8.4.3　电视墙显示部分

在监控中心已经设有电视墙，由 6 块 DLP 大屏组成 2×3 电视墙。电视墙部局图如图 8-24 所示。

目前系统中存在两个厂家编码设备，采用两台 PC 安装解码卡、IP 矩阵终端软件的方式实现解码输出上墙。每台 IP 矩阵终端输出一路 9 分屏 VGA 视频图像，共 18 路。各分屏中任意一路图像都可放大到全屏显示效果。

分别将局省指挥中心的指挥调度与视频监察终端、预案管理与会商终端、双屏电子地图输出的 VGA 通过 VGA 电缆接入 VGA 矩阵，经矩阵分配后连入电视墙。左边两块大屏分别接入两台 IP 矩阵终端输出的 VGA 图像，用于

第 8 章 监狱应急指挥系统

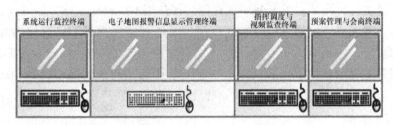

图 8-24 省局指挥中心布局图

各监区图像显示;中间两块大屏分别用于双屏电子地图的图像显示和地图图层显示;右上的大屏为指挥调度与视频监察终端的图像显示区域;右下大屏为预案管理与会商终端的图像显示区域。

通过双屏电子地图中内嵌的 IP 电视墙控制功能实现对两台 IP 矩阵进行统一集中控制。可任意将监狱的图像通过 IP 矩阵输出到电视墙显示。

通过 IP 电视墙控制功能支持图像预案的编制、调用;管理人员可以监控区域或监控类型,并对图像进行编组。

系统支持联动电视墙显示功能。当触发报警时,系统根据预设的联动预案,会同时通过电子地图、IP 矩阵在电视墙上联动显示报警事发区域的图像。

系统提供了专门的平台维护工具,通过简单的步骤就可以实现对显示设备的远程维护。

8.4.4 存储系统设计

在省监狱管理局指挥中心部署存储服务器 XT5400,一台存储服务器同时支持 64 路不同的监控图像进行集中存储,用户可以根据所需要存储图像的路数灵活配置存储服务器。存储服务器支持通过磁盘阵列或 IP SAN 集中进行统一存储、统一管理,增加了数据管理的便利性。可以对前端监控点图像编制多种存储预案,包括即点即录、计划录像等。

1. 存储容量计算

(1) 模拟视频信号通过数字视频压缩技术转换为 H.264 或者 MPEG 4 格

式的码流,尽管经过压缩,其所占的空间仍然是非常大的,尤其是监控联网系统中前端摄像机数量众多,产生的海量数据是非常惊人的。

(2)以单路 CIF 格式的流量计算:200M/h,每天产生的数据量为 $24\times200M=4\,800M$,约合 4.6G,一个月产生的数据量为 $4.6G\times30=138G$;按照 100 路视频信号计算:CIF 格式产生的数据量为 $138G\times100=13\,800G$,约合 13.4T。

2. 存储策略

系统支持分布式存储、集中式存储和客户端本地存储三种存储方式。

(1)对于重点区域采用分布式存储方式,直接将视频信息存储在数字硬盘录像机上,实现全天候存储录像,确保录像资料的完整性。同时,可以缓解网络带宽有限条件下全部视频流在中心集中存储造成的网络拥塞。前端录像资料可以在前端进行检索回放,也可支持授权客户端进行远程录像检索回放。

(2)在指挥中心部署存储服务器,对重点区域图像在硬盘录像机进行分布式存储,同时在中心存储服务器中进行集中式存储,增加了数据管理的便利性、安全性。支持对前端监控点图像编制多种存储预案,包括即点即录、计划录像等。授权客户端可以对集中存储录像资料进行检索、回放、下载。

(3)客户端可以对正在点播的图像进行本地录像存储,可随时检索,操作方便,管理灵活。

8.4.5 省局指挥中心功能

1. 图像显示与控制

(1)多分屏模式图像显示。视频监控主机可以多种分屏模式显示视频图像,可分割为 1、4、9、16 等多种分屏模式,并且能放大显示重点图像。

(2)图像轮巡显示。提供"单屏轮循"和"分组轮循"功能,可将重点图像常驻保留显示在监控客户端或大屏的屏幕上,将其他图像进行编组轮循,使其按照轮循计划进行切换显示。

(3)图像显示效果调节。对图像的亮度、色度、对比度等显示效果实施调节,提供统一的平台对前端摄像机的镜头和云台进行控制。

(4)电视墙管理与控制。可根据现场情况对大屏的显示布局进行编辑处理。实现对图像的单通道切换及多画面切换,有效地解决前端监控点多监视器数量有限的问题。

(5)录像资料管理。录像资料可以集中与分散存储,重要录像资料可通过网络集中存储到监控中心的存储服务器内。并能指定录像计划,分时段对视频监控点进行录像控制。

(6) 录像下载回放。根据权限对录像资料进行检索、下载与回放。

(7) 报警信息管理。报警点在出现任何异常情况时，可即时警示值班人员，使其及时处理，同时系统可通过语音或短信方式将警情通知相关人员。支持双向语音对讲功能，客户端可和任何一台 DVR 双向对讲。

(8) 报警联动。当有报警时，系统自动弹出到报警点所在图层，并切换该点视频图像。还可根据报警点的联动设置方案，联动报警点图像在电视墙显示、联动录像、联动摄像机预置点、联动灯光、联动警铃等。

(9) 报警信息存储与查询。报警后报警信息在指挥中心集中存储，并对报警信息做了录像关联，可以报警点、报警类型、报警时间等多种方式进行查询，查看报警时段的录像。

(10) 联动图像显示与录像。提供了报警联动电子地图功能。在各监狱干警值班室的图像上显示对应的干警基本信息，包括姓名、性别、职务、编号和工作年限等基本信息。

2. 电子地图报警

监狱控制中心接收到的报警信息通过中心管理服务器传输到监狱管理局指挥中心，通过电子地图报警管理席位实现对报警区域、状态、图像的直观显示，以及报警图像联动、报警设备联动。

(1) 显示某省监狱分布电子地图，通过主电子地图链接显示所有监狱控制中心和监狱分控中心电子地图。

(2) 可编辑和配置矢量电子地图和 BMP 示意图，不同监狱控制中心和监狱分控中心在不同的图层进行显示，各图层可任意跳转。

(3) 可在电子地图中添加摄像机、报警点、输出点、门禁通道等设备信息，并能设置不同类型设备状态变化时，电子地图中显示设备的图标。

(4) 可实时动态显示摄像机、报警点、输出点状态图标，如当报警点发生报警时，在电子地图中报警点图标以闪烁的警灯显示，方便操作人员的识别。

(5) 设备控制。可通过电子地图进行图像点播、报警布防控制、报警输出设置。

(6) 可设置报警联动控制，设置报警后图像点播、视频录像、图片抓拍、手机显示报警信息。

(7) 可实时显示报警信息，并以弹出的醒目窗口显示报警相关信息。

(8) 通过电子地图报警管理席位实现对所有监狱各监区门禁、AB 门、出入口通道等门禁开关状态、报警状态、人员进出信息进行可视化的显示。

(9) 通过电子地图报警管理席位可以显示所有监狱的周界高压电网的运行状态,包括电压值、电流值、故障和报警等相关信息。

3. 预案协商与决策

本地预案管理终端能够对远端的预案管理终端屏幕进行接管、控制与共享,真正实现对预案的远程协商、远程修改、远程确认。充分保证了预案内容的清晰度与实时性,营造了一个人性化、互动性强的交流环境。预案管理终端控制界面如图 8-25 所示。

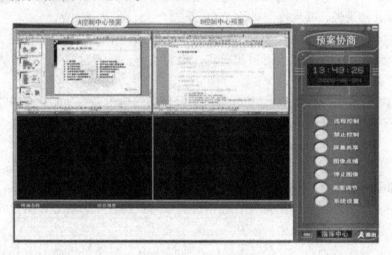

图 8-25　预案管理终端控制界面

(1) 远程接管控制。

本地预案管理终端可以对远程预案管理终端屏幕进行接管,尤其是需要对远程预案管理终端上的预案进行修改时,通过远程接管控制,直接对预案进行修改生效,并进行保存,实现远程预案编辑。

(2) 交互电子白板。

通过电子白板,所有成员都可以参与到任务的讨论中来,在白板上进行规划、标注等,所有成员可以看到白板上的内容。

(3) 及时通信。

提供点对点的文字信息交互,也可以群发文字信息,进行及时通信。

(4) 文件传输。

具备文件传输的功能,预案管理终端之间可以任意传输文件信息。

(5) 文件资料校对。

支持多种文档共享,如 Word、Excel、PowerPoint、PDF、jpg、bmp 和 html 等多种格式文件,便于远程交流、资料校对、资料审核。

第8章 监狱应急指挥系统

4. 指挥调度与协同

在各监狱控制中心和监狱管理局指挥中心分别部署视音频指挥调度与视频监察终端（省局内置 MCU），并通过摄像机采集指挥员图像，通过话筒采集指挥员声音，经过视音频指挥调度与视频监察终端编码处理后提供远程服务。同时视音频指挥调度与视频监察终端可以显示远端视音频指挥调度与视频监察终端的图像，终端支持单画面显示、多画面显示模式，实现的具体功能如下：

（1）指令下达

上级领导可以向下级发布指挥和调度命令，并通过发出预告音进行提示。一方面上下级之间可以实时地进行音、视频信息的双向沟通下达指令；另一方面，系统支持以文字即时通信、文字留言的方式下达指令。指令下达操控界面如图 8-26 所示。

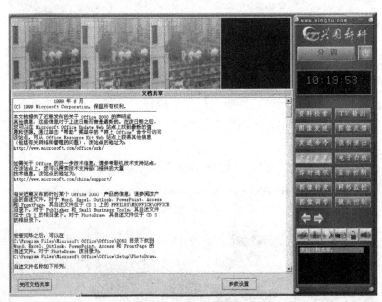

图 8-26　指令下达界面

（2）指挥协调

监狱管理局领导可以让各监狱之间进行音视频信息交互，实现相互协调。指挥协调交流界面如图 8-27 所示。

（3）工作汇报

监狱管理局可听取监狱管理人员的工作情况汇报。

（4）应急处置

当发生突发性事件时，各级领导和相关专家又不能及时赶到现场，此时可以通过指挥调度与协同功能召集相关领导和专家，一方面可以对现场情况进

监狱安防系统

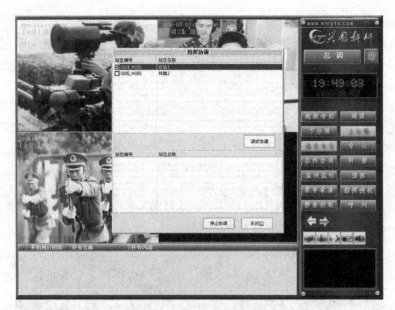

图 8-27 指挥协调交流界面

行实时监视,对任意现场监控图像进行点播浏览,进行云台/镜头远程控制。另一方面与现场人员进行语音实时交流,快速决策,对突发性事件进行处置。

(5) 视频会议

支持视频会议功能,视频会议终端控制界面如图 8-28 所示。

图 8-28 视频会议终端控制界面

①会议主持。所有的指挥调度终端都可主动发起视频会议，呼叫其他指挥调度终端进入视频会议组，加入视频会议组的终端在会议主席的统一管理和组织下进行远程会议。会议主席可将其他会场的图像转发给其他会场，这样会场之间可以相互看到现场图像。

②指定发言。在召开视频会议的过程中，会议主席可任意指定会议成员发言，其他会场能听到发言人的声音，同时也能看到发言会场的图像。在一般情况下，只有会议主席（或指定发言人）可以发言，会议成员可主动向会议主席申请发言，在会议主席许可的情况下才可发言，避免了会场的混乱。

5. 设备管理

硬件设备的管理是保障系统正常运行的基础，传统监控系统硬件设备主要集中在本地，便于维护，而本系统硬件设备数量不仅多，而且地域分布广。为了保障系统可靠性更高，稳定性更强，系统采取了对硬件系统的集中管理，对报警设备和音视频处理设备、各项硬件配置信息进行统一注册，分类管理。

(1) 设备集中管理

各个监控管理中心对本监狱设备进行统一管理和维护，设备的管理包括设备的统一注册管理、远程维护、远程故障诊断、运行监控、故障报警等功能。

由中心服务器对所有设备进行统一注册管理。视频采集设备（DVR/DVS）注册信息包括 IP 通信地址、网卡 MAC 地址、音视频板卡的类型、通道数等。云台解码器作为一项重要设备也需进行分类注册，注册信息如云台解码器的类型、通信端口地址、通道数等。管理员可以对各项硬件设备配置信息进行编辑，记录设备运行状态值。音视频处理设备的重新启动不影响服务器端硬件配置信息的设置，硬件设备重新启动后即恢复到启动前硬件功能设置状态。

由服务器端对系统所有报警设备进行统一注册和日志管理。注册信息如报警控制箱的类型、通信端口地址、报警输入通道数、报警输出通道数等；日志的管理：报警日志按照时间、人员、操作（如布防、撤防、报警、消警、报警解除）分类建档。

(2) 运行状态实时检测

在监狱指挥中心配置系统运行监控终端，系统运行监控终端可实时监控系统的网络流量、各设备运行的状态，如 CPU 使用状况、网络进出流量、内存的占用、设备运行时间、硬盘容量等。系统对前端编码设备运行状态重点检测,可检测的参数指标有网络流量、CPU使用百分比、内存占用、硬盘容量、剩余空间、录像的视频、布防情况、是否视频丢失。

(3) 故障自动报警

在监狱指挥中心配置系统运行监控终端,用于显示设备故障信息,当设备出现工作异常时,系统监控终端会立刻显示设备运行异常运行信息,管理员可根据提示信息及时判断故障,为实现高效的系统维护提供了有力保障。

(4) 记录运行日志

系统详细记录设备的操作信息,所有终端的操作信息都记录在系统工作日志中,为系统的管理和维护提供详细信息,便于系统的维护和改进。

(5) 远程升级与维护

在监狱管理局配置系统升级服务器,当系统需要维护升级时,只需要在升级服务器中部署升级服务程序,管理员可远程控制设备进行远程升级。另外,当设备重新启动时,也会自动连接升级服务器进行升级。

8.4.6 省局指挥中心设备

1. 中心管理服务器

中心管理服务器是监狱管理局指挥中心的"中枢",对每个中心平台系统进行统一管理,可管理1024台硬盘录像机,能够对全省各监狱将来所有图像实现扩充管理,不需要增加投资。具体实现三方面职能:

(1) 中心管理服务器的管理职能

①设备管理。设备参数信息的管理与维护,状态信息(上下线信息、故障信息)的发布。

②用户管理。用户添加/删除、身份认证、权限分配等。一是系统按照职责不同设置了多种角色,包括系统管理员、操作员、数据维护操作员、普通用户等角色,不同角色的用户登录系统后对系统拥有不同的控制权限。二是系统对于用户的登录进行集中统一身份认证,任何登录用户只要通过本级中心的认证许可,即可在其权限范围内对全网的设备与资源进行操作与管理。

③优先级管理。针对不同中心之间,以及同一中心不同用户之间控制优先级的管理。

④授时管理。对系统所有设备及终端用户进行定时校准时间,保证全网内的时间同步。

(2) 信令交互

系统内用户之间、用户与设备之间、设备与设备之间的通信均由中心管理服务器来完成，是系统信令交互中心。

（3）流媒体交换

一方面可以实现多种图像编码格式转换，解决不同厂家编码设备的兼容问题，实现对天地伟业 PC-DVR、大华嵌入式 DVR 的兼容；另一方面实现图像的点播与分发，有效解决了并发访问造成前端接入网络的带宽瓶颈，即"窄进宽出"应用。

2. 视音频指挥调度

兼具实时视频监控管理与指挥调度功能特色，具有多点控制功能，实现对监狱实时监控图像的调阅和领导指挥时的数字视频图像显示输出，接受用户的操作指令。

3. VGA 服务器

对不同分辨率的 VGA 信号进行自适应检测，并将 VGA 信号编码压缩成 MPEG4 视频流格式进行网络传输。

4. IP 矩阵终端

1/4/9/16 画面分割显示，各通道可以进行单画面放大、单画面轮循、分组轮循。

5. 电子地图报警显示

使用双屏显示方式对报警信息进行集中管理，实现与图像的联动显示。同时支持 BMP/JPG 栅格地图和矢量地图，能对地图进行分层管理。通过不同电子地图图层以可视化方式显示全省各监狱的实际位置布局和监狱监控系统的各类监控与报警探头的位置布局，以不同图标形式和文字进行各探头的报警状态信息显示，在收到报警信号时可依据事前设置的警情处置预案执行联动图像，联动警铃警号声音输出，联动广播、联动灯光、联动短消息发送等多种不同处置预案。

6. 预案管理

实现对预案的显示、编辑、保存、共享功能，能实时显示远程会商席位共享的预案，接管远端会商席位的控制，提供电子白板、文档共享和即时通信功能。

7. 系统运行监控

系统运行监控终端可实时监控系统的网络流量、各设备运行的状态，如 CPU 使用状况、网络进出流量、内存的占用、设备运行时间、硬盘容量等。系统运行监控检测界面如图 8-29 所示。

用于显示设备故障信息，当设备出现工作异常时，系统监控终端会立刻显示设备运行异常运行信息，管理员可根据提示信息及时判断故障，为实现

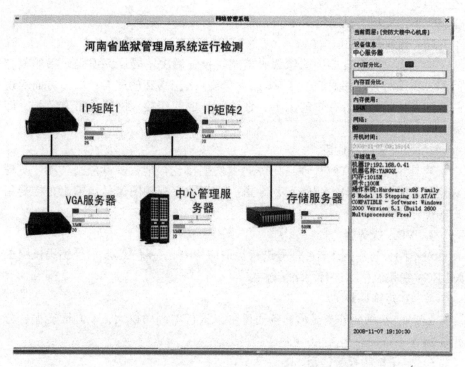

图 8-29　系统运行监控检测界面

高效的系统维护提供了有力保障。

8.4.7　关键技术

1. 中心分布式管理

根据全省监狱管理的监控规模，系统构建多个分控中心，各分控中心独立工作，可以根据监控需要，任意增加监控点数量，十分方便地实现系统扩展。同时，分控中心将本中心信息动态上传到指挥中心，支持指挥中心对分控中心的远程维护。

2. 中心级联和互联

分控中心通过向上级联模块和指挥中心进行级联，自动上传本中心的信息到指挥中心，信息动态刷新，真正实现信息的全网共享。同时，上下级中心之间具有严格的优先级控制。平级中心之间互联，实现相互之间图像资源的共享，便于协同工作。

3. 流媒体交换技术

对于多用户并发访问，采用了流媒体交换技术，一方面可以实现多种图像编码格式转换，解决不同厂家编码设备的兼容问题；另一方面实现图像的点播与分发，有效解决了并发访问造成前端接入网络的带宽瓶颈，即"窄进宽出"应用，避免了前端编码设备，包括数字化摄像机、DVR/DVS 死机问题。

4. 多设备兼容技术

采用编码格式转换技术，通过流媒体接入转换网关技术，解决了不同厂家设备因编码格式和控制信令格式不统一不能兼容的问题，提高了系统的融合能力。

同时，通过码率自适应技术对用户带宽进行检测，自动调整转发码率，保证图像质量和流畅性。

5. 网络负载均衡技术

指挥中心的中心管理服务器 4 个千兆网口，支持流媒体交换的网络负载均衡，能够根据各网口的网络负荷情况自动合理地进行流量分配。

6. 嵌入式开发技术

利用嵌入式开发技术，关键设备全部是标准 19 寸机架式嵌入式设备，大大增强了设备稳定可靠性。

8.4.8 系统功能特点

系统实现了周界防范与控制、图像监控、报警联动管理、紧急预案启用和指挥调度功能的完美结合，实现了音视频流、屏幕内容流、数据流的完美结合，不仅可以将预案协商的屏幕内容进行网络传输，而且可以将任意的 VGA 信号进行网络传输，拓宽了信息共享的范围，增强了系统部署的灵活性。

系统功能特点如下：

（1）系统部署灵活。模块化系统结构设计、模块化功能设计，便于系统的部署。

（2）系统功能融合。指挥调度系统可以点播各监狱网络监控的图像，同时网络监控系统各操控席位上可以点播指挥调度系统领导的图像，能够提高对现场突发性事件的快速响应能力。

（3）系统网络适应性强。系统提供对网络带宽的管理，系统根据传输信道带宽进行适应性调整，以提高系统对网络状况的适应能力，保障视频信息的有效传输。

（4）高清晰视频显示。采用 H.264 动态编码技术，实时传输高清晰视频图像，支持 CIF 或 4CIF 编码格式，码率和帧率可以调整。支持多画面显示及图像多级放大到全屏显示。

(5) 音唇同步、智能混音与回声抑制。采用 G.729 语音编码技术，语音清晰度高，失真小，抗干扰强；语音和图像同步传输，同步解码，保证了语音和图像的同步性；采用目前最先进的混音技术，可以同时传输多个发言的终端的声音，使交流更加流畅自然地进行。同时，视频会议终端内置回声消除电路，有效解决了回声抑制。

(6) 兼容性。系统兼容 H.320/H.323 会议终端，提供开放接口，实现与办公桌面视频会议系统兼容，以及与企业网络监控系统的完全融合，实现图像信息共享。

(7) 系统具有对 VGA 信号分辨率的自适应功能，最高支持 1600×1200 分辨率。

8.4.9 监狱系统联网

在省内各监狱，通过采用 XT5900 中心管理平台实现视频系统的接入、报警系统的接入、门禁系统的接入、周界高压电网接入、监舍对讲系统的接入，实现各系统之间的报警联动，以及设备状态的实时监测与显示、人员信息、报警信息的显示与发布。

1. 视频系统的接入

(1) 兼容大华 DVR

对于浙江大华嵌入式数字硬盘录像机（DVR），必须核对其软件版本，对于早期的设备进行软件升级，以提高设备自身的稳定性，同时使其具备更加完善的功能。升级后的设备通过系统维护平台直接添加到中心管理平台，平台实现了对大华新版本的兼容。

(2) 兼容海康 DVR

对于杭州海康嵌入式数字硬盘录像机（DVR），通过系统维护平台直接添加到中心管理平台，平台实现对海康全系列产品的兼容。

(3) 兼容天地伟业 DVR

对于天地伟业板卡式 PC-DVR，采用海康压缩板卡，保留其硬件配置，安装新科监控软件并设置中心管理平台服务器的 IP 地址，即可实现平台对该设备的兼容，PC-DVR 启动自动登录中心上传信息。

新科监控软件具有视频监控功能，图像稳定，监控主界面如图 8-30 所示。主要功能：

(1) 预览：多画面分割显示、单画面/四画面轮巡显示；控制：云台/镜头控制、探头布防/撤防控制（单点布防/撤防、分区布防/撤防）、移动侦测布防/撤防、输出设备控制、TV 输出控制。

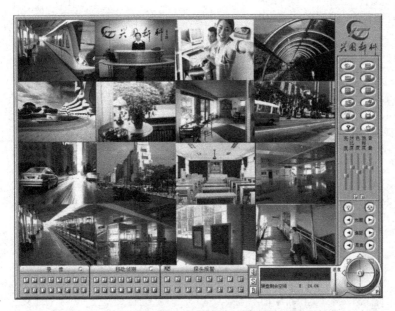

图 8-30 DVR 监控主界面

(2) 录像：手动/计划/报警联动录像、移动侦测报警录像；抓拍：单路图像抓拍、所有图像同时抓拍；检索：录像资料、移动侦测资料、图片、日志、交接班记录。

(3) 电子地图：编辑、探头和联动设备状态显示；报警联动：放大报警图像，启动录像，探出电子地图显示报警状态，联动多路。

(4) 摄像机预置点，系统设置，权限管理。

2. 接入报警系统

在报警管理方面，通过平台开放的第三方接口，开发报警主机 TCP/IP 通信协议，目前实现了对安居宝、Honeywell 报警主机的兼容。同时，系统实现了对 DVR/DVS 等编码设备报警输入开关量的接入与控制。

主要功能：

(1) 报警点状态的显示；报警点布防/撤防的控制。

(2) 报警点与图像的关联，当设防区域存在非法入侵时，能及时发出声光警报；并与视频系统联动，保留报警录像作为日后调查的依据。

(3) 报警信息的发布。

3. 接入门禁系统

在门禁/一卡通方面，通过平台开放的第三方接口，开发门禁系统 TCP/IP 通信协议，目前实现了对上海精工、台湾玺瑞门禁的兼容。平台系统只是对门禁状态信息进行显示，实现信息共享，不影响门禁系统的独立运行。门禁控制界面如图 8-31 所示。

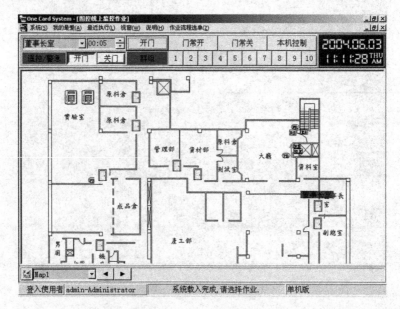

图 8-31　门禁控制界面

主要功能：

（1）显示各门禁的状态信息、进出时间及人员信息；灵活丰富的多时段管理；白天采用刷卡自动开门方式，晚上采用刷卡＋识别，包括图像抓拍和比对，由值班人员手动控制开门。

（2）丰富实用的报警模式：非法闯入报警，门长时间未关闭报警，非法卡刷卡报警。

（3）胁迫报警，接入到平台系统，实现联动；强制关门功能、紧急开门功能；在线巡逻签到管理功能（巡更功能）；双门互锁功能，AB门；多卡开门、里外校验开门模式；电子地图功能。

4. 接入周界高压电网

在监狱周界高压电网方面，通过平台开放的第三方接口实现通信，对电网运行状态及模拟参数量进行显示，由民警随时观察。高压电网显示如图8-32所示。

5. 接入监舍对讲系统

在监舍对讲方面，通过适当改造，接出一个开关量，接入到报警系统中。当有对讲时，触发平台界面自动切换到监舍对讲系统界面，实现系统整合。建设后续还可以根据实际应用需求进行深度系统整合开发，能够对人员信息进行显示。监舍对讲与人员信息界面如图 8-33 所示。

第 8 章 监狱应急指挥系统

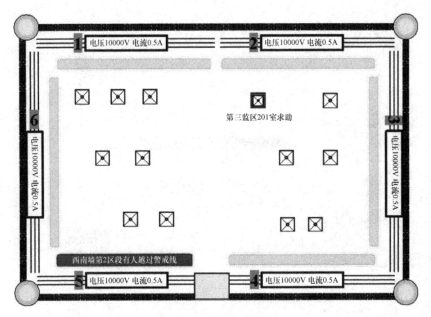

图 8-32 电网显示界面

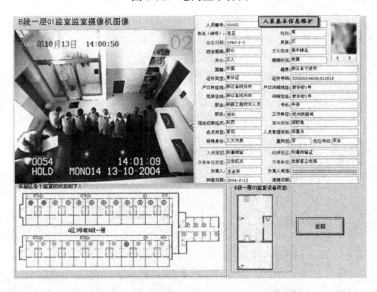

图 8-33 监舍对讲与人员信息界面

6. 省局与监狱级联

省局指挥中心与监狱控制中心的各种信息流传输路径，如检索指令、控制指令的通信控制路径；显示视频流、回放视频流、预览视频流、存储视频流的传输路径。省局与监狱级联如图 8-34 所示。

监狱安防系统

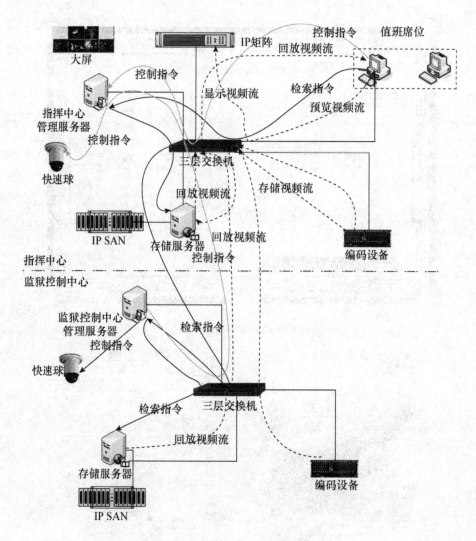

图 8-34 监狱与省局信息级联

8.4.10 监狱控制中心

监狱控制中心是整个数字化、智能化综合安防监控联动系统的核心，是整个监狱智能化系统的控制中枢，是下属各个监区安防监控联动系统的汇聚和指挥控制中心，负责对全监狱安防系统的统一指挥调度。监狱控制中心的系统结构如图 8-35 所示。

第 8 章 监狱应急指挥系统

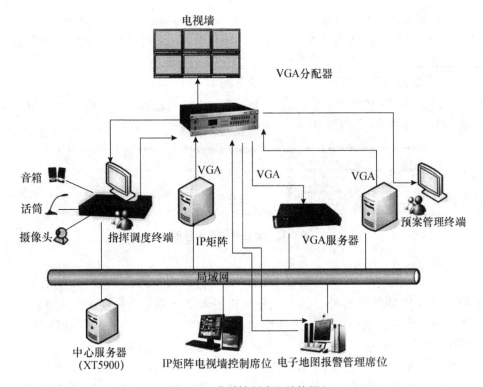

图 8-35 监狱控制中心结构图

1. 监狱控制中心设计

监狱控制中心布局：

（1）构建监狱二级监控中心联网系统，监狱监控中心可控制监区分控中心所有视频设备。

（2）必须实现与监狱已建成的视频系统设备的无条件对接，实现监狱管理局指挥中心与监狱主控中心的视音频可视化指挥调度与预案协同。

必须对外提供二次开发接口，可快速集成到应用软件。

（4）实现对监狱以前原建智能化安防系统的接入和以后系统升级扩容设备的接入。

（5）在同一个操作平台对视频监控、周界报警、门禁控制、周界电网、周界照明、监听对讲等子系统进行统一管理控制与调度指挥。

（6）监控中心可对前端视频监（分）控主机进行语音监听，并能进行语音对讲。

（7）系统必须具有视频会议功能，监狱管理局指挥中心与监狱控制中心可召开视频会议，并可接入标准 H.323 终端。

系统具有电子地图显示功能,电子地图可显示各监区当前的布防状态。

(9) 主机及网络系统使用的设备要布局合理,便于维修,工作区要做到光线适度,接线整洁,便于工作。

2. 电视墙显示部分

目前各监狱控制中心已经设有电视墙,由 24 台监视器和 1 块 DLP 大屏组成。电视墙布局示意图如图 8-36 所示。

图 8-36　电视墙布局示意图

具体设置:

(1) 采用两台 PC 安装解码卡和 IP 矩阵终端软件的方式实现解码输出上墙;每台 IP 矩阵输出 12 个 TV 信号,共 24 路,分别使用视频线接入到 24 台监视器;监狱控制中心的指挥调度与视频监察席位,预案管理与会商席位,电子地图报警信息与管理席位,视频显控管理席位输出的 VGA,通过 VGA 电缆接入 VGA 矩阵,经矩阵控制后输出到 DLP 屏上显示;通过 IP 电视墙控制席位实现对电视墙系统的集中控制;可将监狱内的图像通过 IP 矩阵输出到电视墙显示。

(2) 通过 IP 电视墙控制功能支持图像预案的编制、调用;管理人员可以监控区域或监控类型对图像编组。

(3) 系统支持联动电视墙显示功能:当触发报警时,系统根据预设的联动预案,会同时通过电子地图在电视墙上联动显示报警事发区域的图像。

(4) 系统提供了专门的平台维护工具,通过简单的步骤就可以实现对显示设备的远程维护。

其他功能可参照省局指挥中心。

8.4.11　监狱分控中心

根据项目分析与功能规划,监狱分控中心不单独建立中心平台,直接纳入监狱控制中心平台进行管理。根据规模主要有两种建设模式:一是通过视频显控或电子地图监看所辖区域的图像;另外设立电视墙,通过 IP 矩阵电视墙进行集中控制。监狱分控中心的系统结构如图 8-37 所示。

主要功能:

(1) 对所辖区域所有前端监控点图像进行监看;对所辖区域所有监控点

第 8 章 监狱应急指挥系统

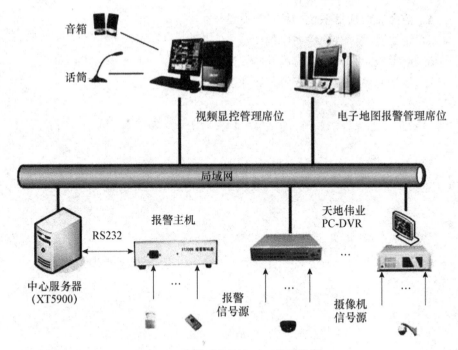

图 8-37 监狱分控中心系统结构图

的镜头/云台进行远程的控制。

（2）分控室的值班干警可以实时监听声音，或者与监仓罪犯进行通话，也可对整个楼层和监区呼叫。突发情况时，值班干警可呼叫监狱控制中心，各级中心也可通过该系统传达指令，及时指挥值班狱警处理情况。

（3）通过电子地图以图形化方式实现对所有监控点进行布防、撤防的设置，并设置报警联动预案。报警联动：当有报警时，系统自动弹出到报警点所在图层，并切换该点视频图像，还可根据报警点的联动设置方案，联动报警点图像在电视墙显示、联动录像、联动摄像机预置点、联动灯光、联动警铃等。

（4）接收前端报警点上传报警信息，并将重要报警信息上传至上级。录像资料管理：录像资料可以集中与分散存储，重要录像资料可通过网络转存集中到监控中心的存储服务器内。并能指定录像计划，分时段对视频监控点进行录像控制。

思考题

1. 监狱应急指挥系统的主要功能是什么？
2. 说明监狱应急指挥系统与监狱安防集成平台的区别。
3. 监狱应急指挥系统由哪几部分组成？

4. 监狱无线通信系统的特点是什么？
5. 说出监狱无线视频系统的组成？
6. 监狱应急指挥系统有哪几项关键技术？
7. 省局应急指挥中心有哪几种主要设备？

第9章 国外矫正机构安全监管

9.1 安全监管制度

安全监管措施制度主要包括健全并严格执行矫正机构的规章制度，如点名、搜查和清监，并对工具、钥匙和武器的控制以及加强惩罚措施等。在矫正环境中，对罪犯的监管、移送，对财产和违禁品的控制等问题都列入了安全措施制度之中。还有人认为在以上措施的基础上加上餐具控制、麻醉剂控制、探视控制、保安装置4种措施，称之为标准安全措施。

同时，还规定了武器、应急计划及步骤和矫正机构设施的检查等。如美国矫正机构内部警戒措施主要决定因素在于控制室、住宿区的设计，对院落和矫正人员活动的控制。控制室掌握点名的情况，监视区域内的活动，对住宿区的类型是内部、外部房间和隔离室。岗楼上的武装警卫人员和在院内的巡视矫正管理人员是这里的主要保安力量。

美国联邦监狱自1978年开始推行刑事矫正机构新式安全设计制度，将矫正机构区分为1~6级安全管理等级。等级的划分依下列各点而定：一是机构周界安全设施状况。二是岗楼的设置情形。三是外部巡逻情况。四是侦测设施。五是机构内房舍的安全程度。六是舍房的型式。七是职员勤务派遣。日本的监管措施有：申诉程序和检查活动，缓和了罪犯的敌对情绪，保证了矫正机构的安全和秩序。对罪犯进行有效的分类对待，控制待遇水平的下降，职员正确教导，并采取一些适当的保安措施。英国实施点名、搜查等监控措施，更重视对惩戒纪律的维护。主要措施有4种：一是授权矫正工作人员使用武力；二是使用隔离手段；三是使用短期禁闭；四是实行特别管束。对罪犯的纪律做了详细的规则，违反规则者，由矫正长官或视察者委员会审判。

9.1.1 安全监管措施及其因素

矫正机构安全监管措施及其因素：

（1）除了防止罪犯对矫正工作人员、他人进行伤害侵袭，维护安全，防止罪犯自残外，不得使用安全措施。

（2）安全措施的使用不得超过上述事件的危险程度，以实现安全措施的目的危险。除需要防止直接危险外，安全措施只适用于威慑罪犯。安全措施的适用包括惩戒措施和刑事起诉。

（3）安全措施包括收回生活用具或其他物品，以防止罪犯用于侵袭他人或自杀；与他人隔离，或实行单独矫正。安全措施由矫正机构负责人批准实施。除为防止发生伤亡事故，或防逃，或对付反抗实施安全措施所需外，不得实行直接的强制措施；只有在第一款和第二款所规定的情况下，并且十分紧迫，才能根据武器使用规定使用武器。

（4）建立警卫、监视控制以及一套保证矫正机构安全的适当的制度以保证罪犯的安全矫正。

（5）矫正机构的警卫、监视、控制以及安全制度的规定根据罪犯行为的严重性以及教育的需求制定。

在美国的示范性法典《美国模范刑法典》专门规定了"规章制度"的内容。如规定不可有下列行为：打架斗殴，以任何方式参与暴乱、骚乱；以任何方式煽动、引起、卷入或者实施任何反抗活动、暴动；盗窃或拥有盗窃来的财物；拥有任何可以用来逃跑的工具；任何敲诈勒索、强迫压制或行贿受贿行为；未经允许不到、迟到、离开指定的区域；赌博或者拥有赌具等。这些是考核与奖惩的依据，具有很强的心理威慑力与行为规范力。英国、西班牙矫正机构都全面考虑罪犯单人监舍安全、集体监舍安全、矫正机构周界安全，特别是围墙的安全问题，以防逃、防自杀、防毒品为重点，并体现在矫正机构的规划建设、武装警戒和技术手段的综合运用等方面。

同时，矫正机构规划建设上注重体现矫正机构的安全性和罪犯人身的安全性。高度戒备矫正机构外有围墙，内有铁丝围栏，均装有电网和防止翻越的蛇形滚筒，还有视频监控和报警系统，整体呈放射状布局。高戒备矫正机构布局紧凑，配套到位，并在矫正机构内分不同戒备等级监区和管理单元。在武装警戒上注重保障矫正机构外围的安全性。外围警戒设施都比较先进，凭借设施装备和科技手段组成十分严密的安全防线。在技术手段运用上注重社会防范的安全性。矫正机构内主要通道都安装摄像头，报警和监控系统先进，围墙上的强灯光系统夜间自动扫射。德国矫正机构规定在矫正期间，必须保证对罪犯的安全监管、维护安全和集体生活所制定的监规纪律得以实施；不得适用本法无规定的纪律约束和安全措施。意大利矫正机构防范措施严密。矫正工作人员专用寻呼机，矫正机构密布报警按钮均有报警开关，这些报警信息全部实行计算机联网和全监联动。

9.1.2 点名、搜查和清监等制度

1. 点名制度

点名可以控制、约束活动，可以预防脱逃，因此点名是控制的重要手段。搜查和清监是为了检查违禁物品，如武器、酒精、未经医生开处方批准使用的麻醉剂等。搜查和清监的次数决定于矫正机构的警戒安全分类。英国也建立了完善的管理方法，无论是教育、劳动、娱乐，还是通信、会见，矫正工作人员都要严格控制，进行反复的统计、复核、点名和检查，定时记录罪犯的活动情况，及时采取对策。实行武装保卫，便衣监视，设置耳目，警犬巡逻，甚至动用军队驻扎矫正机构。改建适于看护、控制的新型矫正机构。

日本监狱法对于受监者接见、书信的发受、书信发受的限制、有关接见和通信的命令等做出规定。同时日本监狱法施行规则规定了禁止接见的情形、接见时间、接见的时限、接见的次数、接见的程序、接见地点、禁止使用的语言等。根据美国监狱学家 E. 尤金米勒在《监狱管理》一书中记述，"美国监狱在其安全防范方案中都有一些通用的技术和程序，即点名、彻底的搜查、工具控制、钥匙控制、餐具控制、麻醉剂控制和监狱探监的规定。

点名可以了解罪犯的所在。在点名时，机构的所有活动都要暂时停止，所有的罪犯都应点到。在正常的情况下，点名在每天交接班时进行3次。彻底搜查是对矫正机构及其任何部分进行一次违禁品的检查，所有矫正机构至少应该每月检查一两次。此外，应规定分管矫正工作人员每天在他们的部分责任区域进行彻底的搜查。当然，搜查应以礼貌方式进行。搜身是对罪犯进行特殊的、适时的搜查。在搜查时，一个官员用双手沿着罪犯的衣服外面检测可能被隐藏的违禁品，此汇总搜身的次数取决于这个罪犯的警戒分类以及他来去的地方。

2. 工具、钥匙、武器、餐具和麻醉剂控制制度

在国外矫正机构中，控制劳动工具非常重要。因为每一件劳动工具都可以作为武器使用，或者用于帮助罪犯逃跑，因此，要制定有效的工具检查制度和防盗制度。控制钥匙也是一项非常重要的安全措施。钥匙串不能让罪犯接触，值班的矫正工作人员在值班和交接班时都要仔细检查。看守使用的武器要严格保管，严防让罪犯抢到武器。

日本的《监狱法施行规则》规定了"戒具的种类有4种：镇静衣、防声具、手铐、捕绳。在戒具使用时，非经所长命令，不得使用戒具，但有紧急

需要时不在此限,但使用戒具后应立即将情况报告所长。同时对枪支的使用做出呈报规定,监狱官对在监者使用枪支时,所长应立即将此情况呈报法务大臣。还有在监人逃跑及其逮捕的呈报规定。"工具控制主要表现为工具控制在一座管理良好的矫正机构是必不可少的。因为工具能够并且经常被用来作为武器或作为实施逃跑工具。

国外矫正机构将餐具包括厨房设备和刀具等都纳入安全控制方案中,并加强麻醉剂控制。餐具控制是当罪犯在公共餐厅用餐时,他们每人持一样适当的餐具。用餐完毕后,当这些罪犯经过一个主要出口离开时,他们必须把最初发给他们的相同数量和类型的餐具在一个矫正工作人员的监督下存放在一个大的容器中。当罪犯在监中用餐时,也要同样被监督分配或收回。麻醉剂控制是由于大量的吸毒戒瘾的人因刑事控告而监禁,这造成了对违禁药品的直接和实际的需要。这样就要求所有的麻醉剂应在极安全的条件下存放在一个罪犯不易接近的地方,给罪犯治疗的药剂量应由合格的医疗人员控制。

美国就将点名、搜查和清监等措施作为标准化安全措施。安全措施标准化有助于人们明确具体的安全措施的性质,有助于人们明确安全措施的种类、范围。安全措施标准化有助于矫正工作人员形成合法使用安全措施的意识。有的国家不仅对矫正机构安全措施给予明确化,而且加以标准化。

3. "单元管理"安全管理控制制度

所谓单元管理即分成一些小单位,每个单位即一个单元,在每个单元内确立管理权限、人员配置和工作关系等,实施单元管理有利于加强对罪犯的控制。如一个"住所单元"包括罪犯生活区、洗浴区、公共活动区和一个管理办公室。管理办公室由矫正工作人员组成,具体负责对"住所单元"里的罪犯进行日常管理。办公室成员定期对罪犯谈话,并评估罪犯的表现和拟定矫正计划,罪犯可以咨询和汇报自己的事情。单元管理是目前也是普遍采用的一种矫正管理方式,根据单元管理模式,每个生活单元例如宿舍或监区有一个单元主任,一至两名个案工作者、若干名咨询员和一名行政助理。单元主任实际上就是一个"分监狱长",每个单元就是一个"分监狱"。

单元管理在矫正管理实践中对矫正安全有许多益处。主要表现为:

(1) 与罪犯的密切互动增进了安全。

(2) 传统的监管与治疗之间的冲突大大得到缓解。这种紧密配合的工作经验减少了监管人员与非安全人员之间的不信任。

(3) 增加了新的职业等级,为安全人员和非安全人员提供了晋升机会。除增加了工作人员的士气之外,新的制度还鼓励矫正工作人员把矫正看成一种职业。这种变化减少了矫正工作人员的流失,增加了对未来的培训和在职积累经验的兴趣。

（4）单元管理使矫正的最高领导人获得很多时间，可以用来考虑长远计划和其他重大活动。

9.2 分级安全警戒管理制度

国外矫正机构对不同警戒程度的矫正机构在监管设施、管理方法和罪犯的自由程度等方面都有所不同。如美国高度重视矫正机构安全，戒备等级分类比较明确，根据安全等级和安全需要一般分为三级：最高警戒级、中等警戒级、低度警戒级。而加拿大感化院的制度逐步配套，不仅对狱政管理、狱内矫治、分类关押、奖惩制度和罪犯权利义务等都形成了一套比较规范的规章制度，且配备了一定的人力和物力。在1958年，全国9所感化院都是最高戒备的设施，而在1969年的34所感化院中已经有了最低戒备（6所）、中等戒备（9所）和最高戒备（19所）的区分。此外，还设立了一些狱中精神矫治中心，并且开设了一些教育项目。哥伦比亚和智利矫正机构将戒备等级分为高度、中度、低度三个档次，以对应地关押人身危险性不同的罪犯。罪犯的人身危险性则主要根据犯罪情节、性质及危害、行为习惯和逃跑可能性、刑种和刑期等因素综合判断测定。

英国矫正机构主要分为"当地的监狱、集训式监狱、高度安保监狱"。英国矫正机构有全国统一的建筑模式，并突出其安全性。全面考虑罪犯的单人监舍、监舍楼、监舍外和围墙的安全问题，设计时尤其注意围墙安全问题。英国的英格兰和威尔士，矫正机构按照戒备等级分成高、中、低和开放式监狱，即A/B/C/D这4个等级。

9.2.1 最高警戒矫正机构

1. 关押对象

最高警戒矫正机构的关押对象一般是重刑犯（尤其是暴力犯、恐怖分子等）、有逃跑等严重危险的罪犯。如"美国的最高警戒监狱专门关押罪行最严重，危害性最大，刑期最长，拒不悔改及有逃跑可能的罪犯"。据1992年4月美国司法统计局公布的统计数字，截止1990年6月底，美国联邦和各州共有监狱1 037座，其中属最高警戒监狱有234座，占23%，共关押罪犯253 664名，为在押犯总数的36%。

在加拿大，罪犯被判刑后移至罪犯接收中心。该中心负责对罪犯进行警戒等级分类。确定警戒等级不仅仅是根据罪犯刑期的长短，而主要是考虑罪犯表现好坏、安全程度，包括罪犯犯罪行为的严重程度、逃跑和实施暴力行为的可能性等。英国的 A 类是高度戒备等级矫正机构，被关押在此类矫正机构的罪犯有严重危害国家、公众安全倾向，因而需要实行最高戒备，以绝对保证这些罪犯不越狱脱逃。加拿大大约有 35％的罪犯在最高警戒矫正机构服刑。

哥伦比亚原比特矫正机构主要关押毒品及反政府武装罪犯，其安防警戒程度最高，围墙外围有沙堆壕沟，内围有两道铁丝网，安装较安全的电动大门、智能门禁和视频监控系统。监区之间各自独立封闭，罪犯活动范围严格限制在矫正机构内的特定区域。同时，矫正机构成立专门的应急分队，专门处理罪犯脱逃、越狱和劫狱等突发事件。罪犯周边附近还有警察局和武装部队对罪犯进行应急支援，从而将脱逃、越狱、劫狱等突发事件及其他狱内案件降至最低限度。澳大利亚的最高警戒矫正机构主要关押凶杀犯、强奸犯等具有重大危险的罪犯。

许多国家法律都规定，关押在最高警戒矫正机构的罪犯如果表现较好，达到一定标准，可转入中等警戒矫正机构或最低警戒矫正机构服刑。

2. 安全管理措施

（1）监视。矫正工作人员要不间断地监视罪犯，安装在全监区关键部位的闭路电视摄像机不停地扫视着，矫正工作人员在控制中心观察着整个矫正机构的情况。

（2）点数。矫正工作人员按照规定的时间对罪犯进行点名计数检查。

（3）违禁品搜查。分为人身搜查和监舍搜查两类。

（4）武器控制。矫正机构的武器库均应设在矫正机构内的警戒区里，由武装的民警守卫。

（5）封闭。在矫正机构内发生了较大的骚乱时使用，例如发生了严重的械斗或其他暴力事件，罪犯、矫正工作人员互有死伤，此时即封闭矫正机构。封闭意味着罪犯在一天 24 小时内都要被关在里面，不能出去娱乐、吃饭、干活，直到恢复正常秩序为止。

（6）设置两道门。在于防止罪犯在一个矫正机构大门打开之时直接冲出矫正机构。任何人进出矫正机构必须经过两道门，是控制中心利用电子系统操纵的。

美国的最高警戒级，一般来说四周是高墙，并设有警卫塔，内部警卫森严，活动空间局限在一个很小的范围内，实行分段管理的办法，并采取特别严格的监督、管理和控制措施，如禁止彼此之间交谈、集体活动应单行行进、走动要有许可证、任何时间任何地方可以点名搜查。同时，沐浴厕所都要受到监视，会见探视受到严格监控，不允许直接交谈。英国的高度戒备矫正机构既有铁丝围栏，又有围墙和电网，围墙在最外层，高5.2m，用钢筋混凝土做成，内层为铁丝围栏，距围墙7.5m，设计要求矫正机构内的建筑距铁丝围栏不得小于15m，围栏和围墙顶部装有电网和防止翻越的滚筒，还装有视频监控和报警系统。

9.2.2 中等警戒矫正机构

1. 关押对象

中等警戒矫正机构又称为"中度戒备矫正机构"，主要关押人身危险性一般的罪犯，其安防警戒程度相对适中，一般只构筑一道围墙、一道铁丝网，对主要公共活动区域安装有视频监控系统，罪犯活动范围相对高度戒备矫正机构要大。但矫正机构一般也有专门的应急处理突发事件。比如多数女犯矫正机构、未成年犯矫正机构属于中等警戒矫正机构。据美国司法统计局1992年4月公布的统计数字，截止1990年6月底，"美国共有中等警戒监狱403座，占全国监狱总数的39%，共关押罪犯351 900名，为全美在押犯总数的50%"。加拿大和新西兰的中等警戒矫正机构关押短刑罪犯占全国罪犯总数约50%。英国的B类为中度戒备等级矫正机构，被关押在此类矫正机构的罪犯有越狱脱逃倾向和能力，且具有相当的危害。

2. 安全管理措施

中度警戒级管理仍然严格，如经常清点人数。使用分区域安全体制以控制活动。设施简单，管理宽松，对罪犯监视较少，允许在矫正机构内自由走动。主要用于罪犯的矫正方面，如文化课教育和职业训练及生活指导等。

9.2.3 最低警戒矫正机构

1. 关押对象

最低警戒矫正机构主要关押危险性较小的罪犯。如女犯或未成年犯，安全警戒等级较低，只构筑一道围墙，多数没有建立电子安防系统，罪犯活动范围较大，有些罪犯甚至可以到围墙外作业。一般是没有逃跑危险，刑期短或将刑满的罪犯。如美国的最低警戒矫正机构关押没有逃跑危险的罪犯，包括刑期较短的财产型罪犯、轻暴力罪犯、白领罪犯及刑期将满由较高警戒矫正机构转来的罪犯。从理论上说，低度戒备矫正机构是开放式矫正机构。罪犯危险程度较小，这类矫正机构应逐步取消矫正机构围墙、电网、铁栅栏等设施，逐步扩大罪犯自由的余地，增加对罪犯的信任，以尽可能缩短罪犯同正常社会生活的距离，而且有利于罪犯与社会形成互动。

据美国司法统计局统计，截止 1990 年 6 月底，"美国共有最低警戒监狱 400 座，占全国监狱总数的 39%，共关押罪犯 93 006 名，为在押犯总数的 13%"。加拿大、澳大利亚、新西兰、秘鲁的最低警戒矫正机构主要关押轻刑罪犯或刑期将满的罪犯，占全国押罪犯数比例较小。英国的 C 类为低度戒备等级矫正机构，被关押在此类矫正机构的罪犯一般是没有越狱脱逃的企图或有企图但不具备脱逃能力的罪犯。D 类为开放性矫正机构，只有被认为可信任、无危险的罪犯才会被关押在这里。

2. 安全管理措施

国外矫正机构的低度警戒矫正机构建立了一些专门关押青少年的开放型矫正机构，如矫正机构农庄、牧场、职业训练中心等，监管更为宽松，罪犯享有很大的行动自由。低度警戒级没有警卫塔，一般来说没有高墙，甚至也没有铁丝网，可以在整个内部活动，同外界有较多的接触机会，气氛轻松，享有一定的隐私权，探视会见接触几乎不受限制，有许多活动项目，从职业训练到精神疗法，还享有开放待遇。许多国家的法律都规定，在最低警戒矫正机构中服刑的罪犯如果严重违反监规，如逃跑或有其他重大危险的，可转入中等或最高警戒矫正机构服刑。

英国的低度戒备矫正机构只有 5.2m 高的铁丝网栏，没有围墙和电网。英国矫正机构实施分级警戒监控，分为开放式与封闭式两种。开放式收押 D 类，即短期或接近末期的罪犯，安全措施可能包括一道围成一周的铁篱笆，安全工作一般依赖于频繁的点名。这些矫正机构大都是非武装力量的军营。事实上，封闭式矫正机构还有安全警戒程度的差别，关押 A 类的封闭式矫正机构，即所谓"分散型"封闭式是安全警戒程度最高的，管理特别严格，如要求接近 A 类罪犯的探视人不仅需先与警方见面，并向矫正当局提供两张照片和其他资料，而且会见时还要接受检查。

9.2.4 封闭式、半封闭式和开放式矫正制度

开放式处遇制度是在刑事社会学派思想的影响下，欧洲一些国家开始对一些表现较好的罪犯或初犯、轻微犯罪的罪犯实施开放式处遇。所谓开放式处遇就是把传统物质的强制的约束降到尽可能低的程度，增大对罪犯的信赖，扩大其与社会的联系程度，提高罪犯适应社会能力的一种处遇方式。开放式处遇突出地贯彻了行刑社会化的思想，最大限度地调动社会力量对罪犯进行矫正。这种处遇方式使封闭的、强力管束的矫正生活和自由的社会生活之间，存在一个有益的过渡阶段，既可以使矫正机构在这个阶段了解罪犯是否已改邪归正，符合社会要求了，也可以锻炼罪犯适应社会的能力。因此，开放式

处遇也是提高罪犯自我教育、自我管理能力的一种有效的制度。

以矫正机构是否开放为标准,矫正机构可以分为开放式矫正机构、半封闭式矫正机构和封闭式矫正机构。根据1955年联合国犯罪预防与罪犯处遇大会的决议,"开放式监狱是指没有防止囚犯逃跑的物质设施(如围墙、门栓、武装看守以及专门负责监狱和矫正机构安全的其他看守人员等),是建立在囚犯自觉遵守纪律和对其所在群体生活负责的基础上的一种设施。"开放式监狱最早是由瑞士人克罗海斯提出的。克罗海斯针对监禁刑使得罪犯不适应社会问题提出设置开放式监狱对策。他于1891年在伯尔尼建立了世界上第一所开放式监狱。此后,其他欧美国家陆续开始建立开放式监狱。

德国矫正机构分为封闭式矫正机构、开放式矫正机构、社会矫正机构、女子矫正机构、未成年犯矫正机构、老年犯矫正机构等。在德国,某种刑罚是在封闭式矫正机构执行还是在开放式矫正机构执行,原则上由下列标准决定:封闭式执行能防止罪犯的脱逃。封闭式矫正机构在建筑和技术方面拥有安全预防措施,矫正工作人员的活动也是以安全第一为原则,安全胜于一切。被关押在封闭式矫正机构内的罪犯,其监舍无疑是封闭的,如其离开监舍,将会受到非常严密的监视。罪犯之间的联系以及罪犯与外界的联系受到矫正机构的管理和控制。罪犯逃跑时,可使用射击武器加以阻止。在开放式矫正机构,建筑上和技术上的安全预防措施可完全省去或明显减少。罪犯逃跑时不允许使用武器加以阻止。罪犯住单间或几个罪犯同住一大间。无论是白天还是夜晚,监舍均不封闭,并应当为居住小组的共同生活提供保障。所在监区应给予罪犯一整天或每天至少数小时的活动自由。

英国矫正机构的类型按照开放程度分为三类。封闭式矫正机构是拥有围墙、铁栅、武装看守的传统矫正机构。矫正机构中的罪犯与世隔绝,没有人身自由。这里关押最危险的罪犯。半封闭式矫正机构,又称为中间矫正机构,是对于即将释放的人尽量给以自由,使其与社会接触,从而释放后能适应社会生活的行刑系统。矫正机构的罪犯白天在附近的劳作场所和工厂与常人共同劳动,自由交际;晚上点名,核实后收监。《阿尔及利亚民主人民共和国监狱组织和改造法》规定了封闭式监狱的特征,"是将为罪犯安置在固定监禁场所,对其实行强制性纪律管束和严格的监督管理"。

开放式矫正机构是相对于封闭式监狱而言,指不用围墙、锁、看守等有形的方法来防止罪犯逃跑的新矫正机构。用来维持矫正机构纪律的仅是随时威胁送回封闭式矫正机构。罪犯不受严密而持续的监视,自由地接受有责任心的训练,从事教育和劳动。关押的罪犯大多是短期徒刑或即将期满的罪犯。

当然,与其他类型的矫正机构相比,在开放式监狱和矫正机构里,罪犯逃跑的可能性和滥用外界联系的危险性更大，但这些欠缺由于下述种种长处而大大得到补偿：

（1）开放式监狱和矫正机构更有利于罪犯重新适应社会，同时也有益于他们的身心健康。

（2）开放式监狱和矫正机构制度所固有的灵活性表现在规章制度比较宽松……，有利于罪犯与矫正工作人员建立互相信任关系。

（3）开放式监狱和矫正机构的生活条件接近于正常状态，较易与外界进行适当的接触，使罪犯意识到并未完全脱离社会，产生重新适应社会的愿望。

（4）开放式监狱和矫正机构比其他类型监狱支出的费用低，开放式监狱和矫正机构标志着当代矫正制度发展到了一个新的阶段。

目前，开放型矫正机构在许多国家呈现增长的趋势，另一方面也反映了现代行刑制度的发展趋向。开放式矫正机构，一是指矫正机构的部分职能移出向社会开放；二是指按矫正机构戒备等级设置三级管理矫正机构。同时，为改变目前我国矫正机构中罪犯仍存在的混押现状，调动罪犯自我激励、自我改造积极性，有计划地调整罪犯关押布局，设置三级管理矫正机构运行模式。

9.2.5 安全戒护保障和惩罚制度

国外矫正机构的安全管束制度和保障措施主要表现在罪犯要有提高自我责任的意识。如德国《刑罚执行法》第81条规定，"为了保障监狱的安全和维护狱内的秩序，必须唤起和促进罪犯对监内有秩序共同生活的责任意识，即监狱生活主要不应通过强制措施，而应通过教育罪犯增强理智和自我责任感来维持"。德国的安全戒护保障的辅助性原则是指如采用其他手段（如谈话、警告等）不能达到目的时，方可对罪犯施以必要的限制和处罚，主要体现了教育为主，惩罚为辅的行刑思想。适度原则是指罪犯为维护矫正机构的安全和秩序所承担的义务和所受到的限制，须和矫正机构的目的相适应，且不得超过矫正罪犯所必须的限度。

俄罗斯矫正机构的管束制度应能保障对罪犯的看守和隔离，保障对他们实行经常性的监督，保障矫正工作人员和罪犯的人身安全，保障将各类罪犯分开关押等，实行业务性搜查和检查措施。为了防止罪犯脱逃和实施其他犯罪以及实施违反管束制度的行为，为了对罪犯的行为表现获得必要的信息，使用视听设备、电子设备和监管及监督的其他技术手段。俄罗斯实行特殊条件下的管束制度和安全措施。在发生自然灾害或者紧急状态、非常状态和战争状态，以及发生聚众骚乱的情况下，可以实行特殊条件下的管束制度，实行加强看守和监管。在罪犯对抗矫正工作人员，恶意不服从矫正工作人员的合法要求，蛮横滋事，参与聚众骚乱、劫持人质、袭击公民或实施其他危害社会的行为时，以及从矫正机构逃跑的罪犯脱逃和拘捕时，为了制止上述违法行为，以及防止这些罪犯对周围人群或他们自己造成损害，可以采用身体暴力、专门手段和动用武器。

国外其他矫正机构比较注重对罪犯的外部监控，实施"门户关闭制"，上锁关闭矫正机构的房间门、各出入口、大门等。美国则将对房间门等钥匙的控制作为安全标准措施之一，还特别重视技术监控。美国肯定了矫正管理人员的搜查权和对脱逃人员的逮捕权，这是维护矫正机构安全重要的必要措施。日本规定了矫正管理人员的逮捕权。

为了保障矫正机构的安全和维护矫正秩序，国外矫正机构已经形成了一整套监管戒护制度，主要有分级警戒、技术监控、矫正工作人员的监控管理、戒警具、隔离室和武器的使用等制度，因此，国外矫正机构的安全措施标准化值得我国司法机关借鉴与学习。综上所述，国外矫正机构安全警戒措施分为三种：

(1) 行政安全方面的措施，矫正机构根据管理的需要制定各种规章制度保证矫正机构的安全。

(2) 技术安全措施，包括看守人员的装备和矫正机构的安全警戒设施等。

(3) 社会性的安全措施，包括法律措施。

9.3 国外监狱信息化概况

欧美发达国家非常注重计算机及网络技术在监狱管理中的应用，充分利用他们超前的发展观念和高人一等的信息技术优势，结合松散型的、开放的狱政管理模式，建成一座座文明、发达、高科技的现代化监狱。

9.3.1 信息技术在监管中的应用

1. 注重监狱中央数据库建立

在 20 世纪 90 年代，欧美监狱就开始采用监狱罪犯数据系统，并且所有的监房已经实现了计算机化管理。进入 21 世纪后，引入 PMS（罪犯管理系统），PMS 是一个 G2G 和 G2C 的电子管理工具，它除了用于透明化和简单化的数据处理之外，还可以用于建立中心数据库，为监狱的所有监房提供资讯帮助。

欧美监狱通常配备若干个网络信息计算机中心，每座监房各有 1 个，监狱总部1个。所有这些计算机中心通过光纤局域网相互连接。每个中心配备有一个奔腾服务器，各部门都有不同的网络信息点。

监狱中心数据库包含有关罪犯的详细情况，内容包括罪犯种类、犯罪记录、入狱时间、入狱时的详细生理数据、号码、照片、个人详细资料（年龄、住址、家庭成员有关资料等）、医疗详细资料、囚房等。它能够存储和处理上万名罪犯的基本数据、几万个指纹、数万张照片的信息，它在向监狱民警提供被羁押罪犯的犯罪资料方面发挥着关键作用。监狱中心数据库通过网络技术实现数据共享，监狱和当地警察局、司法和安全部门互联，有助于各界方便地对罪犯进行管理。

2. 视频会议系统应用

（1）探监不用排队。

从前，罪犯家属需等待数小时才能与其见上一面。因视频会议系统的应用，探监者无须再排数小时长队等待会见罪犯。呼叫中心建立在监狱综合大楼内，探监者提前在此进行会见罪犯的预约。在呼叫中心通过从监牢到监狱的视频会议系统，罪犯家属和罪犯通过计算机见面交谈。

（2）出庭不到现场。

考虑到罪犯的健康、安全和其他后勤原因，最高法院使用视频会议系统设备在监狱和特别法庭之间进行法庭审判。两端安装电视和数码视频摄像机，中间用综合服务数字网络线路进行连接。罪犯未到庭，整个审判通过远程视频会议系统进行。

因此，该模式的审判方式成为刑事司法体系发展史上的一个里程碑。使用远程视频会议系统审判罪犯的优点：

（1）降低了安全风险，防止罪犯在押送途中逃脱和劫持；

（2）政府部门运转成本最小化，当罪犯被带到法院的时候，必须采取一定的运送方式以确保适当的安全，会导致大量的安全漏洞和延误，有些案件被延误长达数天甚至数月。

3. 三代电子"监狱"

近年来，美国的监狱人满为患，政府已无法承受监狱庞大的开支。地方当局为此不得不缩短或取消一些罪犯的刑期，但这既有损法律尊严，又不利于社会治安，于是，无形的电子"监狱"便悄然产生。

电子"监狱"实际上是一种电子监控程序系统，分收发两部分，前者由执法当局控制，后者戴在罪犯身上。执法人员可利用监控系统对监外服刑的罪犯进行跟踪。"监狱"通常戴在罪犯的手臂或小腿上，外形颇似手（脚）镯，但里面的机关可不简单。每只镯子（跟踪器）都有特定的频率，它们相当于某个罪犯的编号。执法部门通过接收器把握罪犯的行踪。若某个罪犯的频率信号中断，则意味着可能发生意外，警方可及时搜查，不给罪犯以逃脱的时间。

第一代电子监狱问世于20世纪90年代初，监狱将镯子与罪犯的家用电话调解器相接（无线电连接）。罪犯若离开电话机30m或企图损坏镯子，镯子即会自动向监视中心报警。警方配备了装有跟踪器的汽车，可随时进行搜捕。该系统价格低廉，平均每天的使用费用仅为8美分，目前已被广泛使用。

第二代电子监狱问世于20世纪90年代末，由计算机和无线电收发讯机组合的装置。这种镯子每隔10s即发出短促的信号，监视中心根据信号到达的次数可测定出带镯罪犯所在的地段，并自动地在地图上标出方位。罪犯何时到过何地都被自动记录并汇编在册，以便随时检索取证；同时也可据此研究罪犯近期的行为和心理。当罪犯接近某个禁区（如前受害人住处）或其他敏感地区时，镯子即发信号，监视中心即刻知悉，并采取相应对策。

第三代电子监狱问世于2001年，包括无线电监视器、模糊芯片和药囊。使用时将电子监视器（一块微小的芯片，电子标签）和药囊埋植入罪犯的手臂皮下（只需做一个微小的手术）。电子监视器含有一微处理器，它能测出罪犯的生理状态，从而得知出现暴力的先兆或其他异常，同时把这些生理数据发往就近的接收站，后者再向监视中心报警。更奇的是，当需要时微处理器能自动触发药囊，使其射出一定量的镇静剂或抑制冲动的药物，阻止罪犯情绪和行为的冲动。

在紧急情况下该系统通过使用安眠药来阻止暴行，有效地"关闭"罪犯。第三代无形监狱可满足大量的罪犯安全地留在社会上。该系统的开发最终将有助于已定罪的罪犯有机会积极参与并分享自由的社会，公民们将得到更多安全并减少为监狱纳税。

4. 采用GPS技术监控罪犯

英国在三个地区率先采用一种新型的跟踪技术即卫星定位技术。利用它，警员们可以对那些家庭暴力犯以及其他犯罪分子所在的方位实行24小时定位，误差不超过2m。目前，作为假释的前提，一共有120名违法者戴上了这种新型设备。他们一旦违反特定的要求，例如，一个虐待儿童犯靠近一所学校，一个家庭暴力犯再次接近受害者，一个盗贼四处无目的游荡，这个设备就会自动报警。

这种技术就如同没有栅栏的监狱，将有可能制止那些在假释期间发生的犯罪，从而成为警方保护公众的利器。该设备和GPS全球卫星定位系统相连，并结合了手机技术。通过电子标签，监视器可以随时发现违法者所在位置，知晓他们是否离开了特定的地点以及是否违反了宵禁。

这项新技术可以适用在家庭暴力犯、偷车贼，以及少年犯身上。在一些地区，警员在特定的时间下载资料，以便了解违法者一天之内的动向。还有一些地区的警员采取新技术和传统方式相结合实施跟踪。

5. E 时代的监狱管理

英国监狱将于今后使用无线 LAN 网络结构取代现有光纤传输，该项目将会使监狱监管程序提高到现代化管理水平，另外也能帮助监狱的管理工作实现其不同寻常的管理功能。该项目的主要目的是将支持 Windows 的计算机信息管理系统及电子邮件等应用程序用于监狱管理方面。无线 LAN 网络结构可覆盖传统光纤所无法涉及的区域。

安装无线 LAN 跳频（RF）产品所需时间比普通光纤节省了一半，相对于计算机及其他移动电子设备，该产品具有更强的适应性，不受区域限制，为楼宇内及现有光纤无法覆盖的地区提供因特网接入服务，也为语音系统和掌上计算机在监狱系统的未来应用奠定了坚实的基础。

随着在英国 137 个监狱内安装工作的展开，该套设备有望成为世界上最大、最激动人心的无线因特网结构框架。此项目将帮助监狱管理人员有机会接触到现代 IT 技术，也将为未来网络管理的升级及技术革新提供应用平台。

6. 监狱钥匙管理系统

该系统已经在英国 45 个监狱安装和使用，并开始向整个欧洲推广，安装该系统的主要目的是避免监狱钥匙被带出监狱。对于监狱来讲，钥匙是非常重要的，一旦有某把钥匙被带出监狱，为了监狱的安全性，必须将监狱所有门的钥匙和锁全部更换，这将花费大量的财力和人力。

解决方法：确保每把钥匙都带有一个 RFS 感应卡，该感应卡被永久地固定在钥匙环上，以确保感应卡与钥匙串不被人为分离。每个感应卡有一个唯一的 ID 号码，每个工作人员都有一个属于自己的金属标牌，上面刻有工作人员的编号。

当工作人员领钥匙时，首先需将随身携带的金属标牌交给钥匙保管员，同时告诉姓名和编号，保管员核对无误后，将属于该工作人员的钥匙串从相应的钥匙柜中取出，并将钥匙串靠近 RFS 读卡器，以便让读卡器读到该串钥匙上所携带的感应卡的 ID 号码，通过 RS232 将 ID 号码传给系统（计算机），系统会有以下三个动作：

（1）将与 ID 号码对应工作人员的个人信息从工作人员数据库中查出，并显示在计算机屏幕上，以便让钥匙保管员确认计算机中所存储的个人资料是否与钥匙领取人员相同，例如照片、性别、年龄、金属标牌号码等。记录领取钥匙的时间，启动监控摄相机对钥匙领取人员图像实时抓拍，存档，以便事后调用。

（2）当归还钥匙时，保管员将归还的钥匙串在另一个 RFS 前出示一下，以便让系统记录下钥匙归还时间，再从数据库中找出相关信息进行比对，如归还的钥匙对应钥匙柜的位置和相关人员金属标牌号，归还钥匙的人是否为金属标牌持有者。

（3）为了防止钥匙被带出或带入监狱，在监狱的进出口处装上 RFS1800 读出器，读卡器内带有继电器，可以用继电器来驱动一个报警器（喇叭），这样当钥匙串被带进监狱时，读卡器读到钥匙串上的感应卡后便会发出报警声。在监狱进口安装读卡器是为了防止钥匙被带出监狱，被人复制后重新又带进监狱。

思考题

1. 什么是高度和低度警戒矫正机构？
2. 什么叫标准安全措施？
3. 点名、搜查、清监、探视控制制度是什么？
4. 分级安全警戒管理制度是什么？
5. 简述封闭式、半封闭式和开放式矫正管理制度。
6. 什么是 E 时代监狱管理？
7. 三代电子监狱的特点是什么？

参考文献

1. 孙利民等. 无线传感器网络. 北京：清华大学出版社，2005.
2. 王毅等. 物联网技术及应用. 北京：国防工业出版社，2011.
3. 刘海涛. 物联网技术应用. 北京：机械工业出版社，2011.
4. 伍新华等. 物联网工程技术. 北京：清华大学出版社，2011.
5. 西刹子. 安防天下：智能网络视频监控技术详解与实践. 北京：清华大学出版社，2010.
6. 孙培梁，张怀仁. 监狱物联网. 北京：清华大学出版社，2012.
7. 张青虎等. 智能建筑工程检测技术. 北京：中国建筑工业出版社，2005.
8. 王金仙. 监狱安全防范. 北京：中国政法大学出版社，2011.
9. 全国监狱信息化工程（一期）项目建议书——司法部监狱管理局，20100514.
10. 智能视频监控技术及应用——中国公共安全·市场，200906.
11. 智能视频产品与应用事件检测与行为分析——中国安防，200908.
12. 皖通集成智能安防联动平台设计方案——皖通科技，20090618.
13. 黄国兴. 浅谈监狱安防集成平台与电子地图的融合应用，《信息化建设》，2010（12）.
14. 于爱荣. 监狱信息化导论. 北京：法律出版社，2009.
15. 司法部. 监狱建设标准. 北京：中国计划出版社，建标 139-2010.
16. 王志亮. 监狱工作实务. 北京：中国法制出版社，2011.
17. 乔成杰. 监狱安全管理实务. 北京：化学工业出版社，2012.
18. 应朝雄. 监狱分监区工作实务. 北京：中国政法大学出版社，2006.
19. 梁笃国. 网络视频监控技术及应用. 北京：人民邮电出版社，2009.
20. 李金伴. 多媒体与网络电视监控系统原理及应用. 北京：化学工业出版社，2011.
21. 刘富强. 数字视频监控系统开发及应用. 北京：机械工业出版社，2003.

22. 汪光华. 视频监控系统应用. 北京：中国政法大学出版社，2009.

23. 都伊林. 基于 ZigBee 的监狱人员定位跟踪系统的设计. 《信息化研究》，2011（6）.

24. 都伊林. 一种模糊聚类 KNN 位置指纹定位算法. 《微型机与应用》，2012（12）.

25. 高福友等. 安全防范工程设计. 北京：中国政法大学出版社，2008年1月第1版.